Michel Onfray

Die genießerische Vernunft

Die Philosophie des guten Geschmacks

Aus dem Französischen von
Leopold Federmair

Elster Verlag
Baden-Baden und Zürich

Die Originalausgabe erschien 1995 in Frankreich bei Bernard Grasset, Paris, unter dem Titel *La Raison Gourmande, Philosophie du goût.*

Elster und Rio Verlag
Verwaltung: CH-8032 Zürich
Klosbachstrasse 144, Telefon 01 261 56 02

Umschlagabbildung: Jean Béraud, AKG Berlin
Satz: Minion 10.5/13, Rio Verlag, Zürich
Druck und Bindung: Tipografia Torinese, Torino
ISBN 3-89151-241-4

Inhaltsverzeichnis

Kennt man die moralischen Wirkungen der Nahrungsmittel?
Gibt es eine Philosophie der Ernährung?

Nietzsche, «Die fröhliche Wissenschaft», erstes Buch, § 7

Vorwort

Alimentäre Autobiographie, Fortsetzung und Folge

Ich erinnere mich an einen kalten und regnerischen Sonntag, vielleicht im Herbst oder an einem jener strengen Frühwintertage, die nicht enden wollen vor Nieseln und Feuchtigkeit. Mein Vater arbeitete auf einem Stück Land, das ihm sein Arbeitgeber zur freien Nutzung überlassen hatte, damit er daraus einen Gemüsegarten für seinen Bedarf mache. Der vorige Garten war irgendeiner Flurbereinigung zum Opfer gefallen, die das Gebiet in seiner ganzen Ausdehnung betraf: alles war verschwunden, ausgerissen, geplündert, verwüstet, verworren im Wirrwarr eines Brachlands. Herbstliche Fäulnis verschlang Wurzeln und Blätter, fraß Stauden und Astwerk, alles kehrte zurück zur Erde, die die Überreste von Früchten und Gemüse verdaute. Aufklaffender Humus, löcherige Scholle, verstockte Gewächse – das Landstück war gleichsam wieder zu einem riesigen Friedhof geworden. Und der Regen, immer noch und immer wieder dieser normannische Regen, der einen bis ins Knochenmark durchnäßt.

Den ganzen Tag arbeitete mein Vater, starrköpfig wie er war, im Nieselregen. Seine Kleider aus blauem Moleskin waren naß und schwer. Von den Ausbuchtungen seiner Jacke, am Rücken und an den Schultern, stieg dampfend ein schaler Geruch auf. Mittags kam er zum Essen heim, wortlos wie immer, in deprimierender Schweigsamkeit verfangen – so wenigstens sahen es meine Augen, die Augen eines geschwätzigen Kindes, das auf ein Zeichen hoffte, und sei es auch noch so gering. Nach einem heißen Kaffee ging er wieder hinaus auf das umgegrabene Feld, um den ganzen Nachmittag in der Erde weiterzuwühlen. Zwischen den Drahtzäunen, die das Gebiet der künftigen Schrebergärten umschlossen, arbeitete er mehrere Stunden. Ich versteckte mich hinter alten Holzhäusern, die das Grundstück säumten, und betrachtete ihn, wie er, über seinen Spaten gebeugt, mit Kraft und Ausdauer ein Stück Erde um- und wieder umgrub, von dem ich, das Kind, bereits wußte, daß es genau jene Art von Erde war, in der man eines Tages seinen Körper beisetzen würde.

Wußte er, daß sein Sohn hinter den Baracken des Wiederaufbaus lauerte und darunter litt, ihn triefend naß zu sehen, ihn zu beobachten, wie er sich über sein Werkzeug beugte, um die Erde auf seine Weise zu feiern, einsam, mühselig, voller Mut? Mehr als einmal bin ich in den folgenden Jahren als Heranwachsender, als junger Mann, hinausgegangen, nicht um ihn zu stören, sondern um ihm eine Überraschung zu bereiten auf den Feldern, die er für den Grundherrn bearbeitete, wo er säte, erntete, pflügte – lauter Tätigkeiten, die nichts Edles an sich haben und die sich immerzu wiederholen, von einer Jahreszeit zur anderen. Tödliche Mühsal, Opfer an die Kräfte der Entropie, tagtägliche Nähe zur Materie, die ihn einst – ich hoffe, so spät wie möglich – in sich aufnehmen wird.

Seine Arbeit ließ eine Art von Chaos entstehen: aus der pulverisierten Erde, die andere mit groben Pflugscharen umgruben, machte er einen Garten. Und ich fand immer, daß er von allen in der Umgebung den schönsten anlegte: mit der Meßschnur gezogen, regelmäßig, geradlinig, sauber, ordentlich. In allen Beeten spannte er einen Faden, an dem er mit der Innenseite der Hand entlangfuhr, um einen Strich zu ziehen und hernach in regelmäßigen Abständen die Körner zu setzen, die später keimen würden, auf daß sein Gemüsegarten in das Verzeichnis der gelungenen Werke einginge wie ein Sternenhimmel oder eine Meereslandschaft.

Am Abend jenes Tages, den der Regen und der tiefe Himmel verdüsterten, zeigte er meiner Mutter eine kleine gelbe Münze, die er beim Umgraben der Furchen gefunden hatte. Zwischen seinen dicken, erdigen Fingern hielt er die Münze, auch sie mit

Erde vermischt wie sein Körper und seine Seele. Als sie gewaschen war, gab sie ihr Geheimnis preis, denn sie war kein gewöhnliches Kupfergeld, sondern ein Louisdor. Mein Vater lächelte, es war das einzige Zugeständnis, das er an die Zeichen machte. Dann erzählte er meinem Bruder und mir, daß ihm als Kind in der Gemeindeschule sein Lehrer, den er von Anfang an sehr geschätzt habe, eine Fabel von La Fontaine beigebracht habe, die von etwas ganz Ähnlichem erzählte: «Der Bauer und seine Kinder». Er suchte ein wenig in seiner Erinnerung und sagte dann fehlerlos die Verse auf, so wie er manchmal in der Nacht der eisigen Kammer, in der wir alle vier schliefen, Victor Hugo und den Anfang eines Gedichts aus den «Betrachtungen» aufsagte. Ich wurde nicht müde, ihm zuzuhören. Noch heute, glaube ich, würde ich ihm voller Rührung zuhören.

Also der Garten. Aus ihm kam später, wenn das Gehalt meines Vaters nicht reichte, das Überlebensnotwendige. Kartoffeln mit rauher Schale, süß schmeckende Karotten, Salatköpfe von kräftiger Farbe, die an der Wurzel Milch absonderten, grüne Bohnen mit barocken Arabesken, stachelige Gurken, deren Galgengesichter aussahen wie prähistorische Monster, Sellerieknollen, die man von ihrem erdigen Mantel befreien mußte, um ihren kräftigen Duft zu riechen, Grünkohl mit labyrinthischen Striemen, meine ersten fraktalen Objekte, kräftig duftender Lauch, kleine Wurzeln, die sich wie schelmische Intimitäten kräuselten, graziler Schnittlauch, der sich dem sanften Wind hingab, Petersilie, schäumend in tiefem Grün, frischer Thymian mit öligen, provenzalischen Wohlgerüchen, frische Schalotten, die dann in der Garage getrocknet wurden wie die Knoblauchzöpfe, die vom Dachbalken hingen, Sauerampfer, von Schnecken angeknabbert, der den Zähnen wehtat und einen sauren Geschmack im Mund zurückließ, pausbackige, breitärschige Tomaten, fleischrot und fruchtig. Auch Blumen für meine Mutter, in einem kleinen Geviert, das nicht zu weit in den nährsamen Teil des Gartens vordringen durfte: Bartnelken, deren Anblick mich heute noch rührt, oder quastenförmige Dahlien. Und Erdbeeren.

Mein Vater verkörperte das Schweigen und die Erde; meine Mutter das Wort und die Küche. Sie schälte, wusch, spülte, schnitt zu, rührte um, putzte. Sie briet, schmorte, dünstete. Mit dem wenigen Haushaltsgeld, über das sie verfügte, bereitete sie oft Omeletten, am Anfang des Monats manchmal Fisch oder Fleisch zu: im Ofen knisternde Sonntagsbraten, knusprige Hühnchen, Kalbskeulenschnitten mit Schinken und Käse, Gemüseeintöpfe, Kabeljau mit Sahne, Zunge in pikanter Sauce, Madeiraschinken, Punschtorte mit Früchten, «Charlottes au chocolat». Und Suppe, Unmengen von Suppe für meinen Vater, der sie schon zum Frühstück aß, frühmorgens, bevor er zur Arbeit ging. Suppe aus Lauch und Kartoffeln, Zwiebelsuppe, sämige Tomatensuppe, verschiedene Bouillons. Einmal mit Brot, dann wieder mit Nudeln, auch mit Tapioka.

Ich erinnere mich an die beschlagenen Fensterscheiben der Küche, an die Kälte draußen, an den Schnee und die Düfte der Mahlzeit, die gerade zubereitet wurde. An das Püree, in das ich eine kleine Vertiefung machte, damit meine Mutter einen oder zwei Löffel Sauce hineinleeren konnte, worauf mein Vater ein wenig von der rohen Schalotte hinzugab, die er in seinem eigenen Teller in Scheibchen geschnitten hatte. Das Fleisch war rot, der Duft des verkochten Knoblauchs erfüllte das Haus, das Herdfeuer erhitzte das kleine Zimmer – draußen war Winter, drinnen etwas, das vielleicht dem Glück ähnlich war.

Doch das alles verschwand an einem Septembermorgen, als düstere Familienapokalypsen mich für sieben Jahre in einem Internat festsetzten, wo ich während der ersten Monate, so scheint mir, genau das auf den Scheiterhaufen geworfen habe, was einen Menschen in der Folge glücklich zu machen vermag. Der Gemüsegarten meines Vaters verschwand, blieb nur als Erinnerung, und so auch die Küche meiner Mutter. Viele Jahre lang mußte ich mich nun mit abscheulichen Brühen begnügen, mit zweifelhaft zubereiteten Speisen, mit Saucen, die im Teller geronnen, mit ekelerregender Nahrung. Aber das ist eine andere Geschichte.

Eines Abends, zwanzig Jahre später, bin ich in der Nähe des Quai des Chartrons in Bordeaux, einer Stadt, der ich bodenloses Leid verdanke, Erfahrungen, die man besser verschweigt, unrühmliche Geschichten, Verletzungen, die einen für immer prägen. Eine schlaflose Nacht im Hotel «Normandy» hatte mich auf den Balkon getrieben, von wo ich die Place des Quinconces, den Fluß und die gelben, zittrigen Lichter der Stadt sah. Nie habe ich so wie in diesen abgründigen Stunden, als ich nackt und reglos, vom eisigen Wind gepeitscht, in der Öffnung des Fensters stand, nie habe ich so meine Existenz abgewogen und ihre Leere ermessen. Ekel, Abscheu, unermeßliche Melancholie. Bordeaux hatte mich an den Rand von Abgründen geführt; und ich hatte mir geschworen, nie wieder einen Fuß in diese Stadt zu setzen, als mich das Programm der Lesereise, die sich an das Erscheinen meines Buchs «La sculpture de soi» knüpfte, dazu nötigte, ein weiteres Mal die Garonne zu überqueren. Ich erlebte den schmutzigen, reißenden Fluß wieder, den Lärm der Züge auf der Eisenbahnbrücke, die Ankunft am Bahnhof. Der Tartaros, an dem ich landete, war mir bereits bekannt.

Der Abend fand in der Buchhandlung Mollat statt, deren Bücher- und sonstige Schätze ich bereits kannte, da ich dort mit großem Vergnügen herumgeschmökert hatte. Vergoldete Paneele, Lüster, hohe Plafonds, viel Raum – der Saal, in dem die Begegnung mit dem Publikum stattfand, hatte etwas Magisches in seiner Unzeitgemäßheit. Draußen zogen die Autos und einige der Gespenster vorbei, denen ich wohl oder übel wiederbegegnen mußte. Ich wollte so rasch wie möglich abreisen. Denis Mollat lud mich zum Essen ein. Ich nahm an. So fanden wir uns bei Musik und Literatur, bei Wein und Reisegeschichten wieder. Er versprach, der beste aller Gastgeber zu sein – ein «Amphitryon» in der Bedeutung, die Grimod de La Reynière dem Wort gibt.

Das Gespräch kam auf Yquem, den ich damals noch nicht getrunken hatte: ich befand mich in der Rolle eines Heranwachsenden, der den ersten Kuß und die erste Umarmung der ersten Frau seines Lebens herbeisehnt. Ein großer, ein wenig linkischer Junge, der die Gunst der schönsten aller Damen begehrt, spricht mit um so mehr Wissenschaft und Inbrunst davon, je größer seine Inkompetenz und Schüchternheit ist. Ich erkundigte mich bei Denis Mollat wie bei einem größeren Bruder nach den damit verbundenen Gefühlen und Empfindungen, den Freuden und dem Glück. Er erzählte mir vom Grafen von Lur Saluces, vom Schloß, vom Keller, den vielen Jahrgängen, die er kennt, er fragte mich nach meiner Meinung über gewisse Seiten von Michel Serres zu diesem Thema und vertraute mir seine Eindrücke an. Dann, das Gespräch war in Fahrt gekommen, unterhielten wir uns über die Zusammenhänge zwischen Barockmusik und den Weinen von Saint-Emilion, zwischen romanhaftem Stil und russischer Architektur. Wir sprachen von Fieuzal 1988 und Hummersalat, von Jakobsmuscheln mit Petersilie und Château Canon 1985. Die Vermählung von Rotwein und Meeresfrüchten führte uns zu den Verbindungen, den Nachbarschaften, den Wahlverwandtschaften, die man auf dem Gebiet der Weine feststellen kann. Unsere Augen funkeln; Bordeaux beschwichtigt mich.

Wahlverwandtschaften, Affinitäten. Als das Honig- und Schokoladeeis gebracht wurde, fragte mich Denis Mollat, welches Fläschchen mir als Begleitung beliebe. Ich bin in Schokolade genauso vernarrt wie in Wein und möchte weder das eine noch das andere durch einen Champagner oder Portwein verderben. Also nur Wasser. Denis Mollat jedoch bat mich, ihm zu vertrauen, ihn auf seiner Suche nach der einzigartigen Affinität zu begleiten, und zeigte dem Sommelier auf der Karte eine Flasche, wobei er sich nach ihrer Temperatur und der Möglichkeit, sie sofort zu trinken, erkundigte. Starr vor Staunen erblickte ich wenige Augenblicke später am anderen Ende des Saals, zwischen den Händen der Gattin des Patrons, das Etikett der Flasche, die uns gebracht wurde. Ich wollte fliehen, den Tisch verlassen, reden, protestieren, verweigern. Es war ein Yquem, natürlich des Jahrgangs 1979.

War das der richtige Augenblick? Die passende Gelegenheit? Ich befand mich in der Unruhe eines, der sich lange auf einen bestimmten Moment vorbereitet hat, dessen Ankunft ihm nun aber vorzeitig scheint. Hatte ich nicht, als ich von Yquem sprach, zu unangebrachtem Luxus, ja zur Verschwendung aufgefordert? Wie nun den Rückzug antreten, ausweichen, die Zeit zurückdrehen, um diesen destabilisierenden Zustand nicht erleben zu müssen? Ich hatte tausend Gelegenheiten für diesen einzigartigen Tag erdacht, jede anders als die anderen, jede mit besonderen Umständen verbunden, mit erträumten, wie Kathedralen erbauten Situationen. Ich hatte gedacht, mit Yquem ein Ereignis von angemessener Größe zu feiern. Und nun wurde das Ereignis selbst zur Feier.

Das Fläschchen wurde geöffnet und vor unseren Augen abgestellt. Es folgten lange Minuten eines Schweigens, wie es, so scheint mir, nur die Anhänger eines Kults zuwege bringen. Denis Mollat weihte mich ein, und ich wußte, ich würde ihm mein ganzes Leben für diese Weihe dankbar sein. Der Mystagoge, der ich eines Tages zu sein gedachte, Lehrling und Lehrer in einem, fand hier einen Meister – so wie auf dem Gebiet der Weisheit Lucien Jerphagnon für mich ein Meister gewesen war. Unabdingbar war dieses Schweigen und die Dichte eines der Meditation gewidmeten Zeitraums, um sich dem Ereignis zu öffnen: ich höre den Heidenlärm, den es dann machte, und seine Echos bis zum heutigen Tag.

Alles war aufgehoben, zum Stillstand gebracht. Die Geräusche des Restaurants vibrierten in meinem Kopf, ich wagte nicht, den Blick meines Tischgenossen zu kreuzen. Die Emotion hatte nun auch meinen Bauch und meine Muskeln, mein Fleisch und meine Haut erfaßt. Alles war angespannt und wie in jene weißen Zonen versetzt, wo man nicht weiß, ob das, was unserem Mund entspringen wird, ein Schrei, ein Seufzer oder ein gestammeltes Wort sein wird. Der Blick, den ich mit Denis Mollat schließlich tauschte, setzte uns in ein Einverständnis, das untrüglich war.

Natürlich übersteigt die Erfahrung die Worte ebenso wie die Schrift. Sie versetzt ins Jenseits der Wörter, denn die Emotion, wie immer sie beschaffen sein mag, befindet sich stets jenseits von dem, was sie zu umschreiben versucht. Yquem ist wie die erste Form, die sich aus dem Chaos erhebt, der erste Ton, die erste Musik nach dem Tosen der Geräusche, die mit der Entstehung der Erde notwendig einhergingen. Und man entdeckt sein Kleid wie ein Voyeur, der entschlossen ist, alle Nuancen zu beobachten, mit der Leidenschaft eines Astronomen, der den Himmel entziffert. Die schillernden Farben tanzen noch in meiner Seele: strohgelb, gold- und bernsteinfarben, aprikosen-, honig-, maronenfarben, karamel und goldblond, rötliches Feuer, fahles Samtrot, herbstlich goldbraune Schwingungen, welkes Laub. Vor meinem Auge sah ich das visköse und zugleich flüssige Beben des Nektars, seine schweren, zugleich grazilen Bewegungen, die Tränen, die an der Innenseite des Glases herabrollen. Die Welt schien mir verzerrt hinter dieser mysteriösen Linse, die die Bilder deformiert, als wären sie von Holbein gemalt und von den Goldtönen des Weins strukturiert. Die Zeit verfloß, lang und dicht, selten und stark. Wir tranken …

Andere Yquem folgten, aber keiner kam dem der Einweihung gleich. Und in der Folge dann andere große Weine und raffinierte Gerichte, schöne Erinnerungen und intensive Gefühle, üppige Speisen und seltene, kostbare Flaschen, elegante, glanzvolle Gesten. Um mich in diesem Gedächtnis des Geschmacks und der Geschmäcker bewegen zu können, mußte ich mich auf Improvisation, auf unzeitgemäßes Flanieren einlassen. Und eines Tages stellte mir jemand die Frage, die mich zur wahren Erkenntnis führte: «Welches ist Ihre beste gastronomische Erinnerung?» Frage der Wahl und der Auswahl, architektonische Frage, wenn es das gibt. Was wählen? Unter welchen Materialien? Einzigartige, preziöse Kasuistik. Ich mußte das ausfindig machen, was in meiner Seele die intimste Spur hinterlassen hatte. Yquem, noch einmal? Romanée-Conti, Pétrus oder Cheval-Blanc? Ausone, Latour oder Lafite? Roellinger, Senderens oder Robuchon? Seeohren aus dem Cotentin, Lerchen aus dem Morvan oder Schlickrutscher aus Lissabon?

Wie ein Blitz kam mir die Idee, funkelnd wie der Ort, von dem sie mir zuflog: aus dem Limbus, dem vergangenen Leben des Kindes, das ich einst war. Meine beste gastronomische Erinnerung ist eine Erdbeere im Garten meines Vaters. Der Tag, mitten im Sommer, war heiß gewesen. Die Erdbeeren waren gesättigt von dieser Hitze, die die Früchte durchdringt bis in ihr Innerstes, wo sie immer noch warm sind. Die Blätter erzeugten nicht genug Schatten, der sie hätte schützen können. Ich löste eine von ihnen ab. Mein Vater riet mir, sie unters Wasser zu halten, um sie, so sein Ausdruck, zu reinigen und zu erfrischen. Der dünne Strahl, der aus dem Hahn floß, war eisig, er kam von den Quellen, die unter den Gärten ruhten. Als ich die Erdbeere in den Mund steckte, war sie an der Oberfläche kühl und in ihrer Seele warm, die zarte Haut beinahe kalt, das Fleisch temperiert. Unter meinem Gaumen zerdrückt, wurde sie zu einer Flüssigkeit, die meine Zunge, meine Wangen überschwemmte, bevor sie in die Tiefe der Kehle hinabglitt. Ich schloß die Augen. Mein Vater war neben mir, über die Beete des Gemüsegartens gebeugt bearbeitete er die Erde. Für die Zeit eines Augenblicks – eine Ewigkeit – war ich selbst diese Erdbeere, war weiter nichts als ein Geschmack, der das Universum erfüllte und in meinem Kinderkörper enthalten war. Das Glück hatte mich mit seinem Flügel gestreift, bevor ich fortging von jenem Ort. Seither lauere ich auf die Rückkehr dieses hedonistischen Engels, dessen Federn und Atem ich so sehr geliebt habe. Kein Zweifel, daß ich ihn mit Leidenschaft suche, während er sich entzieht, daß er immer gerade dann erscheint, wenn ich es nicht erwarte, und daß er immer dann auftaucht, wenn meine Hoffnung gesunken ist. Diese «genießerische Vernunft» ist eine Erinnerungsschrift, ist ein Epitaph für ihn.

I

Eine kleine Theorie der Bläschen

Epitaph für Dom Pérignon

Für Claudine Lemaire

In gewöhnlichen Zeiten bin ich den Priestern nicht sehr gewogen, außer wenn sie sich auf eindeutige Weise im Kampf gegen ihren Berufsstand hervorgetan haben: wenn man sie also zum Beispiel in den Anthologien des Atheismus findet wie den Abbé Meslier, oder wenn sie zur Blüte des Lasters beitragen wie der Abbé Chabert bei Sade. Oder wenn sie sich in der Serenissima als talentierte und verdiente Komponisten hervortun wie Vivaldi, der rote Priester. In solchen Fällen werde ich sogar fromm.

Auch bete ich hin und wieder gern ein paar Rosenkränze für die Benediktiner, die zum Heil unserer Leiber wirkten, indem sie zwischen Prim und Komplet alkoholische Getränke herstellten, die dem Meßwein eindeutig den Rang ablaufen. Unter ihnen die Klosterbrüder von Fécamp wegen ihrer Bénédictine; Pater Jérôme Maubec wegen seines Triumphs in der Kartause; der Kanonikus Kir aus den bekannten Gründen. An erster Stelle in dieser Klerikatur steht jedoch Dom Pérignon, weil er der hypothetische oder, wenn man den Ausdruck vorzieht, mythische Erfinder des Champagners ist. Neben ihm, wie flankierende Chorknaben, Dom Ruinart und Dom Oudard. Gott sorge für ihre Seelen; mein Beitrag soll ein Epitaph nach antiker Art sein.

Das Jahrhundert Ludwigs XIV. ist das des Champagners, zumal der Monarch und unser Benediktinermönch im genauesten Sinn

Zeitgenossen sind: 1638 in der Wiege, 1715 im Grab. Der Mönch versieht seinen Dienst im Takt der Gigues, Courantes, Sarabandes von Lully und als Prolegomenon zu Watteaus «Einschiffung nach Kythera», dem emblematischen Bild des Hedonismus jenes Jahrhunderts, bevor er von der Guillotine eingeholt wurde. Es ist nicht uninteressant, der Frage nachzugehen, mit wem Dom Pérignon in Zeitgenossenschaft stand, denn im Champagner, den er erfindet, ist – wie bei kommunizierenden Röhren – etwas vom Jubel, von der Freude, von der Heiterkeit und Leichtlebigkeit, die man in der Musik und in der Malerei der Besten jener Epoche findet. Der Geist, der Genius der Zeit ist nicht zuletzt der Stil, also das, was die Künste und Werke durchdringt und ihre gemeinsamen Wurzeln zum Ausdruck bringt. Im Pokal des neuen Getränks findet man die Sinneslust wieder, an deren Stelle später die Zerknirschung trat, die in Gestalt von Saint-Just[1] und seinesgleichen Geschichte wurde. Aber so weit ist die Epoche noch nicht, einstweilen nährt sie sich vom Prunk dessen, was man heute das Große Jahrhundert nennt.

Dom Pérignon ist unter anderem Zeitgenosse Newtons: während der eine sich um die Äpfel kümmert, kümmert der andere sich um die Trauben. Dieser erzeugt Getränke mit aufsteigenden Bläschen[2], jener induziert Formeln ausgehend von fallendem Obst. Die allgemeine Gravitation ist die Hauptsorge dieser Zeit: der Wissenschaftler erstellt eine Theorie, die eine Revolution ermöglicht, da seine Teilchenphilosophie zweierlei behauptet: erstens die Identität von Licht und Materie, zweitens die Zusammensetzung des Universums aus festen, unteilbaren Partikeln, die ständig einem Kräftesystem von Anziehung und Abstoßung

[1] *Saint-Just,* Louis Antoine Léon de, 1767–1794, entschiedener Anhänger von Robespierre, als Konventskommissar entfaltete er eine blutige Wirksamkeit im Elsaß.

[2] Vgl. zu diesem Abschnitt: «L'amateur de bordeaux», Sondernummer «Champagne, des styles»; siehe darin die Beiträge von Jean-Paul Kauffmann, Nicolas Faith, Tamara Thorgevsky, Daniel Rondeau, Gert von Pazensky. Eine erste Fassung dieser «kleinen Theorie der Bläschen» erschien ebenfalls in dieser Zeitschrift. – «Tradition et mémoire», Moët et Chandon, Bd. 1; darin besonders «Les pères fondateurs» (Dossier Nr. 1), «Le travail de la vigne» (Dossier Nr. 2), «Les vendanges» (Dossier Nr. 3), «L'élaboration du Champagne» (Dossier Nr. 4).

unterworfen sind. Newton ermöglicht die Existenz von Himmelsräumen, die ein extrem feiner, granulär strukturierter Äther erfüllt. Weiter sinnt er dem Ursprung der Kometen nach, erforscht die Bewegung der Gestirne, die Anziehungskräfte, die Statik der Sterne im Kosmos – alles poetische Fragen, die eine Metaphysik induzieren. Um es ironisch zu sagen: mir scheint, daß der Beweis der Welt der Champagner mit seinen Bläschen ist, die den Weltraum queren, der Champagner mit seinen im Kosmos flackernden Sternen, die den Himmel im Glaspokal riffeln und zum Funkeln bringen. Die mythischen Kosmographien haben diese Hypothesen von Entsprechungen keineswegs abgelehnt, die einer Epoche Ausdruck gaben, zugleich aber auch die Dauerhaftigkeit mentaler Strukturen erfaßten.

Indem Dom Pérignon ein alkoholisches Getränk ermöglichte, dessen gasförmige, unablässig nach oben strebende Komponenten die Existenz eines Himmels beweisen, der immer noch und immer weiter über uns schwebt, zeigte er den Widerstand der Geistlichkeit gegen eine Wissenschaft, die nicht mehr die Dynamiken in Richtung auf die Ideenwelt rechtfertigte, sondern die sinnlichen Kräfte, die die Schwere, die Masse, die Beziehung der Materie zu einer *Physis* zum Ausdruck bringen. Der Physiker will verstehen, warum die Körper fallen, der Benediktiner, wie man die Begierde der Bläschen im Zaum hält.

Zur selben Zeit denkt Denis Papin[3], auch er mit der Zähmung von Energie beschäftigt, über die Bedingungen mechanischer Kräftebeherrschung nach. Er behandelt auf seinem Gebiet dasselbe Problem wie Dom Pérignon, der sich die Frage stellt, wie er eine Maschine erfinden kann, die den Champagner beherrscht, diese bacchantische Naturkraft, die nach der Erntezeit die Flaschen immer wieder zur Explosion bringt. Der fromme Mann widmete sich mit Talent und Ausdauer seinen Beobachtungen. Dann bestimmte er den günstigsten Moment für die Abfüllung in eine Flasche, die besonders robust und widerstandsfähig zu

[3] *Papin,* Denis, 1647–ca. 1714, französischer Arzt und Naturforscher, Gehilfe von Huygens in Paris und von Boyle in London, bei ihren Versuchen mit der Luftpumpe. 1679/80 baute er einen Dampfkochtopf (Papinscher Topf) mit Sicherheitsventil

sein hatte – eben die heutige Champagnerflasche. Schließlich besiegelte er das Todesurteil für den ölgetränkten Hanfwerg, der damals zum Stopfen der Magnum-Flasche diente, und ersetzte ihn durch einen Korkpfropfen, der besser geeignet war, den Bestrebungen des unruhigen Getränks entgegenzuwirken. Das Problem wurde nun rasch gelöst, die Methode ist noch immer dieselbe: man zelebriert bis heute den benediktinischen Ritus.

Inwiefern ist der Champagner eine Ausnahme unter den Weinen? Warum ist er der Wein der Weine, die Quintessenz dessen, was die Vorzüge von Noahs Getränken ausmacht? Wahrscheinlich, weil er alle Vorzüge der anderen Weine besitzt, ohne einen einzigen ihrer Fehler zu haben. Er ist fein, subtil, unverwechselbar, kräftig, würzig, leicht, er bringt Heiterkeit, festliche Stimmung, Freude, leichte Trunkenheit. Es gibt keine Räusche, die man ihm anlasten könnte, keine Derb- und Grobheiten oder noch Schlimmeres in seinem Gefolge. Weder fade noch schwer, weder Bürger noch Volk, sondern Aristokrat, kann man ihn zu allen Speisen trinken, und die Saucen, die sich mit seiner Hilfe herstellen lassen, sind nicht dick und nicht breiig: seine Anwesenheit verwandelt die Komposition, indem er ihr eine ewige Dosis Leichtigkeit beigibt. Denn die Bläschen sind bei Tisch wie der Stein der Weisen. In ihnen liegt der Stil, liegt die Identität dieses Weines.

Ob er aus den Bergen von Reims kommt oder von der Côte d'Avize; ob er kraftvoll, würzig, stark duftend, abgerundet und körperreich ist, weil von der Côte d'Ambonnay stammend, oder zart, feminin, frisch, weil aus der Gegend von Grauves; ob er trocken ist, herb, aus roten Trauben hergestellt oder aus weißen, Blanc de blanc – Champagner ist vor allem diese seltsame Poesie von vergänglichen, leichten, freien Bläschen, die mich an jene anderen Bläschen auf den flämischen Vanitas-Bildern erinnern, die voll Anmut und Gefahr aus der Schalmei eines Gelegenheitsmetaphysikers aufsteigen. Bei den Malern illustrieren sie eine eigentümliche Metaphysik, die zur Zeit des Barocks blüht, der Epoche Dom Pérignons. *Homo bulla*, so die Botschaft diverser

Gemälde: der Mensch ist nicht mehr als eine Luftblase, er ist weiter nichts als ein Bläschen. Auf den Vanitas-Bilder begleiten sie die Zeichen des Ephemeren, des Vergänglichen, Flüchtigen, das der Tod bedingt: eine Blume, die verwelken wird, ein Rauch, der nicht bleiben wird, Instrumente zur Messung der Zeit, eine Taschen- oder Sanduhr, Gebein, vom Oberschenkel bis zum Schädel, Insekten, Messer an einer Tischkante, die im nächsten Augenblick fallen werden, Schmetterlinge, angeschlagene oder umgeworfene, zerbrechliche Trinkgläser. *Quis evadet?* kann man auf anderen Bildern lesen. Wer vermöchte zu fliehen? Wer entkäme diesem Schicksal? Niemand, niemals. Vor dem Tod, sagen die Bläschen, sind der König und der Bauer, der Fürst und der Rüpel gleich. Das Dasein dauert nicht länger als die Bläschen. Simon Luttichuys, Hendrik Andriessen, Simon Renard de Saint-André in ihren Vanitas-Bildern, oder Karel Dujardin[4] in seiner Allegorie, allesamt Zeitgenossen Dom Pérignons, huldigen dieser metaphysischen Lehre: *Homo bulla.*

Das Bläschen bezeichnet die Isolierung in einem Milieu – die Vollkommenheit, die Autonomie, die Entelechie, um es in der Sprache der Philosophen zu sagen. Es ist eine eigene Welt innerhalb einer Welt. Seine Bewegung ist der Beweis der Unterwerfung unter die philosophische Notwendigkeit, unter die Macht des Schicksals, wenn man so will. Ich denke an den Brief Spinozas an Schuler – ein Schriftverkehr, der zu Lebzeiten unseres Önologen stattfindet –, in dem Spinoza seinem Korrespondenten erklärt, daß es keine Freiheit gebe, es sei denn im Gehorsam gegenüber der Notwendigkeit. Nur der- oder dasjenige ist frei, der (oder das) der Kraft zustimmt, die ihn (oder es) belebt. So ist etwa ein in die Luft geworfener Stein[5] der allgemeinen Gravitation unter-

[4] *Luttichuys,* Isaac, 1616–1673, niederländischer Maler, bekannt für seine eleganten und verfeinerten Porträts. – *Andriessen,* Hendrik, 1607–1655, niederländischer Maler, bekannt für seine Stilleben und Vanitas-Darstellungen. – *de Saint-André,* Simon Renard, 1613–1677, französischer Maler und Radierer, Mitglied der Académie royale. – *Dujardin,* Karel, 1622–1678, niederländischer Maler und Radierer, tätig in Den Haag und Amsterdam, malte stimmungsreiche Landschaften und Volksszenen, Porträts.

[5] Vgl. zu diesem Abschnitt: Spinoza, «Brief an G. H. Schuler», in: Spinoza, «Briefwechsel», hrsg. v. Carl Gebhardt, Leipzig 1914, S. 235–239.

worfen, dem Gesetz vom Fall der Körper – tja, bis zum heutigen Tag. Seine Bewegung, sein Aufstieg, sein Langsamerwerden, der Beginn seines Falls und der Fall selbst, all das ist Notwendigkeit, gegen die man nichts machen kann, denn «jeder einzelne Gegenstand ist tatsächlich notwendig durch einen äußeren Grund dazu bestimmt, einem genau bestimmten Gesetz entsprechend zu existieren und sich zu verhalten». Weiter. Angenommen, dieser Stein verfügt über ein Bewußtsein: kein Zweifel, daß er glauben wird, seine eigene Bewegung, die Verlangsamung und den darauf folgenden Fall zu wählen, während er offenkundig nichts anderes tut, als der physikalischen Notwendigkeit zu gehorchen. Das Bewußtsein der Strebungen ist, zusammen mit der Unkenntnis der Ursachen, die sie determinieren, der Grund unserer Unschuld: wir glauben frei zu sein, während wir doch Spielbälle der Notwendigkeit sind. Dieses Bild des Elends, in dem wir verharren, ist zwar weniger pathetisch als die Darstellungen Pascals, eines anderen Zeitgenossen Dom Pérignons, dafür aber metaphysischer; es beschreibt unsere *condition humaine*. Die Champagnerbläschen sind Metaphern, Metaphern sowohl des pascalschen Elends des Menschen ohne Gott, als auch der spinozistischen Theorie des Determinismus. Kaum gesehen, schon verschwunden: das Schäumen und Brausen ist Analogon der Existenz.

Von den philosophischen Zeitgenossen des Champagnerweins ist auch Leibniz eine Lektüre wert, besonders seine emblematische «Monadologie» (1714), dieses Manifest des Schäumens und Brausens, dieses Champagner-Brevier. Das Wort selbst, Monade, taucht bereits 1697 in einem Brief an Fardelle auf, aber erst im gleichnamigen Werk wird sie adäquat abgehandelt, denn man erfährt dort, daß die Betäubung[6] «der Zustand der vollkommen nackten Monaden» sei. Diese einfachen Substanzen, die auch Atome der Natur sind, Elemente von Dingen, sind körperlose, allein durch ihre Dynamiken definierte Automaten. Ohne Anfang und Ende, «können die Monaden nur durch Schöpfung

[6] Vgl. zu diesem Abschnitt: *Leibniz*, «Monadologie», passim.

beginnen und durch Vernichtung enden». Besser kann man nicht sagen, daß sie ein Surrogat des Universums sind, das auf ein Minimum reduzierte Universum selbst.

Die bewußtesten unter ihnen wissen, daß sie keine Fenster haben, «durch die etwas herein- oder hinausdringen könnte». Kleine Welten für sich, kann man sie als eine Art Kosmos-Abbreviaturen betrachten. In seinem Bestreben, noch mehr zu sagen, präzisiert Leibniz, daß sie wirkende Kräfte sind und daß sie, wenn sie in diesem Sinn ihrer Natur gehorchen, den Plan Gottes zum Ausdruck bringen, der sich in stetiger Harmonie verwirklicht. Die Monade ist taub für die Welt, wenn diese nicht ihre eigene ist. In ihrem Solipsismus weiß sie nichts von dem, was außerhalb ihrer Dynamik liegt, trägt aber trotz ihres vollständigen Unwissens zur allgemeinen Harmonie der Welt bei. Ebenso verhält es sich beim Champagnerbläschen, das – ebenfalls solipsistisch, ebenfalls Gedächtnis und Abbreviatur der Wirklichkeit – eine architektonische Rolle bei der Hervorbringung eines Ganzen (des Weines) und eines Stils (des Champagners) spielt. Aber Gott ist in dieser Angelegenheit ein Weinbauer, dem Großen Uhrmacher Voltaires mindestens ebenbürtig ...

Die Bläschen machen den Prunk der Epoche Dom Pérignons aus. Man denke an Rembrandt, dessen Hell–Dunkel man als bildnerische Manifestation des Lichts in der Finsternis verstehen könnte, als Darstellung eines strahlenden Bläschens in einem düsteren Universum; man denke auch an Vermeer, dessen Bilder man als Figuration einer Friedensblase in einer lärmenden Welt lesen kann, einer von Menschen und ihren Geschäften wimmelnden Welt: eine Frau, die liest, Spinett spielt, einen Brief schreibt oder ihre Spitzen ausbessert. Wenn sie nicht gerade Perlen wiegt, denn die Perle ist eine andere Art, das Thema der Bläschen auszudrücken. Tatsächlich sind es in einem Champagnerglas beinahe Perlen, die an der Oberfläche zerplatzen. Überall sind sie beim flämischen Maler versteckt, als wollte er in seinen Bildern Details verbergen, die die Vanitas bezeichnen. Der Reihe nach sieht man eine junge Frau mit turbanartigem Kopftuch, ein Mädchen mit rätselhaftem Gesicht, das lange für eines seiner Kinder gehalten wurde, eine Spinettspielerin und die sie begleitende Sängerin. Aber auch eine eingenickte Frau, dann die Lesende, und die andere, die schreibt. Alle tragen sie diese Perlen am Ohr, die auf den Topos verweisen, den die Vanitas-Bilder inszenieren. Das Champagnerbläschen ist eine Form der Variation über das Thema der Luftblase und der Perle. Dom Pérignon ist ein barocker Emblematiker …

Tatsächlich bezeichnet *barroco* – das Wort, das den Epochenbegriff liefert – eine Perle, die nicht vollkommen rund ist. Vielleicht ist dieses *barroco*, folgt man den mitunter glücklich-phantastischen Etymologien Littrés, aus den Abkürzungen entstanden, die den Modus der zweiten syllogistischen Figur bezeichnen, von der wir hier nur festhalten wollen, daß sie im Absurden endet. Unvollkommen, absurd, bizarr – der Barock ist vor allem das, was die Allmacht des Künstlichen, der Anti-Natur zum Ausdruck bringt. Und nichts ist so sehr ein Produkt von Kultur wie der Wein. Der Champagner wäre dann sogar potenzierte Kultur, insofern er eine größere Zahl von Manipulationen erfordert als zum Beispiel der Bordeaux. Das beginnt bereits bei der Kunst der Zusammenstellung: es geht darum, zu dosieren, den gelagerten Wein, Blanc de blanc und Blanc de noir, in veränderlichen Proportionen zu mischen. Die Überlieferung will, daß Dom Pérignon gegen Ende seines Lebens, bereits erblindet, in der Kunst des Zusammenstellens geglänzt habe, als wäre der Mangel eines der fünf Sinne der Preis, den man für die besondere Leistung eines der vier intakten Sinne zu zahlen hat. Auch muß der Winzer ein wenig Magier sein, Alchimist oder, heutzutage, Chemiker. Gleich einer musikalischen Form ist der Champagner Komposition, Wille zur Harmonie, Streben nach Ausgleich, Hervorbringung eines Stils. Nach dieser grundlegenden Arbeit, die auf der Zahl, auf dem Mengenverhältnis basiert, geht es ans Abziehen des Weins, wonach dann die zweite Gärung – in der Flasche – stattfindet. Die Hinzufügung von Gerbstoff, Rohrzucker und treibender Hefe erlaubt dem Champagner, in der Flasche Schaum anzunehmen und zu bewahren. Und schließlich fordert das Altern des Weins eine ständige, tägliche Pflege durch den Besitzer in Form einer Serie von genauen Handgriffen, die das Ergebnis eines über Jahrhunderte gereiften praktischen Wissens darstellen: Schäumung, Lagerung auf Holzbrettern, Rütteln und Drehen, Mischung, um den extra-trockenen, den trockenen, den halbtrockenen oder den süßen Wein zu erzeugen. Wie ließe sich die Herrschaft des Künstlichen besser sagen? Natürlich steht am Anfang die Natur, doch am Ende geschieht nichts ohne die Vermittlung einer eindrucksvollen Kultur, in der sich überliefertes Wissen, uralte Weisheiten, Zauberkunstgriffe, mysteriöse Rezepte und die Liebe zu einer einzigartigen Arbeit vermengen. Ja, am Ende dieser alchimistischen Verfahren steht ein Kunstwerk.

Der Champagner ist also eine Hervorbringung des Barocks, eine der Variationen über dieses Thema. Im übrigen wird als Barock auch das definiert, was unmittelbar das Subjekt betrifft, was das Subjekt ergreift und sich seiner bemächtigt, ohne auf den Geist oder die Intelligenz zu achten. Bevor es den Geist, die Seele berührt, also vor seiner Verwandlung in geistige Nahrung, zielt alles, was diesem Stil entspringt, zuerst auf das Gefühl, auf die Empfindung, die Leidenschaft. Der Körper ist der erste der geladenen Gäste. Wie könnte man besser die Wirkungen des Champagners ausdrücken, der verführerischer ist als alle Weine zusammen? Von seiner ersten Berührung muß man sich zunächst einmal lösen. Der Wein Dom Pérignons lädt dazu ein, sich von seinen Primäreffekten zu lösen, um seine Reichtümer besser kosten zu können. Im Mund ist der Champagner expansiv, er fordert alle Empfindungen zugleich. Auf der Zunge, im Gaumen prickelt er und erfüllt den Mund auf impressionistische Weise: indem er Wirkungen freisetzt, die aus vielen verschiedenen Bereichen stammen. Der Duft verbindet sich mit der Bewegung des Gases, der länger wirkende Geschmack geht einher mit der Empfindung des abnehmenden Schäumens. Was dort gewonnen wird, geht hier verloren: die Entropie, welcher der Kurzzeitgeschmack unterworfen ist, ermöglicht den Reichtum des Langzeitgeschmacks. Und umgekehrt. Immer noch sind die Bläschen am Werk. Tatsächlich ist es dieses Zerplatzen der Bläschen, das den Wohlgeschmack bringt. Denn der Mund wird zunächst gebieterischer als von jedem anderen Wein erobert. Und hinter dieser Primärwirkung verbirgt sich die Wahrheit des Getränks. Besteht hier nicht ein Zusammenhang mit der barocken Maske?

Bei allen Vertretern des Barocks, Baltasar Gracián[7] an der Spitze, ist der Sinn für Verkleidung eine Tugend. Maskieren, verstecken, sich verstellen mit der Absicht, in der Folge dann zu enthüllen. Es herrscht hier ein Spiel mit dem Begehren, dessen Eigentümlichkeit in der Dialektik von Verbergen und Aufdecken liegt. Die schwarze Halbmaske des Maskenballs hat ihr Pendant in den Champagnerbläschen: sie ist ein Versprechen von Glück oder sinnlichem Genuß. Auf den Verführungseffekt folgt die schmackhafte Wahrheit. Der ganze Barock zielt auf diese Alternative und unterwirft die Täuschung hedonistischen Endzwecken. Natürlich ist das Theater der bevorzugte Ort der Maske. Auf der Bühne wird das Leben traditionellerweise als Traum vorgestellt; sie ist der Ort, wo es immer noch und immer wieder heißt: *homo bulla.*

Was hat es nun mit dem Stil des berühmten Weins auf sich? Genügt es, eine barocke Schöpfung aus ihm zu machen, um eine befriedigende Definition zu geben? Sicher nicht. Alle Bedeutungsschwankungen in der Etymologie von «Stil» beruhen auf dem lateinischen *stare* (aufrecht stehen). Stil ist das, was ein Werk strukturiert, was ihm Körper, Form und Sinn verleiht. Beim Champagner bedeutet das Eleganz, verbunden mit einem schlanken, grazilen Charakter; es bedeutet Einzigartigkeit, also die Tatsache, keinem anderen gleich zu sein und in seiner flüssigen Materie, wie jedermann sehen kann, Myriaden von Bläschen, von blühenden, prickelnden, wallenden Wesenheiten zu beherbergen. Kometen, Sterne, Himmelslichter, die Bläschen im Champagner sind wie das eisige Feuermeer in der Wölbung der Nacht, wie der berühmte Sternenhimmel, der – mitsamt der

[7] *Gracián,* Baltasar, 1601–1658, spanischer Schriftsteller, Moralphilosoph skeptischer Richtung, Hauptträger des Konzeptismus.

ihm innewohnenden Moral – den alten Immanuel Kant so bezauberte.

Was die barocken Schöpfungen von Bernini bis Blow, von Le Nôtre bis Purcell, von Jean de Sponde bis Charpentier[8] charakterisiert, ist die Leidenschaft für das Luftige, Leichte, für das Gleichgewicht zwischen Fülle und Leere, zwischen Leben und Tod, das Ganze in schöne Voluten, dynamische Formen, harmonische Kadenzen aufgelöst. Die Musik mit ihrer melodischen Linienführung, ihrem unüberhörbaren Willen, sich von der Erdenschwere zu befreien, ist die beste Metapher, um diese einzigartige Rhetorik zwischen Stille und Lärm auszudrücken. Über die Musik hinaus müßte man sich auf den Tanz besinnen: der Gott des Champagners ist naturgemäß Tänzer, vergleichbar den Meistern des barocken Balletts, die Musik, Gesang und Tanz miteinander verbinden. Chassé, Déchassé, Balancé, Volte, Dérobée: der Feind ist in allen Fällen die Erdenschwere. Der Champagner liebt den Himmel, während andere Weine zur Erde hingezogen sind; er verehrt das Luftige, Ätherische, und macht das Gasförmige zu seinem Verbündeten; er ist ein Komplize der Zeit mehr als des Raums, denn der Heimatboden ist nicht sein bevorzugtes Reich. Der Champagner kann der Musik verglichen werden – während der Bordeaux wie Malerei ist, der Burgunder wie Skulptur.

Übrigens ist der Champagner der einzige Wein, der wirklich singt. Es genügt, außer dem trockenen Knall des Korkens, der

[8] *Bernini,* Gian Lorenzo, 1598–1680, italienischer Baumeister, Bildhauer und Maler, übte auf Skulptur und Architektur des 17. und 18. Jh. in Italien, Spanien und den Ländern nördlich der Alpen großen Einfluß aus und prägte nachhaltig die barocke Architektur in Rom. Er war der bedeutendste europäische Bildhauer nach Michelangelo. – *Blow,* John, 1649–1708, britischer Komponist, Organist der Westminster Abbey, Komponist der Königlichen Kapelle in London. – *Le Nôtre,* André, 1613–1700, französischer Gartenarchitekt, schuf den Jardin des Tuileries, den Garten von Fontainebleau und den Schloßpark von Versailles. – *Purcell,* Henry, 1659–1695, englischer Komponist, Organist an der Westminster Abbey, an der Königlichen Kapelle, bedeutendster Komponist des englischen Hochbarocks. – *de Sponde,* Jean, 1557–1595, französischer Humanist und Dichter, übersetzte Homer ins Latein, gab Aristoteles und Hesiod heraus, verfasste Sonette und Stanzen. – *Charpentier,* Marc-Antoine, 1645–1704, französischer Komponist, Kapellmeister an der Sainte-Chapelle in Paris.

allein schon ein Versprechen glücklicher Musik ist, das Zerplatzen der Bläschen des lebendigen Getränks an der Oberfläche zu hören. In der zufälligsten Abfolge, die man sich denken kann, erzeugen sie kleine, feine, trockene Explosionen, sie knallen, prasseln, erfreuen das Ohr. Von neuem der Luft vermählt, moduliert der Champagner mit der Zeit seinen Gesang, je nach dem, ob man ihn sofort trinkt oder noch wartet. Die Wallungen werden schwächer, der Abstand zwischen ihnen größer: der Rhythmus hat sich verändert, die Kadenz ist nicht mehr dieselbe. Sein Ungestüm hat einem anderen Konzert Platz gemacht: vom Fortissimo zum Piano, vom Allegretto zum Adagietto. Es verhält sich hier ähnlich wie beim Genre der Fantasie in der Musik.

Um seine Avancen zu erwidern, hat auch die Musik den Champagner besungen, und zwar auf prachtvolle Weise. Auf seiner geistreichen Suche nach Verwandtschaften zwischen Weinen und Musiken, die ihnen entsprechen könnten, hat E. T. A. Hoffmann, wer weiß warum, die Rheinweine oder den Jurançon mit der religiösen Musik in Zusammenhang gebracht: Liebhaber von Passionen und Oratorien, von Messen und Stabat Mater, kostet vom Johannisberg, versorgt euch in Courbu oder Petit-Manseng! Ebenso sieht er eine Verbindung zwischen Burgunder und heroischer Musik: Montrachet und Nuits-Saint-Georges für unverbesserliche Wagnerianer. Und schließlich Champagner für die komische Oper wegen der «schäumenden, leichten Fröhlichkeit», die man ihr zuschreibt. Daniel François Auber[9] und sein «Domino noir» oder Adolphe Adam[10] und sein «Châlet»? Geht das wirklich nicht anders?

Wenn ich ein musikalisches Pendant für das brauche, was der Champagner sein könnte, sehe ich es am ehesten bei Mozart, jedenfalls beim Mozart der Freude, der stets der Leichtigkeit Raum zu geben versteht, was immer die musikalischen Umstände sein mögen. Und wenn sich das Epizentrum der westlichen

9 *Auber,* Daniel François, 1782–1871, französischer Komponist, Vertreter der «Grand Opéra».

10 *Adam,* Adolphe, 1803–1856, französischer Komponist, Stil der «Opéra Comique», Professor am Pariser Konservatorium.

Musik hier befindet, bei dieser sublimen Ausnahme, kann man wahrscheinlich den «Don Giovanni» als Angelpunkt unter den sechshundertzweiundzwanzig Opus-Nummern betrachten. Braucht dieses Zentrum noch eine Mitte? Dann wäre mit Kierkegaard und Pierre Jean Jouve[11] die Arie Nr. 12 im ersten Akt zu wählen: Fin ch'han dal vino[12].

Was sagt Mozart hier? Zunächst da Ponte, sein Librettist: man will ein Fest, die schönsten Mädchen, Tanz und Wein. Welchen Wein, wird nicht gesagt, aber es ist kein Champagner. Don Juan bereitet sich auf das Menuett, die Gaillarde und die Allemande vor. Er meint, so könne er seine Liste um mindestens zehn neue Eroberungen bereichern. Doch wenn man von dieser Arie sagt, sie sei die Melodie des Champagners, so hat das seinen Grund ausschließlich in dem, was die Musik sagt: das Spiel des Orchesters ist, gelinde gesagt, prickelnd, schäumend, wallend. Das Tempo hoch, die Kadenz infernalisch. Ich denke an die Capriccios Paganinis, die ebenfalls den Champagner und zugleich das Diabolische aussagen könnten. Don Juan verkörpert dieses geistige und zugleich libidinöse Überfließen, das sich musikalisch nur in frenetischer Eile und in der Gedrängtheit einander überlagernder Elemente benennen läßt. Die Stimme wird von Flöten und Geigen doubliert, jenen Instrumenten, die Mozart gern verwendet, um Charme und Dämonie auszudrücken. Die Sequenz ist der Maske vergleichbar: unter dem schlichten, ungefährlichen Wunsch, ein Fest zu feiern, verbirgt sich der Wille zum Genuß, verbirgt sich das Tragische. Die ewige Wiederkehr des Begehrens wird durch die ewige Wiederkehr der gleichen musikalischen Elemente ausgesagt – endlose Bewegung der Bläschen, die nach Oberfläche und Vernichtung streben. Der Champagner ist zugleich Metapher des Begehrens und – im Sinn der barocken Vanitas – Erinnerung an unsere *condition humaine.*

[11] *Jouve,* Pierre-Jean, 1887–1976, französischer Schriftsteller, zuerst Anhänger des Unanimismus, dann Konversion zum Katholizismus, zentrales Thema seiner Sinnlichkeit und mystischen Geistigkeit umspannenden Werkes ist die Frage nach der menschlichen Existenz.
[12] Vgl. zu diesem Abschnitt: Kierkegaard, «Entweder – Oder», erster Teil, Kapitel II.

Von dieser Melodie wird Pierre Jean Jouve sagen, daß sie «das Dasein gegen die Sünde» sei. In der Tat gilt es, sich für den Pokal und gegen den Kelch zu entscheiden, denn es gibt keine andere Wahl. In jenem Moment der Oper ist der Libertin trunken von sich selbst, er verkörpert das ästhetische Stadium gegen das ethische, denn immer kämpft der Priester gegen den Künstler, das Weihwasser gegen den Champagner. Über den Freigeist, der an den Tisch des steinernen Gasts gerufen wird, sagt Kierkegaard, daß ihn der Champagner gleichsam resümiere, beinhalte und symbolisiere: «So ist sein Leben, schäumend wie Champagner. Und wie die Perlen in diesem Wein, während er siedet in innerer Glut, an Tönen reich in seiner eigenen Melodie, aufsteigen und immer wieder aufsteigen, so tönt die Lust des Genusses wider in der elementarischen Wallung, die sein Leben ist.» Der Champagner dient dazu, diesem Drang zum Genuß und seiner Verwurzelung im Mangel, der uns beherrscht, Ausdruck zu geben: wenn wir nach jubilierender Freude trachten, dann deshalb, weil wir nicht glücklich sind. *Homo bulla.*

II

Formen des Umgangs und gastronomische Bühne

Epitaph für Grimod de La Reynière

Für Pascal Vannier

Balthasar Grimod de La Reynière, der Vater der gastronomischen Literatur und Erfinder der gleichnamigen Kritik, hatte keine Hände. Nur erbärmliche Stümpfe[1], an deren Enden man sich gern Klauen oder Krallen vorgestellt hat, flossenartige Häute oder Krähenfüße, nichts Menschliches jedenfalls, sondern etwas, das an die Vermischung der Arten denken läßt, einen irgendwie tierhaften Menschen, eine Kreuzung, wie sie bei den mythischen Greifpferden, den Kentauren oder Minotauren vorliegt. Genügend Stoff also, um die schwindelerregendsten Phantasien zu stimulieren, aber auch, um die finstersten Torheiten bei einem solcherart von der Natur gezeichneten Subjekt befürchten zu müssen. Man weiß allerdings nicht, welche Reaktionen seine Mißbildung hätte hervorrufen können, denn Grimod übte mit dunkler Freude die Kunst der Maske und der barocken Täuschungsmanöver aus.

Jene, die meinten, die Natur könne keine solchen Extravaganzen begehen, behaupteten, daß die Stümpfe des Kindes

[1] Details zur Biographie findet man in: Gustave Desnoireterres, «Grimod de La Reynière et son groupe», Didier 1887. – Auf dieses Werk stützt sich: Ned Rival, «Grimod de La Reynière, le gourmand gentilhomme», Le Pré aux clercs 1983. – Lesenswert auch das Vorwort von Jean-Claude Bonnet zu: Grimod de La Reynière, «Ecrits gastronomiques», 10/18 1978, S. 7–92.

auf einen Unfall zurückzuführen seien, bei dem ein Schwein ihm die Hände weggefressen habe. Muß man aus dem Wissen, daß *am* Schwein alles gut ist, ableiten, daß auch *für* das Schwein alles gut ist? Der menschenverschlingende Allesfresser bietet Anlaß zu psychoanalytischen Interpretationskünsten, denn Jahre später sollte der Gastronom alle auf der Basis von Schweinefleisch hergestellten Speisen rühmen. Man kann Gift darauf nehmen, daß Grimod niemals Gegenstand der Mahlzeit eines Ebers oder einer Sau geworden ist. Doch die Häßlichkeiten und Defekte der Natur wühlen die Eingeweide der davon verschont Gebliebenen auf, weshalb oft ein Hauch von Mysterium die unglücklichen Auserwählten umweht. Im Teufel steckt wohl etwas Göttliches.

Umgekehrt weiß man, daß Grimod – als Variante des Erzengels mit gespaltenen Füßen – eine äußerst heftige Abneigung gegen seine Mutter nährte. Jeder Vorwand war ihm willkommen, um sie schlechtzumachen, zu erniedrigen oder öffentlich mit Verachtung zu strafen. Nie hielt er sich zurück bei der Theatralisierung des Abscheus, den er gegen sie hegte. Was uns zur Annahme drängt, daß er seine Mutter für das Fehlen der Organe verantwortlich machte, mit denen man liebkost oder schreibt, der Organe, die man dem anderen entgegenstreckt, um ihm zu zeigen, daß man unbewaffnet ist und als Freund kommt, bevor er sie aufrichtig ergreift, um nun seinerseits seine guten Absichten zu beteuern. Ohne Hände ist jede Intersubjektivität gefährdet. Soll man hierin die Genealogie eines Ersatzes erblicken, derzufolge die Tafel des Feinschmeckers die Stelle jeder anderen Gemeinschaft einnimmt?

Um die Mängel der Natur auszugleichen, ließ sein Vater in der Schweiz eine Maschine herstellen, auf daß der Sohn dennoch die Welt erfassen könne mit Hilfe von Zangen, deren Anpassung ebenso schmerzhaft war wie späterhin ihre Verwendung. Während die Mutter das Kind nicht mehr sehen wollte, hoffte der Vater auf eine Art Präzisionsmechanik, ein Kunstprodukt, das den Untaten der Natur ein wenig entgegensteuern sollte. Die Szene ist wie ein Nachklang des Barocks. *Deus ex machina* …

Wenn man den Zeugen Glauben schenkt, war die Prothese grobschlächtig. Gefertigt war sie aus Metall, und manche meinen, es könne sich um Silber gehandelt haben, ein Material, das Grimod stets ablehnte, wenn jemand vorschlug, es in der Küche zu verwenden. Im übrigen wurden Grimods künstliche Gliedmaßen – ähnlich wie im Theater die Requisiten – von einem weißem Überzug bedeckt, der den Mechanismus neugierigen Blicken entzog. Abgesehen davon, daß die künstliche Haut das Objekt maskierte, dämpfte sie auch die Geräusche, die die Zangen beim geringsten Kontakt mit einem Festkörper machten.

Schüchternheit oder Zurückgezogenheit lag nicht in Grimods Charakter, ganz im Gegenteil. Oft machte er aus dem körperlichen Nachteil einen Vorteil in geistiger Hinsicht, wobei er zu Ironie und Zynismus neigte, kaum aber zur Milde des Humors. Eines Tages, als er in Gesellschaft von Freunden die Küche besuchte, schien es, als legte er seine Hände auf den brennend heißen Schmortopf der Köchin, ohne irgend etwas vom Feuer zu spüren, das eigentlich seine Gliedmaßen hätte versengen müssen. Unerschütterlich, mit eisiger Miene, wie eine Maschine an der Arbeit, fuhr er fort, mit seinen vor Schreck erstarrten Begleitern zu plaudern, ohne seine Haltung im geringsten zu ändern. Wenn Grimod die Gastronomiekritik und die Regeln des höflichen Umgangs erfunden hat, so kann man mit ebensoviel Recht behaupten, daß er – ein Nachkomme des Alkibiades[2] und Vorfahre Brummells[3] – den Dandyismus eingeführt habe.

Immer auf Formen bedacht, auch was die Kleidung betrifft, kann er auch als Verwandter Orsays oder Roger de Beauvoirs gelten. So trug er, um seine maskierte Zange besser zu zeigen und das verborgene Kunstprodukt mit noch mehr Grausamkeit hervorzuheben, stets schwarze Kleider, die mit dem Weiß des Überzugs kontrastierten, der den Mechanismus verdeckte. Gleichzeitig unterschied er sich radikal von der Aufmachung seiner

[2] *Alkibiades,* um 450 v. Chr., athenischer Staatsmann und Feldherr, gilt als der Prototyp eines von der Sophistik geprägten, bindungslosen Machtmenschen.

[3] *Brummell,* George Bryan, 1778–1840, Prototyp des Dandys, als «Beau Brummell» gefeierter Modeheld der vornehmen Londoner Gesellschaft.

Zeit, die eher farbig, lebhaft, buntscheckig war. In Schwarz und Weiß, Tag und Nacht konfrontierend, die pastellfarbenen oder flammenden Ungewißheiten der Morgen- oder Abenddämmerung verweigernd, entschied sich Grimod wiederum für Engel und Teufel, für Gabriel oder Baphomet, für die Figuren der Radikalität.

Auch die Frisur weist ihn als Dandy aus. Denn die Haare sind zunächst Ausdruck der Natur, ihrer Üppigkeit, bevor der Friseur Ordnung hineinbringt und durch seinen Bezähmungswillen Kultur zur Geltung bringt. Diogenes, Brummell, Baudelaire, sie alle haben ihrer Kopfhaut die Aufgabe anvertraut, ihre Einzigartigkeit, ihren Charakter und ihre Weltsicht zu bezeugen. Was Grimod de La Reynière betrifft, so trug er eine hinreißende Perücke. Natürlich brauchte er unglaublich viel Zeit, um sich ausgehfertig zu machen. Aber wenn man sich einmal für das Künstliche und gegen die Natur entschieden hat, gibt es keinen Aufwand, der zu groß wäre.

Geschmückt mit seiner *pièce montée,* dieser mehrstöckigen Torte aus Haaren, ging Grimod eines Abends in die Oper, wo er der hinter ihm sitzenden Person die Sicht verdeckte. Der um seine Sicht auf die Bühne betrogene Mann erlaubt sich den Spaß, ein kleines Loch in die störende Frisur zu bohren, um sich auf diese Weise eine Art Rundfester zu öffnen, das ihm erlaubt, den Ton durch die Bilder zu ergänzen. Grimod hatte die Arbeit seines Hintermanns selbstverständlich bemerkt. Gleichwohl fordert er ihn am Ende des Schauspiels auf, den Schaden in seiner Haartracht zu reparieren, ansonsten ein Duell auf der Kampfwiese unumgänglich sei. Grimod lieh ihm seinen Kamm. Man scherzt nicht mit einer Perücke. Der Gelegenheitsfriseur leistete Abbitte, und es heißt, daß die beiden Männer als die besten Freunde der Welt auseinandergegangen seien.

Ein anderes Mal – sein Haar hatte dieses zuckerbäckerhafte Aussehen verloren – trägt Grimod einen Hut, und er gedenkt ihn besonders vorteilhaft einzusetzen, indem er sich von einem geschickten Mechaniker – wieder der Sinn für das Artifizielle – ein System von Bolzen und Federn anfertigen läßt, mit dessen Hilfe er die von den Regeln des Umgangs geforderten Hebungen und Senkungen der Kopfbedeckung ohne Zuhilfenahme der Hände ausführen könnte. Man glaubt jedoch nicht, daß er seinen Willen tatsächlich erlangt hat.

Dieser in die Mechanik, das Theater und die Exzentrizität vernarrte Mann verlebte sein Dasein wie ein weites Feld, das dazu dient, neue Existenzmöglichkeiten in Erfahrung zu bringen. Ein rasender Vorläufer, könnte er sogar der Vater der künstlerischen Moderne sein, sofern man in seinen provokanten Aktionen etwas erkennen will, das in der zeitgenössischen Ästhetik in der codierten Form von Event und Happening auftritt. Grimod zeigt Konzeptionen der Welt, er experimentiert mit Ideen und konzeptionellen Einstellungen. Alle Eskapaden, die wir ihm verdanken, sind – so wie jene der Zyniker der Antike – lehrreicher, als man gewöhnlich zu denken beliebt. Ein finsterer deutscher Idealist des letzten Jahrhunderts wollte im Kynismus nichts anderes sehen als eine Sammlung von Anekdoten ohne besonderes Interesse, eine Serie mehr oder minder vergnüglicher Geschichtchen, denen Zusammenhang und Dichte fehlte. Er verkannte damit die Bedeutung des philosophischen Aktes, die Ironie am Werk, die Subversion in der Praxis, die Philosophie im Leben. Ein grobes Mißverständnis. Denn der Sinn ist weniger in den Büchern als im Leben zu finden, und beide sind nur dann wirksam, wenn sie einander mit ihren jeweiligen Reichtümern wechselseitig unterstützen. Grimod gehört zu den Philosophen, die das Handeln vorzogen, aber darum nicht weniger eine Weltsicht, ein Temperament, einen Charakter vorstellten.

Grimod schätzt weder die Arroganz seiner Mutter noch die Feigheit seines Vaters. Seine ersten öffentlichen Exzentrizitäten betreffen, bevor sie dann im engeren Sinn gastronomische Anlässe haben, die Abrechnung mit seinen Erzeugern (mindestens handelt es sich um berechnete Provokationen). So bittet Grimod an einem Tag, an dem seine Eltern Gäste geladen haben, die abgerissensten Lumpenträger von Paris zu sich und läßt sie als Ehrenspalier Aufstellung nehmen, so daß die Tischgenossen seines Vaters, des Generalsteuerpächters, von Clochards empfangen werden. Den Bürgern, die sich von einem Hofstaat der Bettler und Diebe flankiert sehen, sagt Grimod: «Man bittet um eine milde Gabe! Helfen Sie diesen Unglücklichen, die durch die Raffgier des Generalsteuerpächters ruiniert worden sind.» Für das Ancien Régime, das nach Lust und Laune Bettler und Penner hervorbrachte, deren Existenz durch die Unmöglichkeit, sich sattzuessen, bestimmt wurde, zeigte der Sohn niemals Sympathie. Weder die französische Monarchie noch die Revolution gleicher Nationalität vermochten ihm zu gefallen, weil sie gleichermaßen Hunger erzeugten. Der Eßtisch ist wahrhaftig der metaphysische Ort, der Raum, der eine Ontologie hervorbringt.

Ein anderes Mal läßt er den Blitzableiter des elterlichen Hauses rot anstreichen und macht seinen gewitterfürchtigen Vater glauben, daß die Farbe vom Blitz herrührt. So daß sich der Vater auf der Stelle davonmacht und dem Sohn damit Gelegenheit gibt, sich ungeniert im Keller zu bedienen. Vom rechten Gebrauch der Lüge zu alimentären Zwecken …

Um seinen Vater gehörig zu erniedrigen, bemächtigt er sich des Fiakers des Hauses, besucht seine Freunde, fährt sie in der Hauptstadt spazieren und läßt sie am Ende bezahlen, um das Geld an die Armen zu verteilen. So könnte man ihm auch das Auftauchen der Vermögenssteuer zu humanitären Zwecken zuschreiben …

Andernorts findet man ihn bei einem spektakulären Duell vor dreitausend Schaulustigen (wie die Chroniken berichten), um mit einem armen Teufel Schluß zu machen, der den schlechten Geschmack besessen hatte, ihn im Parterre des Théâtre-Français anzurempeln. Schlecht bekam es dem Kerl, denn er starb, wenn man der Presse glaubt, durch einen Kopfschuß mitten auf den Champs-Elysées.

Immer wenn er die Zeitungsspalten mit seinen zahlreichen, mannigfaltigen, oft spektakulären Auftritten füllt, ist Grimod für die einen ein echter Psychopath oder ein banaler Verrückter, für die anderen aber – der Ausdruck stammt aus den Blättern jener Zeit – «ein moderner Diogenes». Man möchte es glauben, so sehr schwankt sein Ruf zwischen Ruhm und Verachtung. Wie die Zyniker, von deren Streichen uns Diogenes Laertius berichtet, ist Grimod schon zu Lebzeiten eine Mischung aus Legenden und authentischen Anekdoten, eine Verbindung von Mythen, Phantasien und skurrilen, aber realen Praktiken. Zudem wird er gleich nach seinem Ableben zum Gegenstand von Kommentaren, die einander an Extravaganz überbieten: Man erinnert sich, daß er in seinen letzten Lebensjahren nur in Begleitung eines zahmen Schweins ausgegangen sei, das ihm überallhin folgte. Ein Schwein hatte bereits seine mythische Existenz als Kind ohne Hände begründet; nun muß es ihn bis in seine letzten Schlupfwinkel begleiten. Einige erinnern sich, daß das Ferkel bei Festmahlen an seiner Seite war, wo das Tier mit Hilfe zahlreicher Riemen und Stricke auf einem Stuhl festgebunden saß, auf dem Ehrenplatz, mitten unter den Gästen des Banketts. Wieder andere behaupten sogar, das Rüsseltier habe im Haus des alten Mannes eine Matratze gehabt, um dort nach Herzenslust und unter den besten Bedingungen zu schlafen.

Das Haus, in das sich Grimod zurückzog, war ebenfalls Anlaß zu seltsamen Phantasien. Es soll wie eine Theaterbühne gebaut gewesen sein – in der Absicht, dort eine Reihe von Sinnestäuschungen hervorzurufen, Einbildung und Wirklichkeit zu verwirren und die Fiktion wie eine schöne giftige Pflanze sprießen zu lassen. Das *trompe-l'œil*, die Farce, die Komödie hätten dabei den Löwenanteil besessen: versenkbare Fußböden, verschobene Ausgänge, Falltüren und falsche Spiegel, auf alle Zimmer verteilte Schallrohre hätten es dem Hausherrn ermöglicht, die Betten der Gäste, während sie darin schliefen, umherbewegen zu lassen, sie zum Narren zu halten und sie alle Augenblicke zu verstören, indem er sie an beliebigen Orten seines Hauses in unerwarteter Gesellschaft aufwachen ließ.

Die notariellen Urkunden, die einsehbaren Akten stimmen überein: Grimods Domizil ist niemals eine derart extravagante Szenerie gewesen. Aber man borgt nur den Reichen; der Vater der modernen Gastronomie hatte zu Lebzeiten alles getan, um eine Legende entstehen zu lassen, die ihm weit über seinen Tod hinaus folgte. Exzentrisches Leben – exzentrischer Ruf, wie übertrieben auch immer. Seine Vorliebe für das Theater ließ ihn häufig Wirklichkeit in Bühne verwandeln, so daß das Essen, die Ernährung, das Festmahl mit ihm zu neuen Universen wurden, zu Kontinenten, die noch zu entdecken waren, während man glaubte, sie schon zu kennen. Die Griechen hatten ihr *Symposion*, die Menschen der Renaissance ihre Bankette. Mit Grimod de La Reynière erlangt die Moderne neue Praktiken, neue Formen, die sich in einer neuen Disziplin, der Gastronomie, kristallisieren. Diese ist untrennbar verbunden mit einer bestimmten Art, das Theater zu sehen und es zu praktizieren. Die Tafel ist Bühne, an allen Orten, unter allen Umständen, unabhängig von den Epochen und der Qualität des Essens, das man dort serviert: man spricht, man kostet, man ißt. Als Akteur, als Schauspieler ist der Körper im Spiel. Außergewöhnlich das Bühnenbild, außergewöhnlich das Stück. Gefühle, Leidenschaften, Empfindungen treffen aufeinander. Aromen machen sich breit, ein Begehren wird befriedigt, Lust wird erzeugt. Es handelt sich um Theater, weil Katharsis und spielerisches Verhalten hinzutreten, Rollenspiele und Inszenierungen. Bedienung und lauerndes Auge, die dargereichten Speisen und der heiter stimmende Duft, die Konsistenz des Gerichts, die Geräusche des Weins beim Einschenken, klirrendes Besteck und zu guter Letzt der Geschmack und die Düfte, die in Entzücken und Begeisterung versetzen. Raum und Zeit sind den Imperativen der Mahlzeit unterworfen: Zeit der Zubereitung, des Kochens, des Servierens, des Speisens; Räume der Zusammenstellung, des Darbietens, des Präsentierens, der Nahrungsaufnahme. Zwischen dem Hunger, der auf natürliche Weise peinigt und von den Instinkten herkommt, und der Mahlzeit, die das Aufblühen von Kultur und Veredelung, von Künstlichkeit und Elaboration erlaubt, liegt (in aller Kürze) die Geschichte der Menschheit, verstanden als fortwährende Loslösung von der Natur. Die Theatralisierung solcher Momente bezeichnet den Triumph der Zivilisation über den Trieb, die Krönung des Raffinements und der Kunstfertigkeit. Ein kultiviertes Universum wirkt als Gegenmittel gegen eine Welt, in welcher die rohen Leidenschaften herrschen:

die Tafelrunde ist ein Mikrokosmos jener als Politik verstandenen Umgangsform. Die Idee, wonach die Theaterbühne ein Analogon der Welt darstellt, ist in höchstem Maße barock. Grimod wird nicht müde zu zeigen, daß die Tafel wie das Theater ein Laboratorium für kluge Revolutionen der Zukunft ist, für Morgenröten, die noch nicht aufgeleuchtet haben. Die Gastronomie funktioniert als Disziplin, die die Kodifizierung dieser einzigartigen Regeln erlaubt, als Methode zur Verwirklichung neuer Beziehungen zwischen den Menschen, aber auch zwischen Leib und Seele, zwischen dem Körper und der Person.

Grimods Verhältnis zum Theater geht auf seine frühe Kindheit zurück, und vielleicht verdankt er den Schauspielerinnen die tiefsten affektiven Erinnerungen aus jener Zeit, denn viele von denen, die regelmäßig die Salons von Madame Grimod de La Reynière besuchten, überhäuften ihn mit der Zärtlichkeit, die seine Mutter ihm nicht entgegenzubringen vermochte. So weiß man etwa, daß eine alte Schauspielerin der Comédie-Française, Mademoiselle Quinault, eine ehemalige Geliebte Voltaires, das von der Mutter vernachlässigte Kind mit den abscheulichen Handstümpfen auf ihren Schoß nahm. Diese Zärtlichkeit wurde ihm durch eine Frau zuteil, die auch Marivaux und d'Alembert gekannt hatte, neben vielen anderen Berühmtheiten jener Zeit, deren Namen heute vergessen sind. In den Salons seiner Eltern sah Grimod renommierte Schauspieler. Andere, weniger gefeierte, hörte und sah er in Stücken sämtlicher Genres, er wohnte Lesungen von Werken bei, die noch im Entstehen oder kurz vor ihrer Vollendung waren und die in ihrer Epoche Furore machen – oder aber nach zwei, drei Aufführungen verschwinden sollten.

Schon das Elternhaus ist ein Theater, in dem Idyllen entstehen und wieder zerbrechen, wo die feine Sitte gegen die Grobheit der Außenwelt auf den Plan tritt. Glaubt man den heute von den Ethologen aufgestellten Hypothesen, kann man vermuten, daß Grimod dort die für sein Temperament, für seinen Charakter und seine Ideen grundlegenden Erfahrungen macht, zumal sie mit dem Empfang zahlloser Zärtlichkeiten und wohlwollender

Sorge einhergehen, woran das ungeliebte Kind andererseits und gleichzeitig so schrecklichen Mangel leidet.

Als der Moment gekommen ist, die Weichen für die Zukunft ihres Sohnes zu stellen, schlagen Balthasars Eltern ihm selbstverständlich vor, Rechtswissenschaften zu studieren und damit den Königsweg einzuschlagen, der zu Macht, Geld und sozialer Anerkennung führt. Grimod sieht die Dinge offenbar anders und strebt nach weniger unschuldigen Leidenschaften, wie sie das Theater bietet. So beginnt er also juristische Studien, um seiner Familie Genüge zu tun, die die Schnüre des Geldsäckels hält – schwerwiegende Argumente, selbst für einen Unbestechlichen ... –, während er gleichzeitig als Stammgast den Aufführungen der Comédie-Française beiwohnt, die in den Tuilerien gegeben wurden. Drei oder vier Mal pro Woche nahm er vor der Bühne Platz, und hin und wieder beschloß er seinen Tag mit gewissen Leckereien, die er bei den Strichmädchen kaufte, die in jener Gegend unterwegs waren.

Das Angenehme mit dem Nützlichen verbindend wird er, noch nicht zwanzig Jahre alt, Theaterkritiker. Zuerst beim «Journal des théâtres» und später, als dieses eingestellt werden muß, beim «Journal helvétique de Neuchâtel». Seine Kritiken werden so viel gelesen und so sehr geschätzt, daß man ihm bald einen Sitz in der römischen *Accademia arcadia* anbietet, einer Institution, die darauf stolz sein konnte, sowohl Fontenelle[4] als auch Voltaire aufgenommen zu haben.

Das wenige Geld, das er verdient, wird zur Gänze in schöne Literatur investiert, die er mehr als alles andere verehrt. Zu dieser Zeit möchte er, daß ein guter Autor mit «Eure Exzellenz» angesprochen wird und daß man dem Großteil der Höhergestellten den Ausdruck «Eure Impertinenz» vorbehält. Doch leider, man hört nicht auf ihn. Die Tat zum Wort gesellend unterhält er auf seine Kosten mittellose Schriftsteller, deren Werke er drucken läßt, sofern er nicht gerade seine ganze Geschicklichkeit

4 *Fontenelle,* Bernard Le Bovier de, 1657–1757, französischer Schriftsteller und Philosoph, bedeutender Vorläufer der Aufklärung.

darauf verwendet, das Stück eines seiner Freunde in einem Theater zu lancieren.

Was immer die Umstände, Zeitpunkte und Aufenthaltsorte seines Lebens sein mögen, stets ist er ein eifriger Besucher von Theatervorstellungen: in Lunéville oder in Nancy, wo er wegen eines königlichen Verhaftungsbefehls ausharren muß und die ganze Zeit im Saal verbringt; in Lyon, wo er sich in eine Schauspielerin vernarrt, die er kraft seiner Beharrlichkeit erobert; und wieder in Paris, wo er nichts ausläßt, was zählt.

Zu seiner Theaterleidenschaft gesellt sich eine Neigung zum Schreiben. Ein wahrer Vielschreiber, nimmt er sich vor, seine Reflexionen über das Theater zu veröffentlichen. Getreu seiner spöttischen, provokanten Manier verfaßt er «Betrachtungen über den Verfall des dramatischen Geschmacks, der Theater im allgemeinen und des Lyoner im besonderen» und hat keine andere Sorge, als das Büchlein zuallererst in der nämlichen Stadt vorzulesen ... Schließlich greift er wieder zur Feder, nicht als Buchautor, sondern als Kritiker, um den gesamten «Dramatischen Zensor» zu schreiben, indem er die Leistung vollbringt, alle zehn Tage zweiundsiebzig Seiten zu liefern, auf denen er die Aufführungen der sechs wichtigsten Theater von Paris bespricht. Einunddreißig Ausgaben, in vier Bände gebunden, erscheinen im Jahr 1807. Wer immer sich mit dem Theaterleben während des Konsulats beschäftigt, schätzt diese Arbeiten als heute noch brauchbare Dokumente.

Als Exzentriker, Vielschreiber und Theaterliebhaber konnte sich Grimod den Tafelfreuden nur mit diesen drei Tendenzen nähern. Deshalb verdanken wir ihm die scharfsinnigsten Reflexionen über die Verfeinerung der Umgangsformen und die gastronomische Bühne. Vom «Almanach der Gourmands» (1803) bis zum «Handbuch der Amphitryonen» (1808) kann man erkennen, was eine spielerische Schrift[5] betreffend gutes Essen, Restaurants

[5] «L'Almanach des gourmands» und das «Manuel des amphitryons» sind in der von Jean-Claude Bonnet besorgten Ausgabe der «Ecrits gastronomiques» enthalten.

und Gastronomiekritik von einer strengen Systematisierung trennt. Brillat-Savarin wird sich bei der Niederschrift seiner «Physiologie des Geschmacks» (1825) daran erinnern, und man kann in dieser Beziehung zweifelsfrei feststellen, daß Grimod de La Reynière der Begründer einer Politik des Geschmacks ist. Die Etymologie bestätigt nämlich die Verwandtschaft von *politique* und *policé*[6]. Und mit Hilfe der griechischen Wurzel *polis*, die die Gemeinschaft einer Stadt bezeichnet, entdeckt man weiterhin, daß Zivilisation und Urbanität miteinander verbunden sind. Die Wissenschaft des Regierens, wie sie Grimod vorschwebte, zielt auf die Errichtung einer hedonistischen Gemeinschaft, in welcher der Code, das Theater, das Spiel, die Provokation, der Zynismus, die Ironie oder der Humor oft auf denselben Endzweck hinwirken. Über Grimod existieren viele Anekdoten. Wenn sie nicht nur ein Kompendium des entstehenden Dandyismus sein, sondern einen Sinn ergeben sollen, muß man sie als Illustration jenes politischen Willens verstehen.

Grimods Possen haben allesamt mit der Organisation von Szenen nach Art des Happenings zu tun. Das Ereignis wird eingefädelt, um jenseits des ersten Eindrucks Sinn entstehen zu lassen. Hinter dem vorgetäuschten Ernst verbirgt sich etwas, das auf der Ebene des Spiels dem Mimetismus, der Maske, der barocken Travestie gleichkommt. Das kleinste kodifizierte Detail, das winzigste Stück Zeit oder Raum, das in eine Zeremonie eingeht, verweist auf Spiralen, Variationen, Verwicklungen. Den klassischen Gesetzen der Tragödie folgend respektiert Grimod die Einheit von Ort, Zeit und Handlung. Seine spektakulären Konstruktionen sind kohärent, sie haben einen Anfang und ein Ende, beides wird signalisiert, und es ist sogar möglich, den Raum abzugrenzen, in dem sie stattfinden. Die Dramaturgie ist, wenn man so sagen kann, auf diese Raum- und Zeitblöcke begrenzt.

6 Bedeutet etwa: zivilisiert, verfeinert. Wortspiele, die Politik und Umgangsformen («politesse») miteinander in Verbindung bringen, sind im Deutschen nicht wiedergebbar. (A. d. Ü.)

Seit 1780 nimmt Grimod an den Zeremonien der *Illustren und gefräßigen Mittwochsgesellschaft* teil, die, wie der Name schon sagt, jeweils am Wochentag des Merkur um sechzehn Uhr beginnen. Pünklichkeit ist selbstverständlich gefordert, schon aus Rücksicht auf die Bedienung. Die Szenenfolge spielt sich im Restaurant «Legacque» ab, die Schauspieler sind siebzehn an der Zahl, niemals mehr, niemals weniger. Da jeder einzelne eine Rolle spielt, ist er unter seinem Pseudonym bekannt und wird bei diesem gerufen. Jeder Spitzname wird aufgrund einer besonderen Eigenschaft verliehen, die das Gesellschaftsmitglied am besten charakterisiert, und wie im Theater stellt man sich nie unter seiner wirklichen Identität vor. Einer mit rötlicher oder gar violetter Gesichtshaut, die außerdem knittert, einfällt und absinkt, wird Herr Truthahn genannt. Ein anderer ist Abt, aber man kennt ihn vor allem wegen seiner schneidenden Kritiken: Herr Hummer. Grimod selbst ist mit einem Pseudonym ausstaffiert, das sich erwartungsgemäß auf seine Krankheit und seine mechanischen Hände bezieht: Meister Krebs. In einer anderen Versammlung, in der er ebenfalls sein Unwesen trieb, in der *Universalgesellschaft der Fliegenschnäpper*, hieß er Stechmücke, vielleicht weil er zungenfertig, nervös und aufdringlich war. In der Gruppierung, die unter anderem den Puter, den Krebs und den Hummer vereinte, war der offiziell angegebene Zweck, «die Feinschmeckerwissenschaft als die erste und höchste aller Wissenschaften zu betrachten». Natürlich setzte man die Worte in Taten um und dinierte, wenngleich auf eher frugale Weise – ganz im Gegensatz zur Schlemmerei, die der Verein auf seine Fahnen geschrieben hatte.

Im übrigen durfte das Mahl nicht zu ausgiebig sein, denn Grimod war an diesem Tag und am Samstag noch bei einer anderen Bruderschaft, mit einer Zeiteinteilung, die es ihm erlaubte, beiden Gesellschaften die Ehre zu geben. Bei diesen philosophischen, als seminutritiv bezeichneten Mahlzeiten mußte man unbedingt Literat sein und siebzehn Tassen Kaffee trinken, keine mehr und keine weniger. Die Zahl ist ein Fetisch für Grimod. Im Zimmer, das als Empfangsraum dient, wachsen links und rechts vom Kamin bronzene Satyrmäuler aus der Wand: daraus fließt der Kaffee wie aus einem Brunnen. Mit einer langen schwarzen Robe bekleidet, eine Perücke auf dem Haupt, verteilt ein Sekretär den Zucker. Nur der Vetter Grimods hat das Recht, das Faktotum zu umgehen, aber er darf es erst dann, wenn sein Verwandter ihm auf imperative Weise die Erlaubnis erteilt: «Nehmen Sie Zucker, Herr Vetter» ist der Sesam, der die Eröffnung der seminutritiven Mahlzeit bedeutet. Nun beginnen die literarischen Erörterungen, die Diskussionen über Neuigkeiten bei den Pariser Verlagen oder die Lektüre eines Pamphlets, das einer von ihnen geschrieben hat. Hin und wieder empfängt die Gesellschaft vornehmen Besuch, man sieht Beaumarchais, Andrieux oder die Brüder Chénier[7]. Das Wort jedenfalls hat Vorrang, denn die Nahrung ist nicht sehr bedeutend: mit Sardellen verzierte Butterbrote am Mittwoch – und natürlich Kaffee. Samstags schlemmten die Versammelten bei einem sechs oder sieben Kilo schweren Lendenstück, das zu den kargen Broten und dem heißen Getränk hinzukam. Wenn der Ausdruck *seminutritiv* jedoch einen Sinn hat, muß man ihn wahrscheinlich in der Tatsache suchen, daß Wein und Schnaps bei diesen Zusammenkünften verpönt waren. Zu einer Zeit, da der kalte Imbiß als Vorwand für literarische Gespräche in Mode steht, macht auch Grimod auf Asketismus. Der Code, das Spiel, die Bühne, die Zeremonie, das Protokoll erscheinen in ihrer schmucklosen Form. Die Ernährung ist ein harmonischer Vektor, aber sie ist noch nicht das Zentrum, nicht der Grund der Versammlungen. Die Gastronomie bleibt einstweilen im Hintergrund, das Theater behält die Oberhand, auch wenn bereits alle Ingredienzien da sind, um die Mischung zu bilden, die mit der Praxis der Verkostungsjury aufblüht.

7 *Beaumarchais*, Pierre Augustin Caron de, 1732–1799, französischer Schriftsteller, schrieb Intrigenkomödien wie «Der tolle Tag oder die Hochzeit des Figaro» und «Der Barbier von Sevilla oder die nutzlose Vorsicht». – *Andrieux*, François Guillaume, 1759–1833, französischer Dichter, Mitglied der Académie Française, Autor mehrerer Lustspiele, das bekannteste ist «Les étourdis». – *Chénier*, André Marie, 1762–1794, französischer Schriftsteller, bedeutendster französischer Lyriker des 18. Jh., *Chénier*, Marie-Joseph, 1764–1811, französischer Schriftsteller, bedeutendster Dramatiker der Revolution.

Die dienstäglichen Mahle bieten Gelegenheit zum Verkosten und in der Folge zur Begründung der modernen Gastronomiekritik. In der Tat ist hier der Inhalt der Teller der Hauptgegenstand der Versammlung. Man kostet, degustiert, beurteilt die Speisen, die von den Antragstellern der Jury vorgesetzt werden, damit das Ergebnis sodann in Berichtform gebracht und in einer Fachzeitschrift veröffentlicht werde. Der Stil ist nicht lakonisch, man erledigt die Rezension nicht auf lapidare Weise, und so entsteht eine gastronomische Schreibweise im eigentlichen Sinn: sie ist technisch oder lyrisch, aber immer präzis; enthusiastisch oder polemisch, doch auf jeden Fall streng, denn die Abfassung des Textes wird vom Geschmacksurteil geleitet. Gut oder schlecht, mittelmäßig oder bemerkenswert, die Speisen sind Gegenstand einer Kritik, in die der Wunsch eingeht, die besten Speisemöglichkeiten des Augenblicks ausfindig zu machen. Das Prinzip ist hervorragend, doch in der Praxis kann es, das liegt auf der Hand, rasch pervertieren.

Die Sitzungen beginnen um neunzehn Uhr und dauern mindestens fünf Stunden. Es ist undenkbar, daß ein Kritiker, aus welchem Grund auch immer, die Tafel vor dieser Frist verläßt. Nicht das Vergnügen herrscht vor, sondern der Ernst des taxonomischen Verfahrens. Grimod erfindet die Anwendung des Begriffs *legitimieren* auf gastronomische Gegebenheiten. Und die Arbeit ist um so wertvoller, als sie zu einem Taufakt führt: tatsächlich entscheidet die Jury über den Namen, der einer Speise zu geben sei, und zeigt damit, daß die Benennung ein Schöpfungsakt ist, der letzte Schritt zur vollgültigen Existenz. So kam es zur Geburt der «Hühnersuprêmes à la Chingara», des «Reis à la Condé», der «Seezungenfilets à la Orly», der «Côtelettes Soubise», der «Potages à la Crécy», die allesamt große Figuren würdigen, oder der «Kaninchen auf venezianische Art», der «Forellen auf Husarenart» oder auf «genuesische Art», der «Erbsen auf französische Art», der «Artischocken auf italienische Art», der «panierten Kapaune auf englische Art», die durch ihre Namen Methoden, Zubereitungsarten, Techniken und Herkunft bezeichnen. Alle Gourmets wissen heutzutage, daß ein Teil des Mysteriums der

Speisekarte in ihrer Poetik liegt und daß die Namen jene Prozeduren und Kunstgriffe verhüllen, enthüllen, verbergen, zeigen, erraten oder vermuten lassen, die den Übergang vom Naturprodukt zu seiner kultivierten Darbietung ins Werk gesetzt haben. Man denke nur an den Gebrauch, den die Nouvelle Cuisine davon macht, wenn sie «Hummer mit Zwiebelpüree, durch Gewürznelken verfeinert», «Cassolettes von Flußkrebsen und Pfifferlingen in Meursault» oder «Enten-Aiguillettes mit Feigen, Weintrauben und zweierlei Gewürzen» anbietet.

Die Arbeit der Verkostungsjury besteht darin, «über die Speisen zu räsonieren», nach dem schönen Ausdruck Grimods. Das heißt, um es mit Kant zu sagen, «ein Geschmacksurteil gemäß dem Modus der vom Objekt ausgehenden Befriedigung» auszuüben. Die Speisen werden von den Köchen serviert und danach von Grimod und den Seinen beurteilt. Das Ergebnis wird dem Kandidaten gegen Geld übermittelt, die Schlußfolgerungen werden im «Almanach de Gourmands» veröffentlicht. Fast ganz Paris macht hier mit, denn die Jurys veranstalten vierhundertundfünfundsechzig Abendessen, immer auf Kosten der Restaurantbesitzer selbst. Manche sehen darin ein Schmarotzerverhalten, aber wie kann man von Grimod verlangen, daß er für das Degustieren bezahlt? Die moderne Gastronomiekritik wird hier geboren, während der letzten Jahre des Ancien Régime, zeitgleich mit den Gemälden Fragonards[8], den großen Erfolgen Laclos'[9], den Stücken Beaumarchais' und – ein Auge zwinkert – der Geburt Antonin Carêmes (1783).

Die Exzentrizität geht bei Grimod mit der Ernsthaftigkeit parallel, und bei manchen seiner Handlungen weiß man oft nicht zwischen dieser und jener zu unterscheiden. Uns fällt es leichter, die Eskapaden Grimods zu akzeptieren, wenn sie Modernität erzeugen und Formen, die wir noch heute gebrauchen. Mag er sich

8 *Fragonard,* Jean Honoré, 1732–1806, französischer Maler, bedeutendster Maler (neben Watteau und Boucher) des Rokoko und des Lebensstils des Ancien Régime.

9 *Laclos,* Pierre Ambroise Choderlos de, 1741–1803, französischer Schriftsteller, berühmt vor allem durch seinen Briefroman «Les liaisons dangereuses».

schrullig und bizarr geben, wenn er nur die Gastronomiekritik, den dazugehörigen Schreibstil und die Jury gleichen Namens erfindet oder die Umgangsformen bei Tisch kodifiziert, während er die Vorzüge der Bedienung auf russische Art und der modernen Technologie im Dienste der Tafelfreuden lobt. Aber was zum Teufel hat jenes berühmte Abendessen zu bedeuten, das man seither als das «skandalöse Souper» bezeichnet?

Das Ereignis fand am ersten Februar des Jahres 1783 im Domizil seiner Eltern statt, in ihrem Haus in der Straße der Champs-Elysées, die erst später zur Avenue wurde. Die Einladungsbillets haben ein ungewöhnliches Format – zweiundfünfzig mal vierzig Zentimeter – und sind im Namen von Maître Alexandre Balthasar Laurent Grimod de La Reynière verfaßt. Es folgen die Eigenschaften seiner Person – Küchenmeister, Advokat, Journalist, Redakteur, Sozietär – sowie Höflichkeitsformeln, verschiedene Ratschläge und genauere Angaben zum Zeitplan. Bei dem Festmahl, kündigt das Billet an, werde es Öl und Schwein in Hülle und Fülle geben, und das Ganze werde von einem Katafalk samt Kreuz vor einem schwarzen, mit silbernen Tränen gestirnten Hintergrund überwölbt sein. Die Einladung zur Tafel ergeht an sechzehn Personen. Zusammen mit dem Gastgeber macht das siebzehn. Auch Publikum ist zugelassen, aber hinter den Balustraden, die die Tafel umgeben. Grimod verspricht ein spöttisches Spiel, eine Vermählung von Tod und Nahrung, von Zurschaustellung und Schauspiel, von Zeremonie und Zynismus. Das Bankett ist eine Kurzfassung seiner Ethik, ein Resümee seiner Weltsicht, ein metaphysischer Abriß.

Die Inszenierung dieser Zeremonie wurde Dazincourt anvertraut, dem Schauspieler, der Marie-Antoinette Sprechunterricht gab. Er sollte im kommenden Jahr Beaumarchais' «Hochzeit des Figaro» auf die Bühne bringen. Hat man in dieser außergewöhnlichen Theatralisierung eine List Grimods zu sehen, der auf diese Weise kostengünstig für seine «Réflexions sur le plaisir» warb, seine «Gedanken über das Vergnügen», die einige Tage später erscheinen sollten? Wenn dem so wäre, hätte er zudem die gastronomische Werbung erfunden, das Pressebuffet und das Verlagsbankett zur Promotion von Büchern, drei Einrichtungen, die in späteren Zeiten sehr erfolgreich wurden. Manches spricht für diese Hypothese, vor allem der programmatische Untertitel der kleinen Schrift: «In welchem Maße das Theater die Sitten und den Geschmack beeinflußt.» Er hätte auf diese Weise, das Angenehme mit dem Nützlichen verbindend, seine Hauptthese veranschaulicht und – ganz nach seiner Art – die Theorie durch die Praxis formuliert. Und den Parisern Stoff für ihre Lieblingsbeschäftigung, das Gerede, verschafft.

Was hat es nun mit dem skandalösen Souper auf sich? Über die Einzelheiten des Abends wurde von mehreren Zeugen berichtet, darunter Restif de La Bretonne[10], der sein Freund war, bevor sich die Beziehung zwischen den beiden Männern verschlechterte. Offensichtlich hat man auch in dieser Angelegenheit schwadroniert, ausgeschmückt und verändert. Die Pulverspur, die diese Geschichte durch die Hauptstadt zog, war schlangenlinig und ungenau. Manche sprachen von Orgien, Bacchanalien, von nackten Frauen und Mädchen, deren lange Haare als Handtücher dienten, von Alkohol im Übermaß. Da verkennt man aber Grimod, dessen Hauptsorge stets dahin geht, Dionysos unter die Herrschaft Apolls zu bringen. Auch im Bereich der Ernährung, wo Ordnung und Maß, Zeremonie, Berechnung, Harmonie triumphieren. Wenn Dionysos drängt, so doch nur, um gezähmt zu werden, denn nichts steht dem Zeremonienmeister besser an als die Form, die Manier. Undenkbar jedes Lob der Ausschweifung, der Trunkenheit, der Freßhysterie, der orgiastischen Verausgabung. Grimod ist nicht Trimalchio. Das Souper ist nur im Leumund skandalös, den man ihm andichtete. Extravagant ist es jedoch allemal.

Anstelle eines Tafelaufsatzes befindet sich in der Mitte des Raums ein Katafalk. Der ganze Saal ist schwarz drapiert. Der Eintritt ist den geladenen Gästen vorbehalten; zwei bewaffnete Männer bewachen die Tür. Jeder Tafelgenosse wird auf folgende Weise befragt: «Kommen Sie zu Monsieur de La Reynière, dem

10 *Restif de La Bretonne,* Nicolas, 1734–1806, französischer Schriftsteller, Verfasser zahlreicher bekenntnishafter, sittengeschichtlicher Romane mit Schilderungen des ländlichen Brauchtums und des Pariser Lebens.

Blutsauger des Volkes, oder zu seinem Sohn, dem Beschützer der Witwen und Waisen?» Natürlich mußte man die richtige Antwort geben: Man besuche den Gastgeber, nicht den Generalsteuerpächter, selbst wenn dies das Haus seiner Familie sei … Schon an der Garderobe macht man sich von allen unterscheidenden Merkmalen frei: Degen, Hut, Orden. Ein als edler Ritter verkleideter Mann, dessen Äußeres dadurch wohl nur gewinnen konnte, tritt mit aufgerichteter Lanze vor, um die Gäste zu einem «Richter» mit viereckiger Kopfbedeckung und Perücke zu führen. Dieser schreibt auf ein Stempelpapier Name und Stellung der Tischgenossen. Im Salon tritt Grimod in seiner Anwaltskleidung ein – eine Häresie für die Leute seiner Zunft. Er bittet die Versammelten, ihm in ein vollständig finsteres Zimmer zu folgen, wo ein paar Minuten der inneren Sammlung vorgesehen sind. Einige dachten, dies sei eine Verhöhnung des Freimaurerritus, wo diese Art von Übung der Vorbereitung auf die Initiation dient. Vielleicht. Nach dem Dunkel das Licht: eine Tür öffnet sich auf einen Saal, der von dreihundertfünfundsechzig altertümlichen Leuchtern erhellt wird. So viele, man versteht, wie das Jahr Tage hat. Jedem Gast werden vier Epheben in römischen Togen beigegeben, die je ein Weihrauchgefäß tragen. Grimod flüstert den Gästen ins Ohr: «Wenn meine Eltern ein Essen geben, sind immer drei oder vier Personen an ihrer Tafel, die sie beweihräuchern. Wie ihr seht, liebe Freunde, wollte ich uns diese Mühe ersparen; hier habt ihr Leute, die sich bestens darauf verstehen.»

Die Speisen stehen den Gästen auf Serviertischen zur Verfügung, was die Anwesenheit von Dienern unnötig macht – eine Sippschaft, für die Grimod wenig Sympathien hat, da er sie als indiskrete Horcher empfindet, die von ihrer Rachsucht dazu getrieben werden, entweder den Inhalt der Gläser und Teller der Geladenen zu vernachlässigen, oder aber sie zu sehr anzufüllen, was ein nicht minder fataler Fehler ist. Er wird nicht müde, das Dienstpersonal durch neue Maschinen, Technologien und Mechanismen zu ersetzen.

Wir wissen nicht, was im einzelnen gespeist wurde, außer den beiden ersten Gängen, auf die noch zwölf weitere folgten. Der erste enthielt nur Schweinefleisch, der zweite viel Öl. Am Ende dieser beiden Darbietungen ließ Grimod seine Gäste wissen, daß die Produkte, die für diesen Teil des Mahls verwendet worden waren, aus den Geschäften seiner Vettern stammten, alles Krämer und Fleischhauer: eine ironische Spitze, die eine vornehme Familie wie die der Grimods gewiß sehr erfreute. Es versteht sich, daß es in der Verwandtschaft Grimods keinen einzigen Spezialisten für Fett oder Schweinefleisch gab …

In dem kleinen, stets gut informierten Paris verbreitet sich das Gerücht, daß man in der Rue des Champs-Elysées auf extravagante Weise diniere. Eine große Zahl von Zuschauern strömt herbei, die Menge drängt sich hinter den Balustraden und verfolgt den Ablauf der Zeremonie. Um die Galerie bei Laune zu halten, werden – nach dem Brot-und-Spiele-Prinzip – kleine Kuchen und Erfrischungen verteilt. Schaulustige kommen und gehen. Unter ihnen erscheint Madame Grimod de La Reynière, die von ihrem Sohn soeben fälschlich in Beziehung zur Fleischhauerei und zum Gemischtwarenhandel gebracht worden war. Sie ist in Begleitung ihres Liebhabers, des Vogts von Breteuil. Beide sind erschreckend mager und, um das Erscheinungsbild abzurunden, von übermäßig hohem Wuchs. Sohn Grimod, ein gebildeter Mann, zitiert den Abbé Delille[11], der irgendwo schreibt: «Und die großen Skelette, die einander dort trösten …» Einige sind der Meinung, daß der Abend auszuarten beginnt, und wollen den Saal verlassen. Vergeblich. Nur zwei Feiglingen gelingt es, zu entwischen, bevor sämtliche Ausgänge versperrt sind. Die Wächter wachen eisern, und so bleiben alle bis sieben Uhr früh beim Bankett. Der Kaffee wird in einem Salon genommen, den hundertdreizehn Kerzen erleuchten; Grimod hatte sich nämlich informiert: das war die Zahl der Notare, die in der Hauptstadt wirkten. Um in Schönheit zu enden, gab es Vorführungen mit der Laterna magica und elektrische Experimente, für die ein italienischer Physiker sorgte. Beinahe hätte Grimod auch noch das Kino erfunden …

11 *Delille,* Jacques, 1738–1813, französischer Dichter, Abt von Saint-Sévérin, Mitglied der Académie Française, schrieb klassizistisch-formvollendete Gedichte, die nach antiken Vorbildern das Landleben kunstvoll beschreiben, übersetzte Vergil.

Der Abend kostete zehntausend Pfund, immerhin ein kleines Vermögen. Niemand wollte dann zugeben, daß er dabei gewesen war, so schwefelig wurde die Nachrede bald. Doch Grimod hatte auf diese Weise gezeigt, wie sehr ihn das Getriebe des Ancien Régime in seiner Gesamtheit abstieß. Er hatte alle Mächte gegeißelt: die Politik, die Rechtskundigen, Advokaten und Richter, Notare und Steuereintreiber; die Elternschaft, das versteht sich, und die geistliche Macht durch den katholischen Weihrauch und die freimaurerische Dunkelkammer. Ebenso wird die häusliche, die domestikale Macht geschändet. Als guter Hedonist versäumt es Grimod nicht, den Tod zu beschwören, zu provozieren und zu verlachen. Oder zumindest, ihn mit Ironie zu behandeln, als Hintergrund, um daran zu erinnern, daß der Tod immer anwesend ist, daß er am Ende siegen wird und daß man allein in diesem tragischen Rahmen eine Philosophie des Vergnügens entwickeln kann. Einstweilen bildet Grimod gegen die ungerechte Gesellschaft des Ancien Régime, die den Hunger verbreitet, aber auch gegen jene, die von der Französischen Revolution ermöglicht wurde und die ihrerseits die Teller leert, eine Mikrosozietät hedonistischer, wahlverwandtschaftlicher, aristokratischer Natur – im etymologischen Sinn: er singt ein Loblied auf die Ernährung, das Theater, die raffinierten Umgangsformen, die moderne Technologie.

Doch am 7. Juli 1812 wird sein Tod verlautbart. Thanatos gegen Eros, der Tag des Knochenmanns ist gekommen. Einen Monat zuvor hatte Grimod beschlossen, sich aufs Land zurückzuziehen und fern vom geselligen Paris zu leben. Er hatte sich vorgenommen, dort seinen Rückstand an Lektüre aufzuholen und die Bücher zu verschlingen, die sich während seines mondänen Lebens angehäuft hatten, mit seinen fünf Katzen zusammenzuleben und das Ende zu erwarten. Die geladenen Trauergäste wurden gebeten, sich um sechzehn Uhr in seinem Pariser Domizil einzufinden, wo der Leichenzug beginnen sollte. Es war die Stunde der Mahlzeit; der Gastrosoph verlangte also *post mortem*, daß man zwischen Bier und Tafel wähle. So würden nur jene, die ihn wirklich liebten, bei der letzten Zusammenkunft sein.

Zu besagter Stunde finden sich die Getreuen in der Rue des Champs-Elysées ein, wo bereits der Leichenwagen und mehrere Trauerkutschen warten. Am Eingang ist zwischen zwei Reihen großer Kerzen ein Katafalk aufgestellt. Die Geladenen unterhalten sich mit gedämpfter Stimme im Salon, wie es sich bei solchen Anlässen gehört, als plötzlich die Tür aufgeht und ein strahlender, durchaus lebendiger Grimod de La Reynière erscheint, der glücklich ist, endlich seine wahren Freunde zählen zu können. Er hatte beschlossen, sein Pariser Leben – und nur dieses – zu begraben. Aber auch wenn man den Tod verlacht, wenn man ihn provoziert und verhöhnt, weiß man doch, daß er immer das letzte Wort haben wird. Und das war fünfundzwanzig Jahre später der Fall, am Weihnachtstag 1837. Nach so vielen Proben mußte einmal auch das Stück gegeben werden.

Was bleibt von den Lehren des genußfreudigen Edelmanns? Anekdoten, Gerüchte, Geschichten, kleine Schriften, unzählige Seiten Theater- und Gastronomiekritik. Eine hedonistische Praxis, die von einer Theorie zeugt, die sie stützt; ein politisches Begehren, das Streben nach einer Gesellschaft, der die Tafel als Modell dienen sollte.

Die Aktionen Grimods waren Ereignisse, eine ununterbrochene Folge von Happenings, von lebenden Gemälden, die stets im Entstehen begriffen sind und die zeigen, daß die Wirklichkeit ein Spektakel ist, bei dem wir sowohl als Schauspieler als auch als Zuschauer mitwirken. Ethik und Ästhetik werden vermischt und ergeben eine Politik. Einzigartig sind die Metaphysik und die Ontologie, die den Sockel dieses Unternehmens bilden: tragisches Denken, barockes Empfinden, ironische Praxis, das Ganze von einem Willen geleitet, eine gastronomische Bühne aufzubauen, an der unsere Moderne immer noch teilhat. Die moderne Gastronomie befindet sich bei Grimod in der Geburtsphase. Sie wird sich entfalten wie ein Tier, das sein Territorium fordert, nachdem es den Grund gelegt hat.

Das Theater, das Grimod vorführt, ist dem Dithyrambus der Antike und der aristotelischen Konzeption der schauspielerischen Praxis verwandt: die Überzeugungskunst ist um so wahrer, je intensiver die Leidenschaften durchlebt werden. Keine Distanz zwischen Schauspieler und Rolle, keine Trennung zwischen dem Individuum, das sein Leben lebt, und jenem, das spielt. Kein Spiel ohne Enthusiasmus, ohne Einbeziehung der Ganzheit seines Körpers, seiner Person, keine Szene, ohne den Spielraum als Katharsis zu gebrauchen.

Natürlich wirkt Diderot demgegenüber veraltet mit seinem «Paradox über den Schauspieler», das zur Schizophrenie einlädt, zum Schnitt zwischen dem Menschen auf der Bühne und dem Menschen im täglichen Leben. Als radikaler Materialist will Diderot aus dem Schauspieler eine Maschine machen, einen kalten Mechanismus, der interpretieren kann, ohne sich selbst einzubeziehen. Der Schauspieler wird zu einem simulierenden Hampelmann. Als Illusionsfabrikant will Diderot Bühne und Leben, Schauspieler und Bürger, Genre und Existenz voneinander trennen. Grimod will das Gegenteil, er praktiziert ein Theater der Grausamkeit in dem Sinn, den Artaud[12] diesem Ausdruck verliehen hat: das Leben durch das Spiel erneuern, es dem Menschen ermöglichen, Demiurg zu werden, zur Eröffnung neuer Existenzmöglichkeiten beitragen, eine andere Daseinsweise bewirken. «Das Leben ändern», wie Rimbaud sagte.

Der Zeremonienmeister ist Grimod selbst. Er praktiziert Ironie und Verstellung, verteilt die Rollen und handelt als großer Organisator, reguliert die feinsten Systeme mit der Präzision eines Spezialisten. Schwarzer Humor und Fest, Ernährung und Kulisse, Subversion und Gesetzgebung. Im Raum, den er gewählt hat, und in der Zeit, über die er entschieden hat, inszeniert er eine Intersubjektivität besonderer Art. Ein aufgeklärter Despot, benutzt er das Theater, um seiner Phantasie von der idealen Stadt Ausdruck zu geben, vor allem aber, um sie wie in einem Labor zu erproben. Sein Ziel ist nicht das neue Atlantis, kein fouriersches Utopia. Er wirkt hier und jetzt, indem er das

[12] *Artaud,* Antonin, 1896–1948, französischer Schriftsteller, Schauspieler, Theaterregisseur, sein Manifest «Le théatre de la cruauté» hatte großen Einfluß auf die jungen Dramatiker der Avantgarde nach dem Zweiten Weltkrieg.

Prinzip der molekularen, auf Wahlverwandtschaft beruhenden Sozietäten einführt. Die Zurschaustellung, um es wie der Regisseur zu sagen, gehört ganz zum Wirkungsfeld Grimods. Der Gegensatz zwischen Theater und Leben kann nicht fortbestehen, wenn man die Ratschläge des Gastronomen befolgt. Die Versöhnung zwischen beiden muß im Modus vertraglicher Harmonie möglich sein, sie soll bei Tisch verwirklicht werden, im Zeitraum eines Fests, eines Banketts oder einer spektakulären Aktion.

Als Ersatz für die politische Bühne ist die gastronomische Bühne das gesamte Universum des Performativen. Sagen ist Tun. Die Mahlzeiten sind keine Attrappen, der Wein ist kein künstlich rotgefärbtes Wasser, das Fleisch kein bemaltes Pappmaché, die Speisen sind nicht fiktiv, die Bühnenbilder nicht nur Fassaden, die beim leisesten Atemstoß wackeln: alles ist echt. Man ißt, trinkt, spricht, tauscht aus, lebt auf authentische, volle Weise. Jeder ist mit sich selbst versöhnt. Aufgehoben die Entfremdung zwischen jenem Teil der Person, der eine Wirklichkeit anstrebt, und dem, der sie lebt. Der ganze Körper ist zum Dasein gefordert. Mund und Bauch ebenso wie Kopf und Geist. Das Verdauungssystem ebenso wie das Nervensystem. Haut, Fleisch, Muskeln, Eingeweide ebenso wie die Seele. Die Arbeit Grimods besteht darin, eine Philosophie des Körpers zu erstellen, der es allein um die Immanenz der Wunschmaschinen geht.

In der Ökonomie des Theaters bringt der *Deus ex machina* jene Art von Effekten hervor, die den Handlungsverlauf neu in Schwung bringen. Das Spiel der Rollen und Aufzüge, der verhüllten Kulissen, die plötzlich sichtbar werden, der sich öffnenden Gruben, die aus der Unterwelt eine glanzvolle, von ein wenig Rauch umgebene Figur hervortauchen lassen, die dann, durch andere Mechanismen befördert, zur Himmelswölbung aufsteigt – all das prägt die Theaterbühne. So kann Jupiter donnern, Merkur fliegen, Orpheus in den Hades hinabsteigen. Alles funktioniert bestens in dieser besten aller Welten. Grimod liebt die Mechanismen. Seine Zange, seine Kleidung, seine Frisur, sein Alltagsleben, sein Projekt eines schleudersitzartigen Hutes – alles verweist auf seinen besonderen Sinn für die Antinatur.

Gewöhnlich wird das Werk des Gastronomen als reaktionär und nostalgisch in bezug auf das Ancien Régime dargestellt, nur weil es keine besondere Zuneigung zur Französischen Revolution ausdrückt. Der Gemeinplatz will nämlich stets, daß man ein Bewunderer der Bourbonen-Monarchie sei, wenn man Robespierre nicht beweihräuchert. Die Position Grimods fügt sich diesem Manichäismus nicht, denn sein Kriterium zur Beurteilung des Werts einer historischen Epoche ist die Ernährungsfrage. Gewiß, er schreibt sich nicht in die «Sektion der Pikenträger» ein, begeistert sich nicht für den Kult des Höchsten Wesens, macht keine Anstalten, zwischen *Girondins* und *Montagnards* zu wählen. Er sieht, daß die Französische Revolution blutig ist, daß sie Hunger bringt, daß sie auf der Ebene der Formen und Manieren keinen Fortschritt darstellt, daß sie sehr politisch und kaum ontologisch ist. Schlimmer noch, sie macht dem Bourgeois den Weg frei, der nie etwas anderes als ein Vielfraß sein wird. Man sieht Grimod allerdings auch nicht der vorrevolutionären Epoche huldigen. Er hat die Arroganz ihrer Günstlinge und Helfershelfer oft genug gegeißelt. Wenn er allenthalben hinausschrie, die Steuereintreiber seien am Hunger des Volkes schuld, wenn er einen Herzog, der bei seinem Vater dinierte, beleidigte, indem er ihm sagte, er gehöre zur Klasse der «ruchlosen Unterdrücker der Nation, deren skandalöse Begünstigung die Staatseinkünfte auspreßt», wenn er fortfährt, bei jeder Gelegenheit, die sich bietet, subversive Reden gegen Vertreter des Adels, der Pairs und der Marschälle zu schwingen, mit lauter Stimme und noch vor dem Jahr 1789, so beweist er damit, daß er Versailles ebensowenig liebt wie den Sturm auf die Bastille.

Denn Grimod ist ein Hedonist, ein Libertin und Rebell, den keine Revolution zufriedenstellen kann außer der kulinarischen, wenn sie in die Richtung einer Vermehrung der Sinnesfreuden geht. Sein Urteil über die Epoche wird voll und ganz von den Innovationen bestimmt, die sie im Bereich der Küche ermöglicht. In diesem Sinne ist Grimod de La Reynière ein Progressiver, er wählt das Lager des technologischen Fortschritts und stellt sich auf die Seite dessen, was den *Deus ex machina* begünstigt – im Untergeschoß, wo das Essen zubereitet wird, ebenso wie im Speisesaal, wo gegessen wird. Und man wird feststellen können, daß die großen Namen, die zur Entstehung der modernen Gastronomie beigetragen haben, wie Berchoux und Brillat-Savarin, die Französische Revolution in dem Maß vernachlässigten, wie sie sich für die Revolutionen der Tafel begeisterten. Da sie nur Kythera lieben, können sie für Sparta keine wahre Leidenschaft aufbringen.

Auch im Bereich der Gastronomie gibt es Reaktionäre und Progressive, gibt es Rückwärtsgewandte und Modernisten. Erstere sind Nostalgiker einer vergangenen Zeit, die über den Verfall jammern oder ihn ankündigen. Vorbei die gute alte Zeit, in der es noch frische Produkte und gesundes Essen, überliefertes Wissen und heimatlich-familiäre Mahlzeiten gab. Sie vermengen die Trauer über ihre verlorene Kindheit mit der wehmütigen Erinnerung an die damalige Küche. Alles, was modern aussieht in der Kochkunst, löst bei ihnen eine regelrechte Hysterie aus: die neuen Ingredienzien greifen auf heimtückische Weise den Körper an und zerstören ihn schließlich, sie schaden der Gesundheit und rufen im Innersten des menschlichen Körpers Tumore und bösartige Gewächse hervor; die neuen Gerichte sind abstoßend, unvernünftig, nicht eßbar, lächerlich; die neuen Kombinationen seltsamer Speisen lassen sie aufschreien. Sie vergessen, daß man lange Zeit zu Austern Sauternes trank, daß man das Essen mit dem Obst begann, daß man Fleisch und Fisch im selben Topf garte, daß man Gerichte zubereitete, bei denen Süß und Sauer zusammenkamen, daß man in fernen Zeiten Hühner mit Schokolade servierte. Für sie ist die Vergangenheit wunderbar, die Gegenwart abscheulich, und die Zukunft kann nur apokalyptisch sein. Jede Epoche kennt diese Art von Heulsusen.

Und dann sind da eben die Progressiven, die Liebhaber vielfältiger, starker und neuer Empfindungen, die der Phantasie, der

Kühnheit, dem Neuen vertrauen. Ihnen verdanken wir die kulinarischen oder küchentechnologischen Erfindungen. Sie lieben zwar die Küche der Vergangenheit, die alimentären Traditionen, andererseits aber auch das kulinarische Neuland, das Risiko. Die Gegenwart ist ihr Existenzmodus, und sie nehmen dabei auf die Zukunft Bedacht. Manchmal kennen sie keine Grenze bei ihrem Streben nach Neuheit. So die italienischen Futuristen, die nicht vor extravaganten Verbindungen zurückscheuten: Salami mit Kaffee und Eau de Cologne (Rezept aus dem «Erregten Schwein») oder eine Farce aus Thunfisch, Äpfeln, Oliven, japanischen Haselnüssen auf kalter, mit Marmelade garnierter Omelette (Rezept aus dem «Sizilianischen Vorgebirge»). In China aß man Pastetchen mit Kellerasseln, in Mexiko Kuchen mit Eiern von Wasserskorpionen, und bei Monsieur Pouchet, Zoologieprofessor in Rouen, gab es Krötenblanquette, Makkaroni mit Maikäferlarven, marinierte Heuschrecken oder geräucherte weiße Ameisen. Denn die Ernährung ist zuallererst ein kulturelles Phänomen, und nichts ist angenehm oder abstoßend im absoluten Sinn, sondern immer nur in bezug auf die Zivilisation, in der ein Geschmacksurteil geäußert wird. Die Progressiven der Ernährung sind Kosmopoliten, sie sind für den Umlauf der Güter, der Reichtümer, der Menschen und schließlich auch der Gerichte und Rezepte. Gegen Bodenständigkeit und Regionalismus, gegen die herkunftsbedingten Gewohnheiten und die alimentäre Verwurzelung der Reaktionäre vertritt Grimod das Fließende, die Zirkulation, das Kommen und Gehen.

So rühmt er die Tapioka, für die Alexandre Dumas ein falsches Rezept geben wird, und die Vorzüge der Kartoffel, die er besingen möchte im Stil von Homer, Vergil, Cicero. Die beiden Nahrungsmittel sind zu dieser Zeit neu, und er begeistert sich für ihre Tugenden und die Erweiterung der Geschmackspalette, die sie bewirken. Nicht weniger entzückt ist er über die neuen Techniken, darunter die Eindosung von Lebensmitteln und die Schlachtung von Tieren mit Hilfe von elektrischem Strom. Im einen Fall, weil sich die Konserven der Tyrannei der Rhythmen der Natur entziehen, weil sie also das Essen von Kirschen im

Winter, von Kastanien im Sommer ermöglichen – und im anderen Fall, weil das weniger mißhandelte Fleisch besser ist und die Tiere vor ihrem Tod etwas weniger leiden. Neben den neuen Lebensmitteln und Techniken sind es die neuen Instrumente, die es ihm besonders angetan haben. So zum Beispiel das *Sautoir,* das – sicher nicht zufällig – zur gleichen Zeit wie das «Genie des Christentums» von Chateaubriand das Licht der Welt erblickt, so daß beide einander Schatten spenden. Denn diese kleine, nicht sehr tiefe, einer Kuchenform ähnliche Kasserolle ermöglicht größere Revolutionen und ein größeres Vergnügen als das Werk des Dichters. Später wird Brillat-Savarin sagen, daß es wichtiger sei, ein neues Rezept zu erfinden, als einen weiteren Stern in der Milchstraße zu entdecken. Grimod begeistert sich auch für die Filterkaffeemaschine, die das alte Seihtuch absetzt und ersetzt, das fast immer zum Genuß des Kaffes auf griechische Art – ein gleichzeitiges Essen und Trinken – zwang. Man feiert den Erfinder dieser Maschine, weil er ein so schlaues, einfaches, praktisches, effizientes Instrument erdacht hat, das die Physik in den Dienst der Freuden eines Getränks mit neuem Geschmack zu stellen erlaubt.

Gleichermaßen freut sich Grimod über die Veränderungen, die die Bedienung betreffen. Alles, was die Vermittlungstätigkeit zwischen dem Untergeschoß und dem Obergeschoß einschränkt, zwischen dem Ort der Zubereitung und dem des Verzehrs, wird willkommen geheißen. Es geht darum, die Behaglichkeit und das Wohlbefinden der Gäste zu erhöhen. Je weniger Verkehr zwischen dem Produzenten und dem Konsumenten stattfindet, desto vorteilhafter für den Esser. Denn alles, was zwischen beide tritt, ist der Qualität abträglich, weil es die Struktur, den Geschmack und die Temperatur der Speisen verändert. Die Küche ist eine Kunst der Zeit und ihrer Beherrschung: Hephaistos, der Meister des Feuers, ist mit Chronos, dem Vater der Zeit, verwandt. Kochen oder braten hat nur Sinn in der Perspektive des guten Kochens, des guten Bratens, also genau die angemessene Zeitspanne lang, nicht mehr und nicht weniger. Diesseits und jenseits davon handelt es sich nicht mehr um Kochkunst, sondern um den Verzehr von rohem Fleisch oder Verbrennung. Man wird also möglichst auf die Diener verzichten, die sich, wenn sie Zeit vergeuden, gleichsam zu Herren und Meistern der Tafelfreuden machen – was natürlich nicht hingenommen werden kann. In der Absicht, sie zu ersetzen, rühmt Grimod den Lastenaufzug, der direkt von der Küche aus bedient wird, und der fahrbaren Tische, die man bereits beim skandalösen Souper und bei der Verkostungsjury verwendet hatte. Einem ähnlichen Prinzip folgt die Einrichtung der Kaffeebrunnen. Erinnert sei hier an die philosophischen Mahlzeiten.

Die Kommunikation zwischen der himmlischen Stätte, an der man ißt, und der irdischen Stätte, wo gekocht wird, vollzieht sich mit Hilfe eines Schallrohrs. Der Wunsch des Gastgebers gelangt unmittelbar ins Ohr des Alchimisten, der an seinem Backofen Dienst tut; die Informationen des Kochs erreichen auf direktem Weg den Hausherrn. Das Wort zirkuliert, und mit ihm verwirklichen sich alle Modalitäten der Rezeption in Echtzeit, so daß der Abstand zwischen Wunsch und Befriedigung aufs äußerste verkürzt wird. Die Wünsche des Gastgebers werden nun mit Schallgeschwindigkeit übertragen, nicht mehr mit der Geschwindigkeit des Dieners. Ein erheblicher Vorteil …

Maschine und Mechanismus triumphieren. Es ist die erste Phase eines neuen Zeitalters, bevor es dann von der liberalkapitalistischen Produktionsweise in Beschlag genommen wird: man huldigt noch der Idee, die technischen Neuerungen seien dazu da, das Leben angenehmer und für die große Menge erträglicher zu machen, man glaubt, daß sie das Glück der Allgemeinheit, das Ende der Mühsal herbeiführen werden und daß man sie zu hedonistischen Zwecken gebrauchen kann. Grimods Tafel ist noch nicht von der Allmacht der Ware berührt, die sich kurze Zeit später durchsetzen wird.

Jede Veränderung ist erwünscht, wenn sie nur das Wohlbefinden der Esser stärkt. Und so wechselt Grimod auch die Form der Bedienung, er begräbt die französische Serviermethode und eröffnet – mit Beginn des Direktoriums – die neue Ära der Bedienung nach russischer Art, in der wir heute noch leben.

Was ist von der französischen Bedienung zu sagen, die in Wirklichkeit zumindest bis zum Jahr 1870 fortbestand, als Urbain Dubois, der bei Fürst Orlow im Dienst war, ihren Gebrauch hinfällig machte? Sie ist schwerfällig, langwierig und frustrierend. Tatsächlich besteht sie aus drei verschiedenen Bedienungsgängen, die wie drei Akte eines Theaterstücks sind: jeder dauert ungefähr dreißig Minuten. Das Besteck wird nicht gewechselt, und man muß sich gleich im ersten Moment aufs Geratewohl zwischen kaltem Fleisch, Stopfleber, Käse und kandiertem Feingebäck entscheiden, denn alles wird gleichzeitig serviert und auf dem Tisch abgestellt. Es herrscht verschwenderische Fülle und mit ihr die entsprechende Unordnung; ein doppeltes Risiko, Wünsche unbefriedigt zu lassen oder Verdauungsprobleme zu bewirken. Die einen schlagen sich den Bauch voll, während die anderen fasten. Ein Abbild des Ancien Régime, wo Ungleichheit und Frustration herrschen und das Unglück der einen das Glück der anderen bedingt. Der Reichtum, die Schwelgerei der ersten wird mit dem Hunger und dem Mangel der letzten bezahlt. Mit der Bereicherung wächst die Verarmung. Triumph des Dschungelgesetzes, dessen Logik und Gefahren noch heute die kalten Buffets aufzeigen …

Die Bedienung nach russischer Art setzt voraus, daß man die Vorherrschaft des Raumes, den raumbezogenen *Service à la française* aufgibt: künftig wird man die Speisen aufeinander folgen lassen. Eine nach der anderen, niemals gleichzeitig, immer zuerst diese, dann jene, das Ganze in einer kreisförmigen Bewegung rund um den Tisch. Die Zeit siegt über den Raum. Die Chronologie erlaubt eine Revolution des Geschmacks, denn man kann nun besondere Effekte erzielen, die mit der Abfolge zusammenhängen: der Mund ist nicht im selben Zustand, wenn er Saures, Süßes, Bitteres, Scharfes kostet. Er verändert sich, je nachdem er den vollen Geschmack eines Sauternes oder die Frische eines Sancerre, ob er die Würze eines Pommard oder die Zartheit eines Margaux gekostet hat. Er ist anders nach dem Genuß von Austern und wieder anders nach der Schokolade. Der *Service à la russe* macht es möglich, das Ensemble der Mahlzeit in bezug auf die Abfolge der Geschmacksnuancen zu organisieren. Er ermöglicht erst die Gastronomie, während die alte Bedienungsform auf die Ernährung als solche beschränkt blieb: ein fernes Echo mittelalterlicher Praktiken, die man den *konfusen Service* nennt. Man könnte sagen, daß diese Veränderung für die Gastronomie dasselbe bedeutet wie 1789 für das politische Leben: Ende des Ancien Régime, Beginn eines neuen Zeitalters, in dem wir immer noch leben.

Diese beiden Prozesse entstehen übrigens durch sehr ähnliche Bewegungen, indem sie auf den Wunsch nach einem neuen Gesellschaftsvertrag, einer neuen Definition des Staatsbürgertums und einer neuen Form des Zusammenlebens mit dem Nächsten reagieren: Grimod bietet Elemente verfeinerter Umgangsformen für einen gastronomischen Vertrag, er liefert eine Definition des Gastgebers, also des Staatsbürgers bei Tisch, und setzt sich mit den Mitteln, die ihm zu Gebote stehen, für eine neue, hedonistische Intersubjektivität ein.

Die Etymologie erinnert uns daran: die Gastronomie ist eine Disziplin des *Nomos,* der Gesetzgebung. Und die Männer, die an der Verbreitung dieser neuen Wissenschaft arbeiten, sind seltsamerweise alle mit dem Universum des Gesetzes verbunden. Auch Berchoux, Sohn eines Advokaten, war Staatsanwalt. Wir verdanken ihm etwa tausend Alexandriner, ein langes Gedicht, in dem er den Begriff rehabilitiert, den Archestratos von Gela im 4. Jh. v. Chr. im Titel eines heute verlorenen Werks verwendet hatte. Gewiß, «Die Gastronomie oder Der Landmann bei Tisch» ist vor allem deshalb von Interesse, weil es das Geburtsdatum des Gebrauchs dieses Wortes zweifelsfrei belegt: 1801. «Gastrolatrie» hatte Rabelais vorgeschlagen, und Montaigne sprach von einer «Maulwissenschaft». Fourier wiederum wird später «Gastrosophie» sagen. Aber es ist die Gastronomie, die sich durchsetzt. Der Mann des Gesetzes macht daraus ebensosehr eine Wissenschaft wie eine Kunst. Ohne Umschweife und ganz zurecht schlug er vor, die Küche in den Rang der schönen Künste zu erheben. Es ist das Jahr, in dem Brillat-Savarin, von den Fragen des Mundes noch weit entfernt, seine «Vues et projets d'économie politique», seine Ansichten zur politischen Ökonomie, veröffentlicht. Rechtsanwalt ist er seit 1778, in diesem Jahr hielt er zum ersten Mal ein Plädoyer und setzte damit die Arbeit von fünf Generationen rechtskundiger Männer seiner Familie fort. Während seines Studiums der Rechtswissenschaften hört Brillat Vorlesungen in Chemie und verkehrt in der Gruppe von Auteuil, wo er die «Ideologen» trifft, die damals gerade in Mode waren.

Berchoux, Grimod und Brillat haben jeweils auf ihre Weise Gesetze gegeben: der erste als Dichter, indem er kilometerlange Verse fabrizierte; der zweite als exzentrischer Ballettmeister, der sich um einen spielerischen Schreibstil, um Theater und Bühnenbild kümmerte; der dritte als Philosoph, Schüler der Sensualisten, der Mediziner und Wissenschaftler. Die Arbeiten der drei entstehen zur gleichen Zeit wie das napoleonische Gesetzeswerk, und das ist kein Zufall: das Bürgerliche Gesetzbuch, der Code Napoléon, wird zwischen 1800 und 1804 erarbeitet, die Strafprozeßordnung stammt aus dem Jahr 1809, das Strafgesetzbuch aus dem Jahr 1810. Während der ersten zehn Jahre des 19. Jahrhunderts, als die juridischen Gesetzgebungen durchgeführt werden, kann man der Geburt des Wortes «Gastronomie» und seiner Durchsetzung im alltäglichen Gebrauch beiwohnen und zugleich der Geburt der gastronomischen Kritik, der Genealogie der gastrosophischen Reflexion, der Praktiken der modernen Tafel – kurz, man erlebt das, was Grimod als das Auftauchen der «transzendenten Küche» bezeichnet.

Die Beziehungen zwischen den drei Männern sind sonderbar: man verdankt Berchoux weit mehr als die Wiederbelebung des von Archestratos verwendeten Begriffs, denn er ist es, der zum ersten Mal die Rechte und Pflichten des Gastgebers formuliert, wie sie Grimod de La Reynière später ohne Dank und Quellenangaben[13] wiederholen wird. Das Schweigen des Verfassers des «Almanachs der Gourmands» wird im Schweigen Brillat-

[13] Vgl. zu diesem Abschnitt: Philippe Varillon, «Grimod de La Reynière et la Physiologie du goût», in: «La Revue des Deux Mondes», 1. Juni 1955, S. 503–510.

Savarins eine Parallele finden, der Grimod in seiner «Physiologie des Geschmacks» kein einziges Mal zitiert. Die Geschichte will, daß der alte Exzentriker auf seinem Anwesen in der Provinz die Qualitäten jener Arbeit anerkannte und ohne Bitterkeit feststellte, daß er nicht ein einziges Mal von Brillat gewürdigt worden ist, in dessen zweibändigem Werk, das damals einen immensen Erfolg erlebte. Eine vergleichende Lektüre führt zu dem Ergebnis, daß Grimod mehr als einmal von Brillat geplündert wurde. Doch die damalige Epoche pflegte nicht dieselben offiziellen Gebräuche, die wir heute in bezug auf literarisches Eigentum haben ...

Halten wir fest, daß Berchoux sich zwar in Alexandrinern ergeht, jedoch als erster die Besonderheit dessen formuliert, was ich als gastronomischen Vertrag bezeichnen möchte, einen Vertrag, der den Gastgeber hervorbringt, diese kulinarische Form des Citoyens rousseauistischer Spielart. Zuerst die Pflichten des Gastgebers – Ehre, wem Ehre gebührt. Der Gastgeber hat über das Vergnügen derer, die er empfängt, zu wachen. Er versteht es, ihre Wünsche zu erfüllen, ihren Bitten zuvorzukommen, das Gefühl von Mangel zu vermeiden. Alle müssen als Gleiche behandelt werden: unter den Gästen gibt es keine Oberen und keine Unteren. Das Vergnügen des einen gilt nicht mehr und nicht weniger als das Vergnügen des anderen. Die gesellschaftliche Position wird hintangestellt, denn bei Tisch soll Gleichheit herrschen. Dem Hausherrn fällt die Pflicht zu, jeden entsprechend seinen Möglichkeiten glänzen zu lassen: Wissen, Fähigkeiten, Interessensgebiete der Gäste sollen sich aufs beste entfalten können. Man spricht lieber vom Essen als von irgendwelchen Dummheiten. Auf alle Fälle sind politische Themen zu vermeiden, deren unmittelbare Wirkung es ist, Aufregung und Verwirrung zu stiften und ärgerliche Feindseligkeiten zu erzeugen. Auf dem Tisch werden selbstverständlich die besten Produkte, die vollendetsten Gerichte dargeboten. Die Küche muß einwandfrei sein, und der Gastgeber hat die feinsten und seltensten Weine und die kostbarsten Gewürze servieren zu lassen. Alles, was von der Mahlzeit ablenken könnte, ist zu vermeiden, nichts darf die

Harmonie stören, die sich im Speisesaal ausbreitet. Sinnenfreude, reines Vergnügen für alle.

Grimod verbessert das gastronomische Gedicht, aber er äußert nichts, was den Lehren Berchoux' widersprechen könnte. Den Pflichten des Gastgebers fügt er die für die hedonistische Praxis notwendigen Fähigkeiten hinzu. Natürlich speist der Gastronom bei Tisch mit Tiefgang, Bedacht, Überlegung und Sinnlichkeit. Während der Bourgeois nichts als Bauch ist, fügt der Ästhet in gastronomischen Dingen eine Geisteskraft hinzu, der er stets treu bleibt: Beherrschung, Vernunft und Intelligenz schlafen nie. Speisen heißt, seinen Geist, sein Denken, seine Urteilskraft nähren.

Keine herausragenden Leistungen in der Kunst, Gäste zu empfangen, ohne absolute Beherrschung von Raum und Zeit. Auf der gastronomischen Bühne wird der Gastgeber zum Schöpfer. Zu seiner Heiterkeit, dem ehrlichen Appetit und der rhetorischen Schlagfertigkeit kommt noch ein waches Auge, denn er ist stets darauf bedacht, den *Kairos,* den rechten Augenblick, nicht zu verpassen. Er gibt acht, daß alle Teller und Gläser mit der passenden Kost, dem passenden Wein gefüllt sind, und zwar so, wie es sich gehört, weder übervoll noch spärlich. Um es in der Sprache jener Epoche zu sagen: er serviert zum richtigen Zeitpunkt den «Vorsatz», den «Mittelsatz» und den «Nachsatz», und es wäre völlig verkehrt, wenn nicht lächerlich, den jeweiligen Moment nach vorne oder nach hinten zu verschieben.

Wenn es darum geht, Geflügel zu tranchieren, zeigt der Gastgeber seine ganze Virtuosität. Der Truchseß, der diese Arbeit in früheren Zeiten erledigte, konnte die Aufgabe bewältigen, ohne das Tier, das er mit der Spitze seiner Gabel hielt, auch nur einmal auf dem Tisch abzustützen. Natürlich kennt er die Anatomie, die Gelenke, die verschiedenen Teile des Geflügels, das er zerlegt. Er ist Anatom und Chirurg, der überdies weiß, wie die zerteilten Stücke im Teller anzuordnen sind. Immerzu Ordnung, Maß und Gesetz. Die «Abhandlung über die Zerteilung des Fleisches», die man im «Handbuch der Amphitryonen» findet, ist beinahe eine Abhandlung über Moral, in der man Lobreden auf Wissenschaft und Kunst, Gewandtheit, Geschicklichkeit und Einfallsreichtum findet. Das Fleisch nicht schneiden zu können ist ähnlich gravierend wie die Unkenntnis der Schrift, wie der Besitz einer Bibliothek, ohne lesen zu können. Das halte man sich vor Augen …

Ein anderes seiner Talente besteht in der Kunst, das rechte Verhältnis herzustellen: in bezug auf die Weine und ihre angemessenen Temperaturen, aber auch auf die Getränke und die Speisen. Alexandre Dumas wird vom Wein sagen, er sei der intellektuelle Teil eines Mahls, während das Fleisch nur dessen materieller Teil sei: der gute Gastgeber weiß diese beiden gleichermaßen notwendigen Momente ins rechte Verhältnis zu setzen. Auch versteht er es, die geladenen Gäste zusammenzubringen und das Keimen von Mesalliancen zu verhindern, die die Tischgesellschaft in Disharmonie bringen würden. Die Temperamente, die Charaktere verbinden sich nicht durch Zufall, nicht auf beliebige Weise.

Die Beherrschung der Zeit im Speisesaal setzt dieselbe Geschicklichkeit auch außerhalb des Mahls voraus, wenn es etwa darum geht, eine Einladung auszusprechen, sich zu bedanken oder einen Termin dem Code und den Zeitplänen gemäß festzulegen. Grimod praktiziert das, was er als «Ernährungsbesuch» bezeichnet – eine Kunst mit unterschiedlichen, aber jeweils genau bestimmten Modalitäten: der «vorbereitende Besuch» gibt Gelegenheit zu zeigen, daß man ein möglicher, denkbarer Gast ist; der «Verdauungsbesuch» hat den Zweck, für eine Einladung zu danken, der man bereits nachgekommen ist, er findet mindestens fünf, höchstens zehn Tage nach dem Diner statt; der «Appetitbesuch» schließlich läuft darauf hinaus, in angemessener Frist eine neue Zusammenkunft zu bewirken.

In ihrer Gesamtheit tragen diese Codes dazu bei, eine *Politik der Umgangsformen* zu formulieren, deren Wesenskern der wechselseitige gastronomische Vertrag ist. Im übrigen drückt sich die Absicht Grimods im Untertitel seines «Handbuchs der Amphitryonen» aus: «unentbehrliches Werk für alle, die auf gutes Essen für sich selbst und ihre Gäste bedacht sind». Der Hedonismus verpflichtet beide Seiten, er ist eine Philosophie des Vergnügens, die die Handlungen, Worte und Praktiken leiten soll. Jeder Genuß, den man erlebt, hat nur Sinn durch und für den Genuß eines Nächsten. Widersinnig wäre es hingegen, solipsistischer Lust das Wort zu reden. Meine Befriedigung setzt die meines Nächsten als Möglichkeitsbedingung voraus. In dieser Rhetorik der geteilten Freuden zeichnen sich die Elemente einer Politik ab. Die freudenquellende Mikrosozietät, die der Gastgeber zu sich gebeten hat, zeigt die Grundlinien dessen, was ein auf die Gesamtgesellschaft erweitertes Projekt sein könnte.

Der ethisch-ästhetische Organismus, den die Tafel darstellt, ist aristokratisch, er bewirkt eine Auswahl. Man übt sich in Prunk und Verschwendung. Der Reichtum dient dem Geschmack, und zwar dem guten Geschmack. Hier finden sich Anmut des Benehmens und Freundlichkeit des Herzens, das Gewinnende des Geistes geht mit der Feinfühligkeit der Absichten einher. Der Gastgeber ist ein Künstler des Infinitesimalen, seine Umsicht gleicht der, die man in den schönen Künsten findet. Sein Wille ist auf den Eudämonismus gerichtet. Unabdingbar sind Feingefühl und Virtuosität. In Grimods Konzept der Umgangsformen steckt die Hoffnung, daß jeder Geladene, wenn er am Ende die Tafel verläßt, den Eindruck mitnimmt, er sei der einzige gewesen. Indem er seine Einzigartigkeit dem Willen des Hausherrn überläßt, gewinnt der Gast ein Empfinden der Fülle: er fühlt sich gleichsam vervollständigt.

Gewiß, die *feinschmeckerische Sitte* erlegt dem speisenden Citoyen manche Pflichten auf, denn ohne Rechte gibt es keine Pflichten – und umgekehrt. Doch sie binden ihn auf vernünftige, vielleicht sogar beglückende Weise. Man urteile selbst: der Citoyen hat mit Genauigkeit und Bereitwilligkeit den gegebenen Einladungen nachzukommen; er hat unbedingt zur vereinbarten Stunde am vereinbarten Tag zu erscheinen; seinen Teller, sein Glas zu leeren und Konversation zu führen; schlechtes Reden über die Person, der er seine Mahlzeit verdankt, wenigstens während der sechs folgenden Monate zu vermeiden. Möglicherweise ist die letztgenannte Forderung die abschreckendste, denn wie viele sind imstande, diese Qual länger als die zwei Minuten zu ertragen, die nötig sind, um eine Haustür zu schließen? Und reichten zwei Mahlzeiten pro Jahr, um jede Anwandlung übler Nachrede zu unterbinden? Nun, das wäre ein niedriger Preis ...

Der Code betrifft aber nicht nur den Speisenden, sondern auch den in den Küchen Arbeitenden. Und Grimod reglementiert auch die Beziehungen zwischen dem Gastgeber und seinem *Maître d'hôtel.* So beruhen die aus der Gastronomie hervorgegangenen hedonistischen Gemeinschaften auf dem Einverständnis der Klasse der Speisenden und der Produzenten. Nichts ist wichtiger für den Mann, der in seinem Salon ein Festmahl gibt, als der Mann, der im Untergeschoß kocht: der eine verdankt seine Erfolge und die Harmonie seiner Welt den Fähigkeiten, dem Kenntnisreichtum und Umsetzungsvermögen des anderen. Die Qualität des *Maître d'hôtel* ist weniger eine Frage der Nächstenliebe, der Brüderlichkeit oder der Sympathie, als ein Problem wohlverstandenen Interesses. Wenn die Küche einen Schnupfen hat, muß der Speisesaal niesen. Und das hat Unordnung zur Folge.

Um jede Unannehmlichkeit zu vermeiden und größeren Schwierigkeiten von vornherein aus dem Weg zu gehen, wird der Gastgeber seinen Vertrauensmann nach ganz bestimmten Kriterien aussuchen: natürlich muß dieser seine Kunst flink und brillant ausüben, aber er muß zudem einen feinen Geschmack haben, den Nachschub gewährleisten, geschickt servieren, genau berechnen, angenehm sprechen, höflich und gemessen bedienen. Als Künstler ist er in Küchendingen sowohl Theoretiker als auch Praktiker. Er muß in der Lage sein, gegenüber dem Küchenchef, der unmittelbar seinem Befehl untersteht, Autorität zu zeigen – ohne autoritäres Gehabe, allein durch seine oftmals erwiesene Kompetenz. Auf jedem Posten wird er seine Meisterschaft zeigen.

Zwischen dem Gastgeber und seinem *Maître d'hôtel* besteht die gleiche Beziehung wie zwischen dem Letztgenannten und dem Küchenchef: Vertrauen, Achtung und Herzlichkeit. Grimod, der die Atmosphäre in den Küchen der damaligen Zeit kennt, will, daß sich sein Vertrauensmann um die Gesundheit des Küchenchefs kümmert: die Anwesenheit an den Herden ist gefährlich, man ist dort dem Feuer ausgesetzt, möglichen Verbrennungen, den äußerst schädlichen Dämpfen und dem Rauch der Kohle, die man verheizt. Grimod – als Diätetiker, Mediziner, Familienvater – schreibt den Gebrauch von Abführmitteln vor. Er verlangt von senem *Maître d'hôtel*, beim Küchenchef zu erwirken, daß er sich regelmäßig solchen Reinigungsprozeduren unterziehe, um bei seiner Arbeit an den Herden stets leistungsfähig und effizient zu sein, ansonsten er nämlich Gefahr laufe, durch jene schädlichen Einwirkungen und durch die geschmackliche Übersättigung infolge zu häufigen Kostens von Saucen und Ingredienzien seine Gesundheit zu ruinieren. Im Einstellungsvertrag hat Grimod übrigens eine Klausel vorgesehen, die den Koch verpflichtet, dieses Prinzip im Interesse des guten Funktionierens der gastronomischen Gesellschaft zu akzeptieren. Eine sonderbare Atmosphäre …

Wenn alle Geladenen respektiert werden, wenn jeder einzelne an seinem Platz zum Glück aller beitragen will, wenn jeder das Spiel des Vertrags akzeptiert, kann man annehmen, daß die feine Sitte herrscht und die Tafel ihren Adelsbrief erwirbt, indem sie Ort, Zeit und Raum eines gastronomischen Raffinements wird, das eine neue Politik der Umgangsformen vorwegnimmt, eine Politik, die das Wesen der Intersubjektivität betrifft und damit jeder Moral, die diesen Namen verdient. Die *Ordnung des Kauens und Schluckens*, die Grimod anstrebt und für die er die Regeln entwirft, ist die soziale Ordnung in ihrem Wesenskern. Die Gesamtheit seiner Schriften zeigt die Aktivitäten einer hedonistischen Gesellschaft und die Probleme, die damit verbunden sind: das Geschehen bei Tisch wiederholt das, was in der Gesellschaft geschieht. Zivilisierung, Verfeinerung, Aufmerksamkeit, Höflichkeit, Sorge um den nächsten und zugleich um sich selbst, Intersubjektivität, gedacht und gewollt nach dem freudequellenden, glücklichen Modus, Prunk und Großzügigkeit – all das hat im Leben denselben Sinn, dieselbe Tragweite wie im Speisesaal. Die kleinen Praktiken geben Auskunft über die großen, das Infinitesimale zeigt die Totalität vor ihrer Entfaltung. Theater, alles Theater …

III

Wege zu den Genitalien

Epitaph für Noah

Für Michel Guillard

In dem Wust von Geschichten, die das Alte Testament erzählt, zwischen Froschplagen und brennenden Dornbüschen, liegt mir Noah besonders am Herzen, der Freund der Tiere und Sammler von Paaren aller Art. Wir verdanken ihm unseren heutigen Viehbestand, und auch den von gestern. Denn ohne Noah gäbe es keine Dinosaurier, keinen Archäopteryx oder sonstige Geschöpfe aus dem Tiergarten des Jura, keine Plesiosaurier und keine Eohippus. Und folglich auch keine Pferdefleischmetzgereien. Auch keine Menschen, denn in seiner Arche aus Zypressenholz, die vermutlich stark nach Bitumen roch, bevor sie weniger erträgliche Düfte verströmte, hatte der alte Mann einige Exemplare des *homo erectus* eingeschifft, die er kurzentschlossen aus seiner Familie auswählte. Seinesgleichen ist einem doch immer am nächsten. Zebus also und Schwalbenschwanz, Hühner und Biberratten, Nerze und Silberfüchse, Seehunde und Schwiegersöhne, Schwiegertöchter und Kinder. Und die Galeere läuft aus, denn Gott hatte beschlossen, sich an den Menschen zu rächen, was später dann zu einer Gewohnheit werden sollte. Und zu diesem Behuf hatte er die Sintflut geschickt – eine schöne Bescherung. Er tat, was er konnte, und das war nicht wenig, denn der Regen fiel vierzig Tage und Nächte lang. Was den Zahlenforschern zufolge nicht etwa zweimal zwanzig Tage bedeutet, sondern eine sehr, sehr lange Zeit. Gott ist rachsüchtig und nachtragend. Kein Wunder, daß die Erde überflutet wurde. Wenn man das Böse ausrotten will, muß man es in großem Stil bekämpfen. Alles geht unter, nur nicht Noah mit seiner Familie und seinem tragbaren Zoo.

Gott versteht es, seinen Zorn zu begrenzen; er setzte dem Wüten ein Ende. Der Regen hörte auf. Doch es hatte sich so viel Wasser gesammelt, daß es hundertfünfzig Tage dauerte, bis man ein erstes Absinken feststellen konnte. Die Arche strandete auf dem Berg Ararat. Überspringen wir die Wechselfälle, die Geschichten von davonfliegenden schwarzen Raben und zurückkehrenden weißen Tauben, von Ölzweigen, die, wenn es nötig wäre, beweisen würden, daß jener Baum ganz ohne Ranküne ist, da er es nicht verschmäht, nach so langer Zeit unter Wasser so rasch wieder grüne Blätter zu geben, denn das Schiff ist nun auf Festland gestoßen. Ende der Wassergeschichten, Beginn einer anderen Erzählung, diesmal unter irdischem Zeichen.

Des Wassers überdrüssig, erfindet Noah, als er sein Wiedersehen mit der Erde feiern und seiner berechtigten Hydrophobie Ausdruck geben will, den Wein – woran Gott in seiner unendlichen Ernsthaftigkeit und ewigen Unfähigkeit, sich zu freuen, gar nicht gedacht hatte. Man vergesse nie: das Wasser ist eine göttliche Schöpfung, der Wein jedoch ein Geschenk des Menschen. So hat jeder seine Ideen. Nicht weit von den Trümmern der alttestamentarischen Jacht, auf dem Berg Loubar – so etwas erfindet man nicht –, pflanzte Noah seine Weinstöcke. Welches waren seine Rebsorten? Chasselas, Cabernet, Merlot, Chardonnay? Sicher kein *petit verdot*, schon aus semantischen Gründen. Wie dem auch gewesen sein mag, wir wissen darüber nichts. Ebensowenig wissen wir von der Herkunft der Weinstöcke. Muß man sich vorstellen, daß es im Schiffsraum neben den Tierpaaren auch botanische Familien und Rebsorten gab? Mysterium. Sicher ist jedenfalls, daß Noah pflanzte, möglich ist, daß er veredelte, sicher auch, daß er die Pflanzen pflegte, denn nach vier Jahren Geduld erntete er seine erste Traube. Da hieß es nun achtgeben auf Mehltau und andere Weinkrankheiten jener Zeit, auf Exkoriosen und rote Spinnen: der erste aller Weinbauern darf weder Fehler noch Schlampereien begehen. Die Weinlese fand im siebten Monat statt. Noah kelterte, füllte Behälter, Schläuche und Krüge, dann ließ er ihn fünf Jahre reifen, was gewiß klug ist – die Züchter des gelben Weines im Jura werden bemerken, daß sie die alttestamentarische Methode fortführen.

Am ersten Tag des Jahres – denn es gilt, den Sinn für Symbole zu bewahren: alles, was einen Neubeginn darstellt, ist exzeptionell (und umgekehrt) – am ersten Tag des Jahres beschloß Noah, ein Fest zu feiern. So beging er denn ein Brandopfer: ein Jungstier, ein Widder, sieben einjährige Schafe, ein junger Ziegenbock, der zur Sühne bestimmt war. Soweit die Festkörper. Was das Flüssige betrifft, so hielt er sich an seine eigene Erzeugung und kostete den Wein.

«Kosten» ist sicher nicht das passende Wort, nach dem Zustand zu urteilen, in dem er sich nach der Schlemmerei befand. Die biblischen Texte zeigen ihn niedergesunken und völlig entkräftet in seinem Zelt: Ich stelle mir vor, wie er sich auf allen vieren zur Stiftshütte schleppt, wo er der Länge nach hinfällt und schwer atmend, laut schnarchend, mit starren Gliedern liegenbleibt. Vom Alkohol besiegt, ist der erfahrene Kapitän derart am Boden zerstört, daß er den Orientierungssinn verloren hat. Die Arme im Burnus, die Beine im Teppich verfangen, seiner Sinne beraubt, entblößt er, ein König unter dem Zeltdach, unwillentlich sein Geschlechtswerkzeug. Hier beginnt nun das Elend, denn jeder auf solche Weise gezeigte Phallus ist dazu bestimmt, einen vorbeikommenden Jemand zu finden. In diesem Fall ist es Cham, einer der Söhne des Weinseligen. Freud ist noch nicht geboren, aber er hätte die Zukunft des traumatisierten Sprößlings zweifelsohne vorhersagen können. Man stelle sich vor: das Geschlecht seines Vaters zu sehen! Das ist schlimmer als die Sintflut und die Apokalypse zusammen.

Wie reagiert nun das Kind? Kein Erschrecken, nicht das Gefühl, etwas Grauenvollem begegnet zu sein. Keine schlagartige Anorexie, keine plötzliche Bulimie. Nichts, das an ein Symptom erinnert, nur ein Lachen und der unglückliche Reflex, der ihn zu seinen beiden Brüdern führt, um das Ereignis mit ihnen zu teilen. Ach! Sem hat wenig Sinn für Humor – dafür um so mehr

Familiensinn. Japhet gleichfalls. Und so betreten die beiden rückwärts das Zelt – ein nomadisierendes Auge würde die gefahrvolle Begegnung mit dem schlafenden Phallus riskieren – und bedecken eilig die Blöße ihres Vaters.

Am nächsten Tag erfuhr Noah von den Streichen des Jüngsten. Da der Vater ebenso geistreich war wie die beiden anderen Söhne, nahm er die Dinge nicht auf die leichte Schulter und verfluchte Cham, wobei er alles nur mögliche Unglück auf sein Haupt herabzog. Seinen Vater nicht zu ehren, auch wenn er stockbesoffen ist, das hat seinen Preis! Der zum Weinbauern gewordene Seefahrer setzte seine Laufbahn als Jurist fort, indem er eine bestimmte Anzahl von Gesetzen erließ, darunter jene, die die Unzucht verbieten. Die vielen Betätigungsfelder waren wohl nötig, um die neunhundertfünfzig Jahre seines Lebens zu füllen; in diesem Alter gab er nämlich seinen Geist auf, um sich auf dem Berg Loubar begraben zu lassen.

Noah mag ich deshalb, weil er ein effizienter Übersiedlungsgehilfe war, aber auch und vor allem, weil er erfand, woran nicht einmal Gott selbst zu denken wagte: das Mittel, sich leicht zu machen, zu tanzen, *ein wenig die Schwere zu verscheuchen, die auf uns lastet:* Der eine kümmert sich um die verbotene Frucht, der andere um ihre Gärung und Destillation. Der erste teilt die Finsternis, gibt dem Chaos Form, erschafft das Licht und absolviert noch ein paar weitere Arbeiten dieser Art, der zweite fügt der Tafel den Alkohol hinzu, ohne den sie unvollständig geblieben wäre. Noah zeigt, und es gibt dazu Parallelen in anderen Mythologien, in welchem Maß die Erfindung des Alkohols eine Reaktion auf den Überschuß an Wasser war. Lange vor Noah erzählt das Gilgamesch-Epos durch den Mund Uptnapischtims, daß das Wasser wirklich eine farb-, geruchs- und geschmacklose Flüssigkeit sei, ein mineralischer Absud, ein mustergültiges Sinnbild der Traurigkeit, der faden Natur unseres allzu vernünftigen Schicksals. Zumindest der Wein war nötig, um die Vielheit der möglichen Kleider, der denkbaren Düfte, der vorstellbaren Blumen zu sagen. Man stelle sich vor: Rosenblätter und Pfirsichkompott, Vanille und Bergamotte, Trüffel und grüner Paprika, Juchtenleder und Feuerstein, Hasenbauch und Kirsche ... Die Sintflut ist der Triumph des reinigenden Wassers. Die darauf folgende Erneuerung vertraut Noah der Erde und den in ihr gedeihenden Substanzen an. Keine Metaphysik des Alkohols kann von dieser Verwandlung des Wassers in Wein absehen, von diesem Übergang von der Sintflut zum Weinberg, von der Vernunft zur Traube.

Denn die Trunkenheit ist magisch und führt in Gegenden, die aufklären, erhellen und Auskunft geben über das Funktionieren der Vernunft und ihre Grenzen. Ich habe nicht vor, ein Loblied auf den Trunkenbold zu singen, den seine Räusche zum Vasallen gemacht haben, zu einem alkoholgetränkten Stück Fleisch. Diese Praktiken, die den Konsumenten zu einem leidenden Objekt machen statt zu einem wollenden Subjekt, haben nicht meine Sympathie. Und dies weniger aus Gründen der Moral als aus Sorge um die Skulptur des Selbst, um den ästhetischen Voluntarismus, über den ich in anderen Büchern bereits gesagt habe, wie sehr er ein Temperament, einen Charakter strukturieren sollte.

Der Zustand, dem ich das Wort reden möchte, ist eine Trunkenheit, die einen von Alkoholdämpfen gestörten, nicht aber – durch übermäßigen Genuß – zerstörten Geist voraussetzt. Die Praxis des Weins und anderer magischer Getränke schließt den Sinn für Spielräume, Grenzen und Ränder ein, jenseits welcher es keine Rückkehr gibt. Sie fordert, daß man seinen Körper mit genügend Sicherheit und Geschick beherrscht, um ihn die Universen lediglich streifen zu lassen, in denen Leib und Seele, beide zusammen, untergehen würden, wenn es am nötigen Fingerspitzengefühl mangelte. Um diesen Zustand zu beschreiben, in dem man die Leichtigkeit erfährt, ohne daß man in die Gefahr eines allzu schweren Absturzes kommt, würde ich mich gern eines Ausdrucks bedienen, den Littré in einer kleinen, diskreten Fußnote seines Wörterbuchs anzeigt: es handelt sich um *l'ivreté*[1], die

[1] Vgl. zu diesem Abschnitt: Philippe de Félice, «Poisons sacrés, ivresses divines. Essais sur quelques formes inférieures de la mystique», Albin Michel 1936. – Ernst Jünger, «Drogen und Rausch», Stuttgart 1970. – Gabriel Domenach, «Eloge de l'ivresse», Albin Michel 1981. – Akten des Symposions «L'imaginaire du vin», Centre de recherche

Berauschtheit, eine Mischung aus Trunkenheit und beschwipster Heiterkeit, wenn ich der Morphologie des Begriffs Glauben schenke, eine Verbindung also von fasziniertem Schauen in Abgründe und bestimmten Annäherungsmethoden. Das neue Wort würde demnach die Trunkenheit aus der Umklammerung lösen, die sie seit der industriellen Revolution durch den Alkoholismus erfahren hat. Die Berauschtheit würde die Erfahrung einer Trennlinie ermöglichen und zugleich die beste Aufforderung darstellen, nicht gewohnheitsmäßig auf die andere Seite der entdeckten Grenzen zu kippen. Die Trunkenheit des Alkoholikers ist die eines Objekt gewordenen Menschen, der nicht mehr imstande ist, sich der betörenden Getränke zu enthalten. Oft steht seine Abhängigkeit in Beziehung zu einer Unfähigkeit, in sich selbst dasjenige zu finden, was ihm Haltung und Widerstand gegen die Schmerzen der Welt ermöglichte. Das Trostbedürfnis, das durch geistige Kräfte nicht befriedigt werden kann, drängt oft dazu, Hilfe bei psychotropen, bei seelsorgerischen – man gestatte mir die etymologische Verzerrung – Substanzen zu suchen. In diesem Fall ist der Alkohol weniger ein Zeichen metaphysischen Reichtums als Zeuge einer großen Misere, einer Armut des Charakters.

Alkoholismus ist ein Begriff, der kurz nach dem Auftreten dessen, was er bezeichnet, entsteht, das heißt in den Jahren, die auf die massive Industrialisierung Europas folgen. Er zeigt das Unbehagen in dieser Zivilisation, die verzweifelte Suche nach einer Antwort auf die elenden Existenzbedingungen. Schon der Nepenthes, das mythische Getränk der Griechen, hatte den Zweck, die Sorgen vergessen zu machen. In dieser Absicht gewollt, verrät es die Ohnmacht eines Willens, der bereits in seinem Jahrhundert versunken ist. Die Trunkenheit des Alkoholikers ist nicht mein Thema.

sur l'image et les symboles, Faculté des lettres de Dijon, 15.–17. Oktober 1981, J. Laffitte 1989. – Le Vot-Ifrah, Mathelin und Nahoum-Grappe, – «De l'ivresse à l'alcoolisme. Etudes ethnopsychiatriques», Dunod 1989. – Gérard Oberlé, «Les fastes de Bacchus et de Comus, ou histoire du boire et du manger en Europe de l'Antiquité à nos jours, à travers les livres», Belfond 1989. – Jean-Claude Bologne, «Histoire morale et culturelle de nos boissons», Robert Laffont 1991 (Bibliographie S. 393–404).

Noah ist Zeuge: die Berauschtheit ziemt sich, weil sie ein metaphysisches Experiment, eine metaphysische Übung, eine wiederbelebte dionysische Praxis darstellt. In solcher Berauschtheit, in dem Streben, das zu ihr führt, stellt sich das Wollen in den Dienst einer Aufhebung – nicht Zerstörung oder Vernichtung – der Vernunft, sei es, um sich von ihrer Tyrannei zu erholen, sei es, um ihre Formen, Grenzen, Inhalte und Funktionsweisen kennenzulernen. Meine Kritik der reinen Vernunft hat hier ihre Wurzeln …

Der Zustand, der meine Gunst hat, ist die *griserie*[2], die leichte Benebelung. Es gefällt mir, daß man im grauen Nebel sein kann, ohne all das Negative empfinden zu müssen, das man gewöhnlich mit dieser Farbe assoziiert – von der die Fachleute im übrigen sagen, daß sie gar keine Farbe sei. Denn das Grau ist Asche und Überrest des Verbrannten, Abwesenheit von Farbe, eine als nicht vorhanden erlebte Eigenschaft. Das Grau gehört zum Staub, zum Haar des alternden Menschen, zum Himmel, der sich verdunkelt. Für Hegel ist es ein Abkömmling der Finsternis, und man gebraucht es als schmückendes Beiwort für die abgenutzte Gesichtshaut. Die graue Zeit der Nacht ist auch die Zeit der Katzen, der Soldateska, die ohne Uniform patrouilliert, der Menschen, die auf niedrige Arbeiten spezialisiert sind und deren Haupttugend die Diskretion ist.

Warum also grau und benebelt sein? Im Mittelalter malten die Künstler Christus als Vorsitzenden beim Jüngsten Gericht mit einem Mantel dieser Farbe bekleidet, denn Grau ist die Farbe des Mittlers zwischen dem Schwarz der Todesfinsternis und dem strahlenden Weiß der Auferstehung. Es ist zu gleichen Teilen aus Schwarz und Weiß zusammengesetzt. Was seine Besonderheit ausmacht, ist die Mittelposition in Hinblick auf alle anderen, einander entgegengesetzten Farben: zwischen Gelb und Blau, Rot und Grün, Schwarz und Weiß. Im Epizentrum des chromatischen Kraftfelds zeigt das Grau die Mischung aus Licht und

2 Vgl. zu diesem Abschnitt: Gilbert Lascault, «Ecrits timides sur le visible», Armand Colin 1992, darin «Eléments d'un dossier sur le gris» (1976), S. 30–47.

Dunkelheit, die es zum Ort des Gleichgewichts macht: heller als das Schwarz, dunkler als das Weiß. Ebenso finden wir an den Schnittpunkten der Wirklichkeit die *griserie*, die leichte Benebelung, auf halbem Weg zwischen den beiden Grundfarben: Vernunft und Wahnsinn, Klugheit und Entfesselung. Der nüchterne Verstand ist weiß, die absolute Trunkenheit schwarz. Die *griserie* geht in die Richtung der Unvernunft, der Leidenschaft. Sie zeigt, wie eng die Verwandtschaft zwischen magischen Getränken und Geistigkeit ist, so eng nämlich, daß man jene als «geistig» zu qualifizieren pflegt.

Tatsächlich bedeutet die Berauschtheit Befreiung des Geistes, Überwindung der Schranken oder Grenzen, die ihn umschließen und knechten durch die Operationen des Verstandes, durch die Arbeit der Urteilskraft, durch die strengen Regeln der Logik und des Argumentierens, die Qualen der Analyse. Deshalb befindet sich unter den Weinen, die mir besonders am Herzen liegen, auch der Château-Chasse-Spleen, denn er verweist auf das Ziel jedes dionysischen Willens, auf die Absicht jedes Trinkers, dem es um Berauschtheit zu tun ist.

Dionysos ist notwendig, wenn Apoll uneingeschränkt siegt, wie dies in unserer Zivilisation der Fall ist. In «Unbehagen in der Kultur» hat Freud meisterhaft gezeigt, daß der Preis, den wir für die Errichtung einer dauerhaften Kulturform bezahlen müssen, der Verzicht auf Leidenschaften und Triebe ist. In dieser Preisgabe liegt der Grund für Krankheiten, Leiden, Schmerzen, Melancholien, Neurosen. Sie erzeugt Druck und Schwere und verwandelt das Dasein in einen Kreuzweg. Das Begehren wird als Fluch verstanden, das Vergnügen als Verirrung, die Lust als Sünde. Bleibt nur Zerknirschung, Danksagung, Rosenkränze. Oder der Wein, neben anderen Arten, den Körper und die Seele zu lockern durch den Tanz des Geistes, den er ermöglicht.

Das Fleisch entkrampft sich durch die Vermittlung der fünf Sinne. Sie allein geben der Entscheidung für den Hedonismus Ausdruck, dem sensuellen Willen, der aus dem Körper etwas anderes macht als ein Behältnis der Seele, mehr als eine Verpackung des Geistes. Und nun erscheint auf diesen Wegen zur

Intimität der Sinne der Alkohol: er trägt zum Enthusiasmus (im etymologischen Sinn) jenen Zustand bei, in dem sich, mit Rimbaud zu sprechen, «die lange, gewaltige, wohlüberlegte Entfesselung aller Sinne» manifestiert. In dieser Ekstase, die die Berauschtheit bietet, verändern sich die Empfindungen. Wenn bei Leibniz von der Unmöglichkeit die Rede ist, unter normalen Umständen die kleinen Perzeptionen[3] (sinnliche Wahrnehmungen) zu erfassen, muß ich mir immer das in sinnlicher Hinsicht Versäumte vorstellen. Diese unendliche Zahl von Wahrnehmungen, die toter Buchstabe bleiben, weil sie ohne Apperzeption (bewußte Wahrnehmung) und Reflexion bleiben, ohne hinreichende Größe oder hinreichend große Zahl, zu verloren in der Seele oder zu verworren in ihrem Register – sie werden unter den Bedingungen der *griserie* zu offenbaren Empfindungen. Der Philosoph der Monaden verweist auf die Bewegung einer Mühle, auf einen Wasserfall, auf das Brausen oder Rauschen des Meeres und auf all die winzig kleinen Veränderungen, die ständig die Wirklichkeit betreffen – von der Beziehung, die jeder Mensch zu sich selbst unterhält, bis zur Beziehung zu seinem Nächsten und schließlich zur Welt in ihrer Totalität.

Das Innerste des Menschen ist ununterbrochen von diesen kleinen Wahrnehmungen belebt, die ihm keine Ruhe lassen. Die Vielzahl der Reize, die auf die monadische Seele einwirken, führt zur Betäubung. Der Körper wird von der Dunkelheit in Beschlag genommen, die in jedem Individuum ruht, er ist in sich selbst gekleidet wie in eine Drapierung, die die Falten des Ganzen enthält, worin die Energien, die Kräfte, die ständigen Geräusche dieser seltsamen halluzinatorischen Mikroperzeptionen wohnen. «Plätschern, Nebel, Rumoren» und «Tanz von Staubteilchen», schreibt Deleuze[4]. Auf dem Grund der Monade stöbert man eine Unzahl von Fältchen auf, die in alle Richtungen hin entstehen

[3] Vgl. zu diesem Abschnitt: Leibniz, «Neue Abhandlungen über den menschlichen Verstand», Vorwort, 1907. – Gilles Deleuze, «Die Falte. Leibniz und der Barock», Frankfurt/Main 1995.

[4] *Deleuze*, Gilles, 1925–1995, französischer Philosoph, analysierte die Begierde (das Unbewußte) im Zusammenhang mit dem Problem der Macht (dem Politischen).

und wieder verschwinden und wie die Fraktale einer Identität in dionysischer Bewegung aussehen. Dieses Gewimmel von kleinen, blinden Wahrnehmungen, die das Bewußtsein und die Reflexion erst als solche konstituieren und strukturieren, sind zunächst dunkel, unklar, verworren. Dann setzen sie sich zu Makroperzeptionen zusammen, unseren bewußten, klaren, deutlich unterschiedenen Apperzeptionen. Wir vermögen nichts von den singulären Stimmen, den besonderen Wörtern, den präzisen Verben zu unterscheiden, die zusammen in einem flimmernden Chaos, einem spermatischen Magma rauschen; doch dann erheben sich daraus scharf umrissene synthetische Formen, deutliche, leuchtend helle Bewußtseinszustände. Unter der strahlenden Evidenz verbirgt sich immer die schwärzeste Konfusion.

Die monadische Seele ist den winzig kleinen Intensitätsveränderungen unterworfen, diesen beinahe nicht mehr wahrnehmbaren Graden, dem Beinahe-Nichts. Sie erleidet die Schmach des Zufälligen, des Diffusen, des Konfusen. Nur Gott wäre nach Leibniz' Hypothese imstande, eine klare und distinkte Kenntnis der vielfachen Fragmente zu haben, der Splitter und des daraus entstehenden Ganzen. Denn er allein ist ununterbrochenen Denkens und ständiger Selbstreflexion fähig, er allein besitzt die Möglichkeit der Apperzeption. Die Menschen jedoch, auch wenn sie niemals ohne Gedanken oder Empfindungen sind, sind nicht immer in einem Bewußtseinszustand, der es ihnen erlaubte, den schöpferischen Übergang zwischen den kleinen verworrenen Perzeptionen und der klaren Apperzeption zu vollziehen. Die Apperzeption ist die vom Bewußtsein aus den halluzinatorischen Einzelwahrnehmungen gemeißelte Form. Und genau in diesen Vorgang mischt sich nun der Alkohol, um die Geister zu stören, um die Bewußtseinszustände zu verändern und jene glückliche Verwirrung zu stiften, die die Zeit der Vernunft aufhebt.

Die Berauschtheit ruft einen Taumel hervor, der auch dort noch andauert, wo die Nüchternheit einen rascheren Zugang zu den beruhigenden Apperzeptionen eröffnet. Sie erweitert die Störung, berauscht den Rausch, fügt dem an sich schon schwindelerregenden Ballett der kleinen Perzeptionen ihren Tanz hinzu. Der Unruhe (im etymologischen Sinn) fügt sie noch einmal Bewegung hinzu und vereitelt jede neue Ruhe. Betäubung und Blendung gegen Klarheit und Unterscheidung. Der tobende Dionysos mit seinen entfesselten Mänaden und Bacchanten gegen einen Apoll auf der Suche nach Maß und Form, nach Ruhe und Ordnung. Berauschtheit bedeutet Zustimmung zur Choreographie der kleinen Perzeptionen vor jeder Auflösung in einen klaren Bewußtseinszustand. Sie entfesselt, befreit und gewährt den Verwirrungen Dauer. Das Wunderliche wird in seinen Vorrechten bestätigt, die Machtergreifung der Apperzeption samt ihrer gestrengen Logik auf den Sanktnimmerleinstag verschoben. Höchst effizient betätigt die *griserie* die kleinen Triebfedern der geistigen Dynamik zwischen Anspannung und Entspannung, sie führt eine eigene Art von Tyrannei ein, indem sie das Strömen der Ströme vervielfacht und jenen Taumel hervorruft, der bereits der bewußten, klaren und distinkten Wahrnehmung vorhergeht. Die Energien, die vitalen Kräfte sind in ihrem Naturzustand lianenhaft wild, und die Berauschtheit intensiviert noch die dionysisch-chaotische Gymnopädie; sie verstört, sie verzehnfacht das Toben und Träumen; sie verzögert die harmonischen Effekte und führt auf geradem Weg zu den Synästhesien.

Ein normaler Verstand erfaßt die Klarheit im Ganzen, während er in den Teilen bloß verworrene Perzeptionen zugeben wird; eine berauscht-gestörte Vernunft wird deren Möglichkeiten vervielfachen. Die Töne werden dichter, sie splittern und zerstreuen sich, hallen wider und nehmen neue Klangfarben an, gewinnen an Weite oder Tiefe, an Feinheit oder Schönheit. Gleiches geschieht mit den Bildern, auf sie wirken dieselben Gesetze. Und auch die anderen Sinne betreten das Reich der Synästhesie: neue rimbaudsche Zusammenklänge, bei denen die Vokale natürlich farbig sind, aber die Töne auch strahlend, die Berührungen hörbar, die Düfte greifbar. Früchte, Gewürze, Blumen, um einen Körper zu sagen; Kadenzen, Rhythmen, Harmonien, um ein Bild auszudrücken; Ebenen, Falten, Blöcke, um eine Musik zu erzählen. Die Bereiche werden verwirrt und vermischt, so daß neuartige Weisheiten entstehen. Die Begeisterung ist jene glückliche Panik, die auf unerwarteten Wegen zum Herzen der Dinge führt, zu ihrem Wesen.

Die Euphorie, die mit diesem Zustand einhergeht, verrät eine etymologische Verwandtschaft mit dem Eudämonismus: der gute Dämon, die gute Form – beinahe im scholastischen Sinn. Die Berauschtheit setzt Begeisterung voraus und folglich Besessenheit, Unterwerfung, Verirrung. In den antiken Typologien, besonders in jenen, die Platon im «Phaidros» aufstellt, ist man bereits der Mantik, der Poetik und der Erotik nahe, alles Zustände, in denen man außer sich gesetzt ist, wo ein Teil des Selbst sich dort herumtreibt, wo es gewöhnlich nichts zu suchen hat. Daher das Wahrsagen, die Inspiration, die Kreativität, das Erzeugungsbedürfnis. Apoll, die Musen, Eros und Aphrodite, dann Dionysos, immer noch und immer wieder Dionysos. Alle diese hedonistischen Stationen setzen die Informierung eines Teils des Selbst, nämlich des von der Haut begrenzten, durch einen anderen, dunklen, unbekannten, meist unter der Haut wirkenden Teil des Selbst voraus. Die Teile, die man als verwünschte bezeichnet, werden von der *griserie* wachgerufen, sie werden angeregt und aufgefordert, sich zu entfalten, aus dem langen Schlaf zu treten, in dem sie gären und verkümmern. Die Griechen sagten von einer Person, die diesen Zustand erlebte, sie sei *entheos,* was manche mit gottestrunken übersetzen. Ich ziehe gottesnah vor, um ein Wort zu gebrauchen, das die Rückkehr Gottes ermöglicht ... Ähnlich den antiken Göttern erlangt der gottesnahe Trinker Sorglosigkeit, Leichtigkeit und die Frische dessen, der spürt, wie in seinem Innersten die Versöhnung mit sich selbst stattfindet und die Entfremdung – verstanden als Folge der Hypostase der reichsten Teile im Selbst – ein Ende hat.

Die Amputation eines dieser reichsten Teile und das partielle Selbstvergessen gehen nicht ohne bewußte und unbewußte Schmerzen ab, nicht ohne Störungen und Ängste. Der Wunsch, ein anderer zu sein, sei es nur für ein paar kurze Augenblicke, ist in einer vorausliegenden metaphysischen Unbefriedigtheit verwurzelt. Das Tragische ist nicht fern. Das psychotrope Begehren erwächst aus einer existentiellen Frustration. Die begrenzte Zeit, die Wünsche, die stets zahlreicher sind als die Erfüllungen, die verallgemeinerte Unterwerfung unter das Realitätsprinzip von den ersten Lebenstagen an, die Monotonie einer Existenz im Vergleich zu dem, was Phantasie und Möglichkeitssinn wispern, die so oft vorherrschende Unbefriedigtheit, alles trägt dazu bei, den Alltag als Bürde zu empfinden, die ihre Natur mitunter sehr schmerzhaft spüren läßt. Die Lust zur *griserie* findet man in allen Ethiken: es gibt kein Volk auf der Welt, das die trostspendenden Metaphysiken und kathartischen Substanzen nicht kennte. Im übrigen würde Apoll nicht diesen eindeutigen Sieg davontragen, wenn Dionysos es ihm nicht erlaubte.

Die Leidenschaft, die den Willen zur Berauschung beseelt, ist ein fernes Echo kindlicher Praktiken. Dem Bestreben, sich allein durch dieses Mittel von der Schwere der Existenz zu befreien, liegt eine regressive Neigung zugrunde. Und ich denke, daß unter den Spielen derer, die noch (und für kurze Zeit) der strengen Erwachsenenwelt entfliehen, auch viele Aktivitäten sind, die insbesondere mit dem zu tun haben, was Roger Caillois[5] als «Ilinx» bezeichnet hat: mit einer Sehnsucht nach dem Taumel, einer Lust, die Stabilität der Wahrnehmung zur Explosion zu bringen, sei es auch nur für einen kurzen Augenblick, um der tyrannischen Vernunft und dem Bewußtsein, das stets um Ausgleich und Maß bemüht ist, eine *wohlige Panik* einzuflößen, die in einen Spasmus mündet, der die apollinischen Kategorien zur Aufhebung bringt.

Die Hingabe an den schwindelerregenden Wirbel bringt geistige Phantasien hervor, die der Begeisterung, der Euphorie und der Ekstase verwandt sind. Dieser Wille zum Genuß ermöglicht das Eindringen eines fremden Geistes in das Selbst, der zum Herrn und Meister des Tanzes wird. Würde Gott existieren, man müßte ihn in der Tiefe der Eingeweide, im Innersten der Materie

[5] *Caillois,* Roger, 1913–1978, Chefredakteur der Zeitschrift «Diogène», Verfasser zahlreicher soziologischer, philosophischer und literarischer Studien.

suchen, dort nämlich, wo sich das Leben verschwenderisch zeigt, wo es nach Überfülle und sublimer Verausgabung strebt: zuallererst manifestiert sich die *griserie* in der Berührung mit diesem Reservoir an Lebenskräften, die vor ihrem hypothetischen Überborden in Zaum gehalten werden. Sodann nährt sie sich von den Spielen des Bewußtseins mit den Gefahren, die es an den Rändern kennenlernt, wo das Risiko eines Absturzes beträchtlich ist. Damit eine Welt, eine Gesellschaft entstehen kann, bedarf es des Verzichts auf diese Kräfte zugunsten eines Ganzen, das alle Möglichkeiten aufzehrt; um Trunkenheit zu erzeugen, bedarf es der Befreiung der nämlichen Kräfte zum Vorteil der Person, die sie bewohnen, denn es ist eine lustvolle Freude, das zu verschwenden, was aufgespart worden ist. Die Trunkenheit ist der Beweis für die Existenz einer sonst vernachlässigten Energie. Die dionysische Fülle führt dasjenige wieder ins Leben ein, was außerhalb von *Ilinx* schlicht und einfach geopfert und in Energien verwandelt wird, die Leib und Seele Schaden zufügen.

Die verschwendeten individuellen Kräfte sind in der Regel den Leuten suspekt, die nur innerhalb der Legitimität der sozialen Kräfte kommunizieren. Es ist kein Zufall, daß Noahs Trunkenheit am Ursprung der Entblößung seines Geschlechts steht, denn sie ist eben die Voraussetzung der Zurschaustellung des Phallus als Symbol der Zeugungskraft, der Lebensenergie, des schöpferischen Wesens und alles dessen, was man gewöhnlich verbirgt, denn man zeigt nur die toten Gebäude, die mit dieser, den kollektiven Idealen geopferten Vitalität errichtet worden sind. Der Alkohol enthüllt dem Individuum seine dionysischen Möglichkeiten. Er zeigt, welchen singulären, einsamen Gebrauch er von der Vitalität machen kann, die ihm innewohnt – und die im Gegensatz steht zur Unterwerfung unter die Kristallisationen der Herde.

Das Kind kennt weder Scham noch Zurückhaltung, es kennt nicht die Tyrannei der Vernunft und das Gewicht der Konventionen. Das gleiche gilt für den, der getrunken hat. Eingehüllt in die Drehungen des Rausches unternimmt er einen Vorstoß in weniger zivilisierte Gegenden, die deswegen aber noch nicht barbarisch sind. Die absolute Trunkenheit, die den Trinker in ein stockbesoffenes Objekt verwandelt, ist ein Attentat auf die Zweibeinigkeit in Gestalt ihrer Symbole, als da sind: aufrechter Gang, freie Hand, Aktivität des Gehirns, entwickelter Cortex – also Sprache, Intelligenz, Denkvermögen. Sie ist eine Schlappe des *homo erectus*.

Der Weg, der zum *erectus* und dann zum *sapiens* führte, war lang. Auch schmerzhaft, wegen der Kosten der Vermenschlichung: bedenkenlose Verurteilung all dessen, was den Eindruck erweckte, noch das Tierische in uns zu sein, ewige Verdammung der Sinne, Verdächtigung all dessen, was nichts mit dem Projekt zu tun hat, Engel anstelle von Tieren zu erzeugen. Man mußte auf den Geruchs- und den Geschmackssinn verzichten, mußte Nase und Mund aufgeben zugunsten von Auge und Ohr, zugunsten der beiden Sinne, die dem Abstandnehmen huldigen. Man riecht nicht mehr, man schmeckt nicht mehr; aber man hört und sieht. Man läuft nicht mehr auf vier Füßen in der Natur umher, man geht auf zwei Beinen durch die Städte. Der Mensch hat das Tier verdrängt. Dies gilt es jedem Kind, das geboren wird, einzutrichtern, um es zu sozialisieren, zu vermenschlichen, zu kultivieren, damit es sich vom Boden erhebe, wo es auf vier Beinen umherkrabbelt wie ein kleines Tier, das es tatsächlich noch ist.

Der Alkohol stellt diesen ganzen Prozeß in Frage und kehrt während der Zeit seiner Wirksamkeit die Bewegung um, die den Willen zur Lostrennung von der Natur manifestiert. Trinken heißt, jenen Sinnen den Vorrang geben, die die Zivilisation brandmarkt, weil sie sie als niedrig erachtet: den Geruchs- und den Geschmackssinn, nach einem kleinen Zugeständnis an den Gesichtssinn, der Farbe des Weines zuliebe ... Die Nase, der Mund, der Gaumen, die Zunge, die Schleimhäute, das Rhinenzephalon, die Düfte, Gerüche, Geschmäcker, all das Primitive kommt wieder zu Ehren. Die Wirkungen der Trunkenheit richten sich auch gegen die edlen Sinne: man sieht weniger gut, leicht verschwommen, manchmal auch doppelt, es fällt schwer, die visuelle Aufmerksamkeit zu konzentrieren, das Gesichtsfeld ist eingeengt; die Töne bekommen eine neue, flüssigere oder metallischere Konsistenz, sie hallen wider, prallen ab, stoßen gegeneinander und erzeugen eine Verwirrung, die mitunter nicht ohne Reiz ist. Man sieht die Personen nicht mehr, die man kurz zuvor noch zu ertragen versucht hat; man hört ihr Geschwätz nicht mehr, das jetzt im allgemeinen Tratsch untergeht. Das ist eine gute Sache. Der Kopf schwankt und wird schwer, obwohl sein Inhalt leichter wird – erfreuliches Paradox. Der Ort des Geistes, der Intelligenz, des Gedächtnisses, der Kultur wird erschüttert. Wider das vernünftigmachende Vernunftinstrument! Um dieser Misere zu begegnen, die sich des Kopfes bemächtigt, verbanden die Spartaner vor dem Trinken ihre Stirn, weil sie auf diese Weise zu verhindern gedachten, daß ihnen der Alkohol zu sehr und zu rasch ins Gehirn steigt. Es ist allerdings nicht sicher, ob das Mittel seine Wirkung tat …

Im schlimmsten Fall schließlich, immer ferner vom Grau, immer näher am Schwarz, immer weniger berauscht, immer mehr ein Opfer der Trunkenheit, sinkt der Trinker in sich zusammen wie eine unförmige Masse. Sein Gang war zunächst schaukelnd gewesen, die Zweibeinigkeit dadurch in Mißkredit geraten. Dann hatte er die Grenze überschritten, der Zusammenbruch stand bevor. An diesem Punkt hört der Mensch auf, das hochentwickelte Endprodukt der Zivilisation zu sein. Er findet sich in der Position eines Fötus auf dem Boden wieder, ähnlich den Kreaturen, die sich die Vorsokratiker am Aufgang der Menschheit vorstellten: Würmer im Schlamm, Tiere, die sich im Torf abzeichnen. Wo das Dogma lehrt, daß die Ontogenese (die Entwicklung des einzelnen) die Phylogenese (die Entwicklung der Menschheit) wiederholt, vollzieht die absolute Trunkenheit eine Umwertung der Werte. Sie greift die Ordnung an und begeht damit eine schwere Sünde.

Um auf der Hut zu sein und die Evolution der Menschheit – den Wechselfällen der Geschichte zum Trotz sagen wir es zur Abwechslung auf hegelianisch – in sicheren Bahnen zu halten, haben die Instanzen, die mittels ethischer Kastrationsdrohungen die Zivilisationen erhalten, den Alkohol erwartungsgemäß zu einem Hauptfeind gemacht. Die Religionen, die moralisierenden Ethiken, die das ausschwitzen, was Nietzsche als *Moralin* bezeichnet, schleudern mit Freuden ihren Bannfluch gegen die Trunkenheit. Alles, was den Leidenschaften zuneigt, ist verdammenswert: die monotheistischen Religionen und die zu ihnen gehörigen Morallehren haben strenge Verbote gegen Alkoholgenuß und Trunkenheit erlassen.

Die *Vereitler des Rausches*, wie Nietzsche sie nennt, stigmatisieren ganz allgemein die Praktiken, die das *Ilinx* berühren. Sie schwärzen alle Arten von Unvernunft an, egal, in welchem Gewand sie auftreten: Begeisterung und Ekstase, Hedonismus und Wahnsinn, Leidenschaften und Gefühle, Empfindungen und Instinkte, Triebe und Freuden. Sie tun es stets im Namen der Autorität, die sie beauftragt hat und auf die sie sich stützen. In dieser Herr-Knecht-Beziehung findet man die klassischen Paare der Unterdrückung wieder: den Ehemann und die Ehefrau, den Vater und das Kind, den Erwachsenen und den Minderjährigen, den Lehrer und den Schüler, den Priester und den Gläubigen, den Herrn und den Knecht, den König und seine Untertanen, den Staat und die Staatsbürger, den Unternehmer und seine Angestellten, den Kopfarbeiter und den Handarbeiter. Man findet die Familie, die Religion, die Arbeit, die Heimat wieder, alles Instanzen, die die Freiheiten und Freizügigkeiten weder akzeptieren können noch wollen, die der Alkohol jenen bietet, die in ihrer Position als Beherrschte nicht selten Grund und Neigung zum Trinken finden. Vom Kodex Hammurabi über den Code Napoléon und seine überarbeiteten Fassungen, die im Dienst der sozialistischen Macht hergestellt wurden, bis zu den biblischen Versen und den Suren des Korans herrscht restlose Übereinstimmung: die Trunkenheit ist verwerflich, aus welchen Gründen auch immer.

Als erste sind die Frauen betroffen, denn Noahs Phallus ist nicht weit. Mit ihrem delirierenden Uterus haben sie den Klinikern der Freudschen Epoche und Freud selbst erlaubt, den Begriff der Hysterie einzuführen. Die Etymologie besagt, daß ihr ganzes Unglück – und in der Folge auch das unsere – daher kommt, daß sie mit diesem teuflischen quergestreiften Muskel ein höchst eigenwilliges Instrument besitzen, das durch seine Sprünge und Wallungen, durch sein Rutschen und Gleiten und allerlei andere Possen wunderliche, lunatische, vom Mond abhängige Launen hervorruft ... Bringt man ihn dann auch noch mit dem Alkohol in Verbindung, steht das Schlimmste zu befürchten. Wenn es schon beim alten Mann von der Arche so weit kam, daß er sein Gemächt entbarg, muß man vom Wüten des Uterus, den der Genuß von Alkohol unfehlbar nach sich zieht, das Schlimmste befürchten. Die Römer zum Beispiel nahmen diese Dinge nicht auf die leichte Schulter: in ihrem Recht gab es eine Klausel, das *ius osculi,* das Recht des Auskultierens sozusagen, das es den Männern erlaubte, sich dem Gesicht ihrer Frau zu nähern, um ihren Atem zu riechen und sich so davon zu überzeugen, daß sie nicht vom Falerner Wein des Gemahls gekostet – oder gar noch mehr als gekostet hatte. Jede erwiesene Einnahme von Alkohol konnte der armen Frau die Verstoßung oder, im schlimmsten Fall, sogar den Tod eintragen. Die Gemahlin des Egnatius Metennius, Friede sei ihrer Seele, mußte einst für ihre Untat bezahlen. Das Verbrechen des Egnatius wurde hernach von Romulus persönlich gutgeheißen ...

Daß die Frauen frei über sich selbst verfügen können, daß sie nach Vergnügen und Wollust streben, war den Männern nie ganz geheuer. Noch weniger den Institutionen, die sie eingerichtet haben, um ihre Herrschaft über die Frauen zu sichern. Die katholisch-apostolisch-römische Kirche hat natürlich in diesem Bereich kräftig reglementiert – wie in allen Bereichen, die dem Dasein etwas Würze zu geben vermögen: Ernährung, Sexualität oder, um es mit Foucault zu sagen, Gebrauch des Körpers und Sorge um sich. Thomas Aquin befürchtet, daß sich mit dem Genuß von Alkohol «die tierischen Geister vermehren», was etwas anders formuliert dann auch Descartes sagen wird. Keine Feuer im Körper, keine Bewegung, keine Störungen, keine überbordende Lebenskraft. Fast wie ein überzeugter Materialist konstatiert er als Folge von Weingenuß Herzerweiterung, Selbstüberschätzung und vor allem Fesselung der Vernunft. Nun hat aber eine blockierte oder stillgelegte Vernunft die Vernachlässigung jener Pflichten und Verhaltensweisen zur Folge, die den Gläubigen vom Bösen fernhalten und Gott näherbringen. Da die Vernunft das Instrument der Tugend und Gottergebenheit ist, muß man sie in jedem Augenblick aufrechterhalten, was weder beim Gebrauch des begehrlichen Phallus noch des durstigen Gaumens der Fall sein kann. Die weltlichen Philosophen werden diese Argumentation übernehmen: man darf das Instrument der Unterwerfung unter das Gute nicht in Gefahr bringen. Der Alkohol entfernt von Tugend, Weisheit und Sittlichkeit. In dieselben Fußstapfen treten – im gleichen Rhythmus und im gleichen Takt – die Mullahs, Khans, Derwische, Imams, Fakire und andere Mohammedaner, die seit vierzehn Jahrhunderten mehr als einem Drittel der Weltbevölkerung jeden Alkoholgenuß verbieten. Mit peinlicher Sorgfalt, die Waffe in der Hand, achten sie darauf, daß die Rebstöcke ausgerissen werden und der Wein verbannt wird aus ihren sonnigen Ländern, in denen kräftige Alkohole aufs beste gedeihen würden.

Dennoch kann man in der Berauschtheit, auf halbem Weg zwischen Nüchternheit und Trunkenheit, Lektionen in Philosophie bekommen. So wie das Champagnerbläschen sinnbildlich ist für die barocken Stilleben mit ihrem *memento mori,* ist die Nüchternheit die Vorderseite einer Medaille, deren Rückseite die tragische Weisheit ist. Der Alkohol, der nach der Destillation zu einem «Lebenswasser» wird, entsteht ausschließlich durch Prozesse der Zersetzung, durch Gärung und Fäulnis – also durch die Arbeit des Todes, das mit anderen Mitteln fortgesetzte Leben. Eine wahre List der Vernunft, denn der Alkohol ist das belebende und kräftigende Ergebnis eines Vorgangs der Nekrophagie; eine Art Seelenwanderung von abgestorbenen Zuckern, die sich in diese subtile Flüssigkeit verwandeln, die tausend Möglichkeiten des Deliriums birgt.

Wie kommt Noah zu diesem Wissen besonderer Art? Durch Beobachtung vielleicht. Durch die Arbeit der Natur selbst. Durch das, was er in anderen Gegenden erfahren hat. Oder auf irgendeine andere Art. Ich stelle mir vor, daß einst primitive Stämme in Sumpfgebieten, wo immerzu Stoffe verfaulten und sich daher Gase freisetzten, die psychogenen Wirkungen der Verwesungsvorgänge entdecken und erfahren konnten. Wurzeln, Gräser, Flüssigkeiten, pflanzliche oder auch tierische Substanzen – Milch, Honig – verzehren sich, sie nähren sich an ihrem inneren Feuer, sie kochen, gären, produzieren Alkohol. Bakterien, Hefepilze bewirken eine Verbrennung der Elemente: ob es sich um einen menschlichen Körper handelt oder um Wermutblätter, um Gerste oder um Hopfen, das Leben verfolgt seine Aufgabe und verwandelt unablässig Materie, transformiert die Zucker, die Glukosen im Verlauf von Gärungsprozessen, die neue Substanzen hervorbringen, darunter eben auch alkoholische.

Wenn Fleisch verwest, ist es den Angriffen von *Proteus* und *Escherichia coli,* von *Megatherium* und *Pseudomonas* und einer unglaublichen Kolonie von Bakterien ausgesetzt. Die Körper setzen Methan, Kohlendioxid, Stickstoff, Ammoniak, Wasserstoff frei. Das Ergebnis wird Mineralisierung sein: das Skelett. Die Weintrauben haben mit *Saccharomyces cerevisiae,* einer Abart von *Ellipsoideus,* oder – im Fall der Sauternes-Weine – mit *Botrytis cinerea* zu schaffen. Der Saft der Trauben setzt Karbolsäure frei, aber auch Ammoniak, Kohlendioxid und andere Gase, die mit den zuvor genannten verwandt sind. Das Ergebnis ist Verflüssigung: der Wein. In beiden Fällen führt der Weg durch die Gruft …

Es gefällt mir, daß bei Yquem, diesem hervorragenden Wein, der *Botrytis cinerea* in die Beere der Traube eindringt, also gewissermaßen noch zu Lebzeiten der Frucht, um von ihrem Fleisch zu leben und sich davon zu nähren, um die Säuren und Zucker zu konsumieren und dadurch den Trocknungsvorgang auszulösen, das Schrumpfen der Haut der Beere. Ein brauner Fleck erscheint, dehnt sich aus, bis er die gesamte Oberfläche der Beere bedeckt und diese schließlich einer Rosine gleicht: der Weingärtner weiß, daß sie nun gar ist, bereit, von seiner Hand gepflückt zu werden. Ich sehe darin eine Metapher, eine Art metaphysische Lehre in Kurzform, die wie ein flämisches Stilleben die Macht des Schicksals, das tragische Ende, die vernichtende Wirkung der Zeit, den unerbittlichen Charakter der Entropie, die im Herzen des Lebens instillierte Zerstörung, die Verallgemeinerung des parasitären Prinzips aufzeigt, um die Wirklichkeit zu erklären, den Tod als Fortsetzung des Lebens mit anderen Mitteln, die stete Metamorphose, die alleinige Ewigkeit der Atome und der Materie. Von dieser Fäule, die den Yquem hervorbringt, sagt man, sie sei edel. Wie alle anderen Fäulen, erlaube ich mir hinzuzufügen …

Die Alkohole sind also auf allen Ebenen Quintessenzen: auf der Ebene der Wirkungen, der Gründe und der Mittel. Als Säfte der Zivilisation und der Metaphysik sind sie auch Kulturen, Gedächtnisse, Wissensschätze in flüssiger Form. Gezähmte Tode, Arbeit des Negativen in Überfülle, pragmatische Kristallisationen der Dialektik und vor allem des synthetischen Moments, der die Überwindung/Bewahrung – die berühmte hegelianische Aufhebung – bedingt, Analogon der Vanitas-Bilder in der Kunst: die Arten der Pflege und der Verarbeitung des Weins sind Alchimien, die ein verklärtes Leben ermöglichen. Georges Bataille definierte den Erotismus als «Bejahung des Lebens bis in den Tod»; der Geschmack des Weins ist nicht weit, und auch nicht seine Phantasien und Mysterien. *Homo bulla* … Dank sei Noah.

IV

Der Uterus, die Trüffel und der Philosoph

Epitaph für Brillat-Savarin

Der Uterus einer Dame von Welt erbrachte eines Tages den amüsanten Beweis, daß Körper, Geist und Seelenzustände enge und manchmal auch spaßige Beziehungen unterhalten. Über dasselbe Thema vollbrachte der Doktor Cabanis ein weniger komisches, dafür aber detaillierteres Meisterwerk, das man heute viel öfter lesen sollte. Es handelt sich um die «Beziehungen zwischen dem Körper und der Moral des Menschen» (1802). Da es weniger umständlich und außerdem eleganter ist, dem schönen Geschlecht das Wort zu überlassen, wenden wir uns der Dame zu, die uns ebenfalls zeigen kann, wie recht Cabanis hat. Brillat-Savarin nämlich kannte sie beide: die hysterische Frau, die er in Szene setzt, und den philosophierenden Mediziner. Folgen wir also seiner Fährte …

Als er die Person zu sich bestellt, deren Namen er aus Gründen, die man sogleich einsehen wird, verschweigt, stellt sich Brillat-Savarin die Frage, weshalb gerade die Trüffel zum *Diamanten der Küche* geworden ist. Seine Erklärung ist brillant und reich dokumentiert, und seine Gedanken über das göttliche Nahrungsmittel lassen den alten, hartnäckigen Ruf der aphrodisischen Wirkung dieser Knolle nicht außer acht. Um zu zeigen, was es damit auf sich hat, erzählt der Autor der «Physiologie des Geschmacks» die Anekdote, die uns hier interessiert. Die betreffende Dame ist eine geistvolle Frau, deren Tugendhaftigkeit nichts anderes ist als Einsicht in die Notwendigkeiten, die ihr ihr Alter auferlegt: die Liebe ist für sie nur noch ein vergangenes Gefühl, eine ferne Erinnerung. Keine Angst also vor einer Nymphomanin, die das Experiment stören und die Schlußfolgerungen ungültig machen würde. Es geht keineswegs darum, die Wissenschaft wegen eines vulgären Falls von rasendem Uterus[1] in Gefahr zu bringen.

Die tugendhafte Person speiste in Gesellschaft ihres Gatten und eines Freundes von ihm, eines schönen jungen Mannes. Auf der Speisekarte des Abends: ein hübsches, mit Trüffeln gefülltes Geflügel; dazu Champagner. Der Gatte hat den guten Geschmack und die gute Idee, zu einem vereinbarten Treffen außer Haus zu gehen und folglich seine Gemahlin mit dem stürmischen jungen Mann allein zu lassen. Nachdem sie vorsorglich erklärt hat, daß sie nicht mehr als ein Glas Champagner getrunken habe, findet die Dame rasch zu offenen Worten: nach ein paar vagen Sätzen über schickliche Dinge geht der junge Mann – Verseuil sein Name – zu Schmeicheleien, Geständnissen, Liebesseufzern, Zärtlichkeiten über. Nichts zu machen gegen weibliche Hartherzigkeit. Die Bürgersfrau widerstand wie ein Ritter in seiner Burg … Um das Schlimmste zu verhindern, versprach sie scheinheilig ein Rendezvous für den nächsten Tag. In der Kunst des Aufschubs sind die Frauen wahrhaftig Experten!

Im Lichte dieser Anekdote prüft der Meister der transzendenten Gastronomie, wie es mit den geschlechtsstimulierenden Eigenschaften der Trüffel bestellt ist. Im Sinne methodologischer Vorsicht könnte man Brillat-Savarin darauf aufmerksam machen, daß die Libido des jungen Mannes in Verbindung mit der Abwesenheit des Ehemannes, daß übermäßiger Champagnergenuß und, wer weiß, dazu noch die Schönheit der Dame – daß

[1] Die Anekdote wird von Brillat-Savarin in der sechsten Betrachtung seiner «Physiologie des Geschmacks» erzählt. Das Buch ist mit einem Vorwort von Roland Barthes bei Champs Flammarion und mit einem Vorwort von Jean-François Revel bei Julliard erhältlich. Deutsche Übersetzung: Jean-Anthelme Brillat-Savarin, «Physiologie des Geschmacks oder Betrachtungen über das höhere Tafelvergnügen», München 1962.

dies alles zusammen wohl genügt hätte, um die Knolle zu entschuldigen oder ihre vermeintliche Wirkung in einer verworrenen Gesamtheit von Ursachen aufzulösen. Die umworbene Dame, wieder nüchtern, führte das Ganze auf die Einnahme des stimulierenden Pilzes zurück: er habe in ihr eine gefährliche Bereitschaft geweckt, die alles erkläre. Sie schloß daraus keineswegs, daß sie begehrenswert sei oder bereit für ein galantes Abenteuer, sondern daß sie das Nahrungsmittel künftig mit mehr Vorsicht, wo nicht mit Mißtrauen zu gebrauchen habe.

Bevor er dieses Kapitel abschloß, machte sich Brillat-Savarin noch auf die Suche nach anderen Beobachtungen, die es ihm ermöglichen sollten, Gewißheit im wissenschaftlichen Sinn zu erlangen. Erbärmliche alte Knacker, die wahrscheinlich von ihrer Prostata gepeinigt und von ihrer Libido im Stich gelassen wurden, lieferten während einer Mahlzeit, bei der das Thema erörtert wurde, die noch fehlenden Beweise. Am Ende des Banketts kam der Kreis überein, daß die Trüffel kein «positives Aphrodisiakum» sei, daß sie aber unter bestimmten Bedingungen den Widerstand der Frauen erweiche und die Männer unternehmungslustiger mache. Auf diese Weise informiert und beraten, schloß auch Brillat-Savarin ohne noch weiter zu zögern, daß die Trüffel zu libidinöser Enthemmung führt und daß uns diese Unmäßigkeiten zur Einsicht zwingen, daß der Zeugungstrieb viele unserer Verhaltensweisen und Launen bestimmt, egal, ob die wundertätige Knolle im Spiel ist oder nicht …

Was immer es mit dem schwarzen Diamanten, nach dem die Schweine mit ihren Rüsseln wühlen, auf sich haben mag – einen Schluß legt uns diese Anekdote nahe, daß nämlich eine offensichtliche und dauerhafte Wechselbeziehung besteht zwischen den Nahrungsmitteln, dem Körper und dem, was ich in Ermangelung eines besseren Ausdrucks als Geist bezeichnen möchte. Mit Brillat-Savarin wohnen wir einem eigentlich philosophischen Unternehmen bei, das imstande ist, sich in die Ideengeschichte einzuschreiben. Die Institution wird ihm keinen Platz gewähren, denn er hat sich als Gegenstand genau das erkoren, was in den Augen der Puristen der Betrachtung nicht würdig ist:

den Geschmack, die Ernährung, die Nahrungsmittel, den Körper. Die «Physiologie des Geschmacks» ist ein philosophisches Buch, und es wäre voreilig, es – was häufig geschieht – auf eine Sammlung von Tischanekdoten zu reduzieren, es als Anhäufung von kleinen, mehr oder minder amüsanten Gourmet-Geschichten oder als untypisches Werk des Genres «Bordtagebuch eines Feinschmeckers» (wo nicht gar «eines Schlemmers») abzukanzeln.

Das geistige Unternehmen Brillat-Savarins ist im Kontext der wenig gelesenen und noch weniger studierten «Ideologen» zu sehen. Unter ihren Galionsfiguren findet man Destutt de Tracy, den Autor eines 1801 erschienen Buchs mit dem Titel «Elemente der Ideologie»; weiter Volney, den späteren Freund Brillat-Savarins; und vor allem einen Vorläufer, Cabanis, den Autor des bereits zitierten Werkes über die Beziehungen zwischen Geist und Körper. Im übrigen sei darauf hingewiesen, daß sich die beiden Männer begegnet waren, etwa im Salon von Madame Helvétius, wo sich die wichtigsten Intellektuellen des Aufklärungszeitalters drängten. Die Ideologen verkünden den Positivismus mit seiner Verachtung für die Metaphysik und seinem Willen, nur solche Wahrheiten zu bestätigen, die mit sicheren, experimentellen Methoden erarbeitet wurden, wobei die Beobachtung eine wesentliche Rolle spielt. Im Bereich dieser Denkweise wird die Theorie aus der Praxis und den Tatsachen gewonnen, es gibt keine willkürlichen, unwiderruflichen Setzungen: jede geäußerte Idee wird bewiesen, erläutert, in Zusammenhang mit der Erfahrungswelt gebracht. Fern von der Metaphysik und allen religiösen oder theologischen Voraussetzungen gehen die Ideologen mit Behutsamkeit vor und stützen sich auf die Fakten. Man versteht nun den Stellenwert der Anekdoten und der autobiographischen Bekenntnisse[2] in der «Physiologie des Geschmacks»: sie sind der Humus und das Material, aufgrund dessen eine neue Wissenschaft möglich wird.

[2] Vgl. zu diesem Abschnitt: Thierry Boissel, «Brillat-Savarin. Biographie», Presses de la Renaissance 1989 (Bibliographie S. 251–252).

Der Großteil der Ideologen beruft sich auf den Sensualismus des Abts von Condillac, und es ist ihr Bestreben, diesen Sensualismus weiterzuführen. In seiner «Abhandlung über die Wahrnehmungen» (1754) beabsichtigte Condillac, so wie Francis Bacon zu seiner Zeit, die Grundlagen des menschlichen Verstandes zu erneuern, indem er zeigte, daß alle unsere Erkenntnisse von unseren Sinneswahrnehmungen herstammen. Vom Körper auszugehen, um beim Denken anzulangen, war damals eine echte methodologische Revolution, die sehr gut zeigt, daß der Materialismus weit subtiler ist als die Karikaturen, die man gewöhnlich von ihm gibt. Mit Cabanis verändert sich der Condillacsche Sensualismus in die Richtung eines physiologistischen Materialismus: die psychischen Tatsachen werden auf direkte Weise in Beziehung zum Körper gebracht, ja sie werden zu besonderen Äußerungsformen des Körpers.

In dieser Atmosphäre läßt Brillat-Savarin über dreißig Jahre hinweg sein Werk reifen. Der große Erfolg der «Physiologie des Geschmacks» und die vielen Neuauflagen könnten ein Hauptgrund dafür sein, daß die philosophische Dimension des Werks so lange und dauerhaft vergessen war. Die Zunft hat keine besondere Vorliebe für die Intelligenz, vor allem dann nicht, wenn sie mit Originalität, Unangepaßtheit und Scharfsinn einhergeht. Mehr noch, sie verachtet alles, was sich über die von ihr bestimmten Regeln hinwegsetzt. Und schließlich erträgt sie es nicht, daß Ideen Erfolg haben. Man kann sich daher leicht vorstellen, daß die Profis der Philosophie – bei dem sie auszeichnenden Dünkel und Mangel an Distanz – es nicht der Mühe wert befanden, einen sei es auch nur herablassenden Blick auf das philosophische Unternehmen Brillat-Savarins zu werfen. Zu viel fröhliches Wissen, zu viel Sinnesfreude … Das Buch wurde folglich solchen Lesern überlassen, die sich am Spargel des Pfarrers, an der Ambra-Schokolade, an den Puterophilen oder den Bresse-Hühnern ergötzten. Hinzu kam seine Manie des Klassifizierens, so daß Brillat-Savarin zum Musterbeispiel eines Dilettanten wurde, den man gern bei Tisch zitiert, dem man andererseits aber die Universität vorenthält wie Kindern den Nachtisch, wenn sie böse waren …

Das heißt aber, daß man sich nicht um den Untertitel des Werks schert, der da lautet: «Betrachtungen über transzendente Gastronomie»: Unser Autor hatte Philosophie und gleichzeitig Rechtswissenschaften studiert, er kannte die Bedeutung der Wörter. Hinter seinen spaßhaften Allüren verbirgt sich der Anspruch, eine neue Wissenschaft zu begründen. Und Brillat-Savarin appelliert – aus Bescheidenheit oder im Bewußtsein, daß er nicht alles allein machen kann – an jene Leser, die willens und fähig sind, sein Werk dort fortzuführen, wo er es eines Tages würde abbrechen müssen. Die ersten Seiten, ja schon der erste Titel, kündigen eine *Wissenschaft* an. Und als guter Musiker nimmt Brillat-Savarin diese Rede am Schluß wieder auf, als ginge es darum, eine letzte Variation über das Thema durchzuführen. Die «Physiologie des Geschmacks», heißt es da, habe eine theoretische Genealogie der Gastronomie zu geben versucht, um ihr im Konzert der anerkannten Wissenschaften den ihr zustehenden Platz zu verschaffen. Das Ziel ist also klar, es wird überhaupt nicht verhüllt: es geht darum, ein ernsthaftes Werk zu schaffen. Die Anekdoten diskreditieren es nicht, sondern zeigen seine experimentelle Genealogie.

Physiologische Abhandlungen sind zu jener Zeit in Mode. Auch Richerand und d'Alibert haben Physiologien geschrieben, und beide werden im Buch von Brillat-Savarin zitiert. Der erste wird sogar im Einleitungsdialog als Freund des Autors auf die Bühne gebracht. Littré[3] seinerseits erklärt, daß die Physiologie jene Art von Untersuchung sei, «die auf philosophische und abstrahierende Weise die Phänomene des Lebens zum Gegenstand hat». Von beiden Seiten her wird die Verbindung von medizinischen und philosophischen Fragen angepeilt. Der Körper als nahrungsaufnehmende und energieproduzierende Maschine ist Gegenstand der Studie Brillat-Savarins. Um das Thema zu umgrenzen, ist es nötig, die verschiedenen, teils konvergierenden Disziplinen

[3] *Littré*, Maximilien Paul Emile, 1801–1881, französischer Philosoph und Sprachwissenschaftler, Mitglied der Académie Française.

ins Werk zu setzen. Deshalb der Rückgriff auf die Geschichte, die Chemie, die Medizin, die Wirtschaftswissenschaften oder die aktuellen Technologien, deren neueste Erfindungen der theoretischen Forschung dienstbar gemacht werden sollen.

Wenn Brillat-Savarin den Geschmackssinn zum Thema nimmt, wählt er den am meisten vernachlässigten der Sinne, von denen man gewöhnlich fünf unterscheidet. Die spiritualistische und idealistische Tradition hierarchisiert sie, indem sie den Gesichts- und den Gehörsinn an die Spitze stellt: diese beiden Sinne haben den Vorteil der Vermittlung, sie haben mit Bildern und Lauten zu tun, zwei Gegenstandstypen also, die sich wenig mit der Materie vermischen. Der Geschmackssinn setzt den Körper zu sehr in Szene: kauen, schlucken, verdauen, ausscheiden – das sagt bis zum Exzeß, wie sehr der Mensch Materie ist. Und diese Art von Erinnerung will man unter den Freunden des Absoluten und der reinen Ideen lieber nicht nähren.

Nur Sensualisten wie Condillac, Materialisten wie Diderot, Hedonisten wie La Mettrie[4] haben ausnahmslos allen Sinnen die Würde gewährt, die ihnen zukommt. Brillat-Savarin gehört zu dieser Linie der kühnen Denker, die die Moderne begründen. Seine Philosophie des Körpers ist programmatisch, denn zur Zeit der «Physiologie des Geschmacks» schreiben wir erst das Jahr 1825.

Zu Beginn seiner Analyse definiert er den Geschmackssinn als den Sinn, der für die Beziehungen zwischen den «schmackhaften Körpern» und den sie würdigenden Organen zuständig ist. Dann wird die Gastronomie ihrerseits als die «vernunftgemäße Kenntnis alles dessen, was auf den Menschen als nahrungaufnehmendes Wesen Bezug hat», charakterisiert. Die Gastronomie wird in Hinblick auf ihre *Endzwecke* erörtert: die Selbsterhaltung des Menschen; in Hinblick auf ihre *Mittel:* die Nahrung; auf ihre

4 *La Mettrie,* Julien Offroy de, 1709–1751, französischer Mediziner und Philosoph, vertrat eine materialistische Psychologie und wurde deswegen aus der Kirche entlassen. Wegen seines Hauptwerkes, «Der Mensch eine Maschine», mußte er die Niederlande verlassen. Ethisch vertrat er einen atheistisch orientierten Hedonismus. Er begründete die Medizin als empirische Wissenschaft.

Beziehungen: die Naturgeschichte, die politische Ökonomie und verschiedene andere wissenschaftliche Gebiete; ihre *Gegenstände:* der Körper, die Lust, die Vitalität, das Maß, der Ausgleich; ihre *Wirkungen:* Geselligkeit, Hedonismus, Befriedigung. Wie könnte man das Spektrum einer philosophischen Annäherung besser durchlaufen?

Das Wort *Gastronomie* ist alt, es tritt im Französischen seit 1623 auf. Doch sein umgangssprachlicher Gebrauch hat sich erst in letzter Zeit durchgesetzt. Brillat-Savarin zeigt, daß der Begriff erst mit dem Aufbau einer ihm entsprechenden Wissenschaft konsistent und wirksam wird. Ein Linguist würde sagen, daß erst das zur Reife gekommene Signifikat den Signifikanten und seinen Gebrauch in die richtige Position zu bringen vermag. Brillat zufolge mußte man erst die beträchtliche Summe an Fortschritten erreichen, die man im Bereich der Kochkunst registrieren kann, um dieses vielfältige Wissen unter dem Kennwort *Gastronomie* zusammenfassen zu können. In einer seiner Betrachtungen schreibt Brillat-Savarin über die Wissenschaften, daß sie das Produkt einer Epoche sind und daß sie in Mikrobereichen entstehen. Zunächst beruhen sie auf der Verbindung zahlreicher Fakten und den Schlußfolgerungen, die aus der Wiederholung von Erfahrungen stammen; dann erlauben sie die Entdeckung von Prinzipien, die aus den Methoden ableitbar sind. Das Auftauchen der Gastronomiewissenschaft verdankt sich bestimmten Fortschritten wissenschaftlicher Art: Untersuchung, Klassifizierung, Analyse der Nahrungsmittel, Rückführung auf die chemischen Elemente, aus denen sie bestehen; wissenschaftliche Erfassung der Materie, ihrer Zusammensetzung, ihres Aufbaus; Fortschritte bei der Erfassung verschiedener Körpersysteme und ihres Funktionierens.

Mit dem Untertitel «Betrachtungen über die transzendente Gastronomie» erhebt Brillat-Savarin für die neue Wissenschaft von vorneherein Anspruch auf Seriosität, und man kann sich wohl fragen, was es mit deren transzendentem Aspekt auf sich haben mag. Hatte er Kant und die «Kritik der reinen Vernunft» gelesen? Oder die dritte Kritik, die der Urteilskraft, um herauszufinden, ob es möglich ist, eine Kritik der diätetischen Vernunft zu umreißen? Seine Kenntnis mehrerer Sprachen, darunter des Deutschen, hätte es ihm durchaus erlaubt. Ebenso sein Studium am philosophischen Institut der Universität Dijon. Wie dem auch sei, Brillat verwendet den Ausdruck im Untertitel nicht in der kantianischen Bedeutung. Tatsächlich heißen in Kants transzendentaler Dialektik jene Prinzipien transzendent, die ihrem Wesen nach die Grenzen jeder möglichen Erfahrung überschreiten, was die Gastronomie allerdings nicht betrifft, die sich nur durch Beobachtung und Experiment wissenschaftlich erfassen läßt, zumindest in der Sichtweise der «Physiologie des Geschmacks». Die sensualistische Option ist dem Kantianismus diametral entgegengesetzt: Kant macht aus dem Geschmack einen subjektiven Sinn und reiht ihn zusammen mit dem Geruchssinn an die letzte Stelle. Nirgendwo läßt Kant die Möglichkeit zu, aus der Gastronomie eine Wissenschaft zu machen, denn sie wird auf den relativen, subjektiven und willkürlichen Bereich der Empfindungen beschränkt, während eine Wisssenschaft doch nur auf den apriorischen Grundlagen der Erkenntnis entstehen kann. Anders gesagt: nach Kants Dreiteilung der Modalitäten des Urteilens – apodiktisch, assertorisch, problematisch – ist Wissenschaft nur möglich in bezug auf die apodiktischen, notwendigen Gewißheiten. Nun beruht aber die Gastronomie, so wie Brillat-Savarin sie definiert, auf assertorischen Urteilen, die keine notwendigen, sondern Tatsachenwahrheiten ausdrücken. Die transzendente Gastronomie hat mit Kant also wenig zu tun …

Der Sinn dieses Ausdrucks zielt eher auf Wissenschaftlichkeit, und man denkt wiederum an Littré, der als *transzendent* dasjenige definiert, was man vom höchsten Teil einer Wissenschaft sagen kann. Unter dem Stichwort *transzendente Anatomie* sagt er sogar, daß das Wort «die Beobachtung und den Vergleich der konkreten anatomischen Gegebenheiten» bezeichnet, insofern diese «sich zum abstrakten Begriff der Organisationsgesetze in Hinblick auf ihre verschiedenen Grade erheben». Was für die philosophische Sektion nun bedeutet, daß all das transzendent genannt werden kann, was zu hoher Allgemeinheit tendiert.

Übrigens sollte man eine andere Fährte nicht vernachlässigen, um den Untertitel des Werks zu verstehen. Tatsächlich hat Brillat-Savarin im Jahr 1789 Fourier[5] getroffen, und sie sprachen zweifelsohne über Gastrosophie, über Drehpunktpastetchen, über die architektonische Rolle der Feinschmeckerei in der Utopie des Philosophen aus Besançon. Nun, Fourier gebrauchte diese Terminologie, als er seine Theorie der *transzendenten Akkorde* entwickelte. Halten wir fest, daß, etymologisch betrachtet, alles, was einen Raum aufsteigend durchquert, alles, was sich in ein Jenseits oder ein Darüber erhebt, transzendent ist und daß auch die Gastronomie es ist, da sie sich als erhabene Wissenschaft konstituiert, die die Gesamtheit des Wissens krönt, auf dem sie beruht.

Wie dem auch sei, Brillat-Savarin hätte uns viel Mühe erspart, hätte er der Erhellung oder Definition dieses Ausdrucks, den er im Untertitel verwendet, einige Zeilen gewidmet. Man könnte denken, daß er die Art seiner Methode hervorheben wollte: Beobachtung, Vergleich, Deduktion, Schlußfolgerung und Entwicklung eines Ensembles von Kenntnissen, die nach philosophischen Prinzipien angeordnet sind. Die transzendente Gastronomie wäre demnach jenes umgrenzte Fachgebiet, das aus einer Synthese der verschiedenen theoretischen Zugänge zur Frage der Nahrung in ihrem Verhältnis zum Menschen hervorgegangen ist.

Die «Physiologie des Geschmacks» ist ein philosophisches Werk, das die Ergebnisse einer Methode sowie die Schlußfolgerungen zeigt, die man in drei eng miteinander verbundene Rubriken aufteilen kann: Vitalismus, Materialismus, Hedonismus. Brillat-Savarin liefert auf diese Weise den Ansatzpunkt für eine Philosophie des Körpers, die zwischen einem Volney, der sich mit den Ruinen des Reichs beschäftigt, und einem Destutt de Tracy, der die Texte Montesquieus kommentiert, in den Corpus der «Ideologen» eingeordnet werden kann.

[5] *Fourier,* Charles, 1772–1837, französischer Sozialphilosoph, Vertreter des utopischen Sozialismus, entwickelte die Neuordnung der Gesellschaft auf der Basis und mit dem Ziel des Glücks, der Einheit und der Harmonie.

Den Beginn seines Hauptwerks widmet Brillat-Savarin dem Unterfangen, die Wirklichkeit in den Kontext einer dynamischen Logik zu stellen, die die Bewegung der Natur als Bewegung einer Energie produzierenden, verwandelnden und regenerierenden Maschine vorstellt. Demzufolge wäre die Wirklichkeit nur durch das Leben bedingt, das Leben aber durch die Ernährung. Die Verwandlung der Nahrungsmittel in Vitalitäten und energetische Prinzipien ist der Beweis des Lebendigen. Was die Eigenschaften dieser Energie betrifft, so geizt der Text mit Auskünften und näheren Angaben. Man kann jedoch versuchen, ihre Natur zu verstehen, indem man einen interessanten, von Brillat-Savarin geprägten Begriff heranzieht – den sogenannten *Zeugungssinn*. Dieser sechste Sinn wird den fünf anderen hinzugefügt, um den menschlichen Sinnesapparat zu vervollständigen, den Brillat für zu reduziert hält, wenn man ihm nur diese fünf sensitiven Modalitäten zugesteht. Die Finalität des Zeugungssinnes ist die Vereinigung der Geschlechter zum Zweck der Erhaltung der Arten. Der Geschmacks- und der Zeugungssinn unterhalten eine enge Beziehung besonderer Art: jener sichert die Erhaltung des Individuums, dieser die Erhaltung der Art. «Geben wir also», schreibt Brillat-Savarin, «dem *Zeugungssinn* den *sensuellen* Platz, den wir ihm nicht verweigern können, und vertrauen wir unseren Neffen, die ihm einst seinen Rang sichern werden.» Was hat es mit den Neffen unseres Autors auf sich? Müssen wir im Bereich des schopenhauerischen Willens, des nietzscheanischen Willens zur Macht oder der freudschen Libido suchen? Kein Zweifel, daß hier Verwandtschaft besteht, zumindest eine gemeinsame Sensibilität für die Frage nach den irrationalen Bauprinzipien der Wirklichkeit …

Lange vor den Philosophien des Begehrens, seien sie freudianisch oder aber unpoetisch biologieorientiert, spricht Brillat-Savarin von der Verwandtschaft zwischen Geschlecht und Geruch, zwischen Geschmack, Nahrung und Ernährung, das alles in einer seltsamen Mischung, deren Analyse heute noch aussteht. Man weiß vom Begehren, daß es zwischen Sinnesfreude und Notwendigkeit, zwischen Lust und Bedürfnis schwankt … Kein

Appetit (in jeder Bedeutung des Wortes) ohne Mangel, ohne zu schließende Kluft. Es geht um den Ernährungsvorgang als mögliche Metapher des zu befriedigenden Bedürfnisses. Essen bedeutet, einen Körper zu befrieden, der uns wissen läßt, wie sehr ihn der Energieverlust quält, der mit dem elementarsten Leben gleichbedeutend ist. Ausgehend von dieser naturgegebenen Notwendigkeit haben die Menschen eine kulturelle Möglichkeit entwickelt: die Kunst der Ernährung.

Der von Brillat-Savarin postulierte Zeugungssinn zeigt die Fortdauer des Tiers im Menschen, er nimmt, den Jahrhunderten der Zähmung und Ausrottungsversuche zum Trotz, den verwünschten Teil auf sich, jene düsteren Zonen, in denen letztlich die Identitäten geschmiedet werden. Er macht auf die ewige Beziehung aufmerksam, die jedes wirkliche Begehren, im guten oder im schlechten, an eine mögliche Lust bindet. Jeder Mangel verlangt nach Erfüllung, nach einem Gefühl der Vollständigkeit und nach der Befriedigung, die sie voraussetzt. Die Unkenntnis der Korrelation zwischen der Nahrung, dem Hungergefühl und der Gewinnung von energetischem Treibstoff für die Maschine, die nach ihm verlangt, ist um so größer, als sich von diesem notwendigen Verhältnis nur ein simpler Anschein des Schwankens zwischen Lust und Begehren zeigt. Weit entfernt, den Appetit als physiologischen Alarm zu entziffern, der eine erste Forderung an die Reserven des Körpers bezeichnet und geltend macht, gewahrt der Hungrige weiter nichts als ein Begehren, das er zunächst akzeptiert, dann aber, wenn es nicht zur Befriedigung kommt, zunehmend als schmerzhaft empfindet. Der Tod macht sich bemerkbar, indem er unablässig an die ständige Bewegung, an den Verbrennungsprozeß in der menschlichen Maschine und an den Tribut, den die körperlichen Mechanismen fordern, erinnert. Immer wieder, bis zur endgültigen Erschöpfung. Begehren ist Mangel; der Mangel demonstriert unsere Abhängigkeit von der Notwendigkeit eines ununterbrochenen Holocaust: um zu sein, muß der Körper Kadaver in sich aufnehmen, entwurzelte Stoffe, die man ihrer Umgebung entrissen hat, gegorene oder verwesende Substanzen, abgestandene Nahrungsmittel. Der Zeugungssinn setzt eine Verwandtschaft von Sexualität und Tod, von Lust und Schmerz, von Mangel und Fülle, Exzeß und Entsagung voraus. Noch vor den Erkenntnissen, die die Moderne auf diesem Gebiet bringen sollte, ist Brillat-Savarin bereits imstande, die monströse Natur des menschlichen Motors abzuschätzen: den Willen, die Entropie auf physiologischem Weg abzuwenden; das Bedürfnis, einen Schmerz durch Befriedung zu beruhigen; die Obsession, den Tod zu täuschen, der stets wach ist und unfehlbar seinen Tribut fordern wird. Die Gastronomie ist im Artifiziellen verwurzelt. Die Maske tritt zwischen das Elend des Bedürfnisses und die Eleganz seiner Erfüllung: man muß aus der Not eine Tugend machen – und gute Miene zum bösen Spiel. Tief am Grunde der Identität schlummert ein wildes Tier.

Diese unselige Dynamik, die die individuelle Wirklichkeit bestimmt, ist im ganzen Universum dieselbe: Mikro- und Makrokosmos funktionieren nach verwandten Schemata. Brillat-Savarin widmet diesen Bewegungen, die den Individuen ebenso innewohnen wie den Planeten, auch einige lyrische Zeilen. Fourier, sein Freund und Geistesverwandter, war mit den Kopulationen der Planeten[6] vertraut und wollte die Zeichen decodieren, die das Polarlicht des Nordens aussandte. Auch die «Physiologie des Geschmacks» enthält zahlreiche Ausführungen, die von sublunaren Revolutionen oder vom Ende der Welt, von absoluten Veränderungen, von Revolutionen auf den Bahnen des Universums handeln. Womit er beweisen will, daß der Zeugungssinn kein Gebiet der Wirklichkeit vernachlässigt und sich die kümmerlichsten Subjekte ebenso unterwirft wie die großartigsten Gestirne.

Neben dem Zeugungssinn im engeren Sinne bezieht sich Brillat-Savarin häufig auf das, was er *vitale Kräfte* oder *vitale Funktionen* nennt. Auf der Suche nach einer Logik des Körpers verfolgt er die *organischen Bewegungen,* die *Fluide* in ihren Beziehungen zum Nervensystem und besonders zum Gehirn. Der

[6] Vgl. zu diesem Abschnitt: Jonathan Beecher, «Fourier», Fayard 1993 (besonders S. 270–272). – Emile Poulat, «Le séjour de Fourier en Bugey», Le Bugey 1956.

Körper ist wie eine von vitalen Strömen belebte Maschine, die mit der Zeit schwächer werden und schließlich ganz aus dem Leben verschwinden. Wahrscheinlich kannte Brillat-Savarin die Arbeiten Bichats – dessen «Physiologische Untersuchungen über das Leben und den Tod» stammen aus dem Jahr 1800 –, zumal auch er auf seine Weise das Leben als Ensemble der Kräfte definierte, die dem Tod widerstehen.

Der Vitalismus setzt in gewisser Weise den Materialismus voraus, oder zumindest eine Theorie der Materie, die in diese Richtung zielt. Man kann die «Physiologie des Geschmacks» als eine Reihe von Beschreibungen von Mechanismen lesen: der Körper wird als Ensemble von Organismen gezeigt, die zueinander in Beziehung stehen. Bei Brillat-Savarins Definition des Appetits scheint durch, welche Art von Materialismus der seine ist: «Die Bewegung und das Leben überhaupt verursachen im lebenden Körper einen ständigen Substanzverlust: Der überaus komplizierte Mechanismus des menschlichen Körpers würde bald nicht mehr richtig arbeiten, hätte ihn die Vorsehung nicht mit einer Feder ausgestattet, die ihn darauf aufmerksam macht, wann das Gleichgewicht zwischen seinem Kräftehaushalt und seinem Bedarf gestört ist.» Das Vokabular stammt aus dem Bereich der Mechanik: Substanz, Verlust, Bewegung, Maschine, Triebfeder, Kräfte, Gleichgewicht – und es erinnert an den Sprachgebrauch in «Der Mensch als Maschine», dem großen Text des Philosophen und Mediziners La Mettrie.

Die den Nahrungsmitteln gewidmete Betrachtung ist ebenfalls materialistisch inspiriert. Die Nahrung wird zur Substanz, die ihre Energie mit Hilfe der Maschinerie aus dem Verdauungssystem bezieht. An anderer Stelle spricht Brillat-Savarin vom Verdauungsapparat als einer «mit Sieben ausgestatteten Mühle», die die «Animalisierung» des Nahrungsmittels bewerkstelligt, um «die Verluste auszugleichen, die der menschliche Körper durch den Gebrauch des Lebens erleidet».

Wo er den Fragen nach dem Aufbau der Natur, der Wirklichkeit und ihrer verschiedenen Reiche nachgeht, rückt Brillat-Savarin das Menschliche in die Nähe des Tierischen, ja manchmal sogar des Pflanzlichen. Daraus folgt eine monistische Vielfalt, die die materialistische Option verstärkt. Die Physiologie lehrt die Gemeinschaft der Substanzen und Stoffe, von denen sich die Menschen, die Tiere und die Pflanzen ernähren. Seine Idee weiterverfolgend zeigt Brillat sogar, welchen Anteil die Mineralien in einem Körper haben, wenn er Phosphor und Wasserstoff, das Kalkphosphat und andere Treibstoffe der menschlichen Materie in den Nahrungsmitteln isoliert, die von der Maschine in *kraftbringenden Strom* verwandelt werden. In späterer Zeit wird die Aufforderung, das Kalzium in den Milchprodukten oder das Eisen im Spinat zu essen, die Vorstellungswelt der Kinder in Unruhe versetzen ...

Da die Festkörper in Speisesaft, folglich in eine Flüssigkeit umgewandelt werden, drängt sich die Frage nach dem Stellenwert der Getränke auf, und man wird zu verstehen versuchen, welche Rolle sie in der Ökonomie eines Körpers spielen, der ständigen Temperaturschwankungen ausgesetzt ist. Die achte Betrachtung der «Physiologie des Geschmacks» ist dem Durst gewidmet. Hier die Definition und die zugehörige Erläuterung: «Eine Hitze von zweiunddreißig Grad Réaumur, die die verschiedenen Flüssigkeiten, deren Zirkulation zur Aufrechterhaltung des Lebens notwendig ist, unentwegt zum Verdampfen bringt und in der Folge deren Volumen vermindert, würde diese Flüssigkeiten bald gänzlich außerstande setzen, ihre Bestimmung zu erfüllen, wenn sie nicht häufig erneuert und aufgefrischt würden: eben dieses Bedürfnis läßt uns den Durst empfinden.» Die Gesetze der Thermodynamik sind zwar noch nicht entdeckt, aber Brillat-Savarin scheint sie vorauszuahnen, wenn er den Körper als Maschine zur Erzeugung von Energie interpretiert – das Ganze innerhalb einer Temperaturspanne, über und unter die man nicht gehen darf. Aufgrund des Energieerhaltungsgesetzes, das die Kontinuität der Mechanismen gewährleistet, muß jeder Energieverlust wettgemacht werden. Handelt man durch Zufall dem Gesetz zuwider, blickt man dem Tod ins Auge. Brillat-Savarin berichtet, daß ein Schweizer aus der Garde Ludwigs XVI. wegen einer idiotischen Wette starb, nachdem er sich einen Tag lang des

Trinkens enthalten hatte – nicht gerade sehr lange, wird man einräumen, um vor Durst zu sterben …

Dem materialistischen Hedonismus Brillat-Savarins ist eine hedonistische Dimension als logische, erwartbare Ergänzung dieser Weltsicht hinzuzufügen. Die «Physiologie des Geschmacks» in ihrer Gesamtheit ist eine Lobschrift auf die Kunst des Genießens in geschmacklicher, gastronomischer Hinsicht. Da die Wörter gefährlich und mit Sinn geladen sind, muß man, bemerkt der Autor, zwischen Feinschmeckerei und Freßgier unterscheiden: bei ersterer handelt es sich um «wohlverstandenes Genießen», bei letzterer einzig und allein um Maßlosigkeit. Das Maß, auf das sich Brillat-Savarin beruft, stellt sich durch eine Gleichung zwischen Empfindung und Bewußtsein her: wenn die Sinne die Erkenntnis und die Vernunft überwältigen, ist ihr Gebrauch unheilvoll. Wenn jedoch beide Seiten zusammenwirken, ist der Hedonismus sehr wohl wünschenswert, und man kann ihn anstreben, ohne sich in ethischer Hinsicht etwas zuschulde kommen zu lassen. Folglich haben wir vom Grundsatz auszugehen, daß die Gastronomie bei jedem das gleiche Begehren hervorruft, weil alle nach Lust streben und die Unlust fliehen. Sie ermöglicht den Genuß im Umgang mit sich selbst ebenso wie die Freuden, die der Verkehr mit anderen bietet. Im einen Fall erfreut sich der Körper an der Befriedung des Begehrens und an der Beseitigung des Mangels; im anderen Fall blüht er durch den Kontakt mit den anderen auf, denn die Gastronomie schließt auch eine Kunst der harmonischen, angenehmen Intersubjektivität mit ein: sie erzeugt Geselligkeit, fördert den Austausch der Sinnesfreuden, errichtet vor der Tafel eine Gleichheit, die der Ungleichheit der Konventionen entgegenwirkt. Diese Beziehung zum anderen kann sogar Paare betreffen, denn die Gastronomie gibt die Möglichkeit, aus jedem Mahl einen Anlaß zu diversen Vergnügen zu machen: Vergnügen des Plauderns über die feine Küche; Vergnügen, für den geliebten Menschen Speisen zu erfinden und zuzubereiten; Vergnügen, sie zu kosten und zu schätzen; Vergnügen, zu urteilen, zu kommentieren und das Vergnügen zu benennen. Am Tisch der Ehepaare weckt die Gastronomie eine

«Lust an der Zweisamkeit», der man raffinierte Vergnügungen der Altruität verdankt. Von der ehelichen Gastronomie oder: Wie man sich einen Ehemann, eine Ehefrau mit Fleisch und Würsten erhält …

Wenn Brillat-Savarin dem Hedonismus das Wort redet, dann deshalb, weil er klarsichtig genug ist, um zu wissen, daß das Tragische in der Welt tonangebend ist: es zeigt sich in Gestalt des Leidens, des Alterns, der Krankheit, des Todes, des Verfalls. Da er auf alle Effekte des Lebens achtete, konnte er die Effekte der Entropie nicht mit Schweigen übergehen. Gewiß, sein Pessimismus ist gemäßigt, er pflegt ihn nur so weit, wie es sein Wissen um die Weltläufte fordert, denn auf den Spuren der Ideologen ergeht er sich lieber in optimistischen und progressistischen Reden. Aber darin liegt gar kein Widerspruch, denn Brillat-Savarin weiß genau, was die Individuen erwartet (nämlich Verfall und Tod), während er gleichzeitig feststellt, daß es für die menschliche Gattung nur Gründe zur Freude gibt. Vom Standpunkt der Küche und der Ernährung aus betrachtet scheint der Fortschritt der Menschheit auf der Hand zu liegen: vom Rohen zum Gekochten, vom Einfachen zum Zusammengesetzten, von der Nacktheit zur Kleidung, von der Gewalt zum Gesetz, vom Krieg zum Frieden, vom Hunger zur Fülle. Solche Reden könnten von Condorcet stammen … Und wenn er beginnt, Prognosen zu äußern, rechnet er mit einer noch besser befriedigten Menschheit, die in einer Fülle von befreienden technologischen Erfindungen, von neuen importierten Lebensmitteln, revolutionären Neuerungen in der Küche und Festlichkeiten im Speisesaal schwelgt.

So ist es auch bei der seltsamen Feier der Gasterea, der zehnten Muse, die bei dieser Gelegenheit inthronisiert wird. Brillat-Savarin widmet ihr seine letzte Betrachtung. Einmal mehr will mir scheinen, daß der Physiologe bei Charles Fourier gelernt hat, um diese Beschreibung zuwege zu bringen, denn sie steht den Begeisterungsschüben nicht nach, die den Vater der Harmonie beflügeln, wenn er das Glück beschreibt, das in der zukünftigen Gesellschaft herrschen wird, deren Regeln von leidenschaftlicher Anziehung bestimmt sein werden.

Alle Sinne sind zu dem von Brillat gewünschten Fest gerufen. Der Gesichtssinn, durch die Prachtentfaltung in einem riesigen Palast mit hundert Marmorstufen, hundert Säulen aus orientalischem Jaspis und einer Kuppel, die die Himmelswölbung nachahmt. An den Seiten sieht man Skulpturen oder Reliefs, die das Andenken der großen Klassiker, Entdecker, Erfinder oder Vorkämpfer im Bereich der Gastronomie ehren. Ein Kristallbaldachin, getragen von acht Säulen aus demselben Material, schwebt über der Statue der Muse, die von einer elektrischen Flamme erleuchtet wird. Ich denke an Ledoux, Boullée[7] und die visionären Architekten, die den für die fourieristische Harmonie in Betracht gezogenen Utopie-Konstrukteuren verwandt sind. Der Geruchssinn wird vom Weihrauch bedient, der die ganze Stadt einhüllt, und von den außergewöhnlichen Düften der Speisen, die sowohl durch ihre Natur als auch durch die raffinierte Zubereitung, die sie erfordern, bedingt sind. Der Geschmackssinn kommt naturgemäß beim Verzehr dieser Speisen an einer Tafel mit zweihundert Gedecken zum Zug. Auch das Gehör wird nicht vernachlässigt, denn die Musiker verbreiten unaufhörlich eine Musik, die zugleich einfach und kunstvoll ist. Nur der Tastsinn ist nicht wirklich zum Fest geladen, obwohl sehr schöne junge Menschen pausenlos kommen und gehen, um Getränke zu servieren und den guten Ablauf der Zeremonie zu überwachen. Brillat-Savarin will, daß sich die Stadt in einen «riesigen Speisesaal» verwandle und daß sich darin «eine allgemeine Heiterkeit» bemerkbar mache.

Immer noch, immer wieder ahnt man Fourier im Hintergrund: bei der Verallgemeinerung der Sinnesfreude, ihrem kollektiven, gemeinschaftlichen Charakter, bei der Verwendung der Architektur im Dienst des Festes, beim Wunsch, die Gastronomie zu feiern und ihr eine Hauptrolle bei der Errichtung eines so-

[7] *Ledoux,* Claude Nicolas, 1736–1806, französischer Baumeister, begann im Stil der klassischen französischen Barockarchitektur und gelangte zu strengen klassizistischen Lösungen, entwarf sogenannte Revolutionsarchitektur. – *Boullée,* Etienne-Louis, 1728–1799, französischer Baumeister und Theoretiker, Vertreter der französischen Revolutionsarchitektur, schaffte phantastische Architektur, zum Beispiel einen riesigen Leuchtturm in Form eines Kegelstumpfes.

zialen Hedonismus zu geben, der der ganzen Welt das Wasser im Mund zusammenlaufen läßt, so daß Delegationen herbeikommen, um den Erfolg zu bestaunen.

Brillat-Savarin ein Utopist? Man möchte es sich wünschen. Vielleicht wäre es besser gewesen, man hätte von ihm das Bild einer wunderlichen Figur behalten, während er in seinem Briefwechsel doch vielmehr als Opportunist erscheint, der die Jahre und die Regimes überdauert, indem er der ärgerlichen Neigung frönt, alle im jeweiligen Augenblick gut zu finden. Eine generalisierte hedonistische Utopie hätte vielleicht seinen politischen Zynismus besiegen können, wenn er es verstanden hätte, etwas weniger zeitgemäß, etwas mehr Philosoph, etwas weniger Beamter zu sein ... Dann wäre aus ihm ein Träumer von der angenehmen Stadt geworden, und dazu noch, in fourieristischer Terminologie, ein bedeutender Gastrosoph. Aber so ...

Geizig mit Äußerungen zu religiösen Fragen, zeigt sich Brillat-Savarin hier und da jedoch zu Überlegungen gestimmt, die eher historischer Natur sind. So stellt er etwa das Heidentum in einem günstigen Licht dar, während er – zwar mit nachsichtiger Milde – die Rohheit der christlichen Sitten kritisiert. Folgen wir seiner Argumentation: die Angst vor Tod, Schmerz und Leiden führt die Menschen dazu, dasjenige vorzuziehen, was ihnen ein unmittelbares, wirkliches Vergnügen verspricht. So unzweifelhaft das Tragische ist, so notwendig ist die Sinnesfreude. Daher die Leidenschaft der Menschen für die Gottheiten, besonders für jene, die aus einem Wohlbefinden einen potentiellen Gegenstand der Anbetung gemacht haben.

In der Betrachtung, die er der Philosophiegeschichte der Küche widmet, lobt Brillat-Savarin die heidnischen Tugenden – Freundschaft, Liebe, Vergnügen, Ernährung, Geselligkeit –, um dann die diesbezüglichen Verdienste der griechischen und der römischen Zivilisation zu rühmen. Stumm, oder besser gesagt, äußerst zurückhaltend zeigt er sich in bezug auf die Frage des Christentums, dessen demütigenden und antihedonistischen Charakter er unterstreicht.

Der Zusammenhang von Natur und Kultur ist auf allen Ebenen spürbar. Die Gastronomie ist eine Wissenschaft, die das Vergnügen ermöglicht, während die Religion eine Ideologie ist, die ein asketisches Ideal verbreitet. Mit der Loslösung von der Natur kommt die Entfaltung von Kultur in Gang. Um die Wirksamkeit dieses Vorgangs zu zeigen, unterscheidet Brillat-Savarin die Eßlust vom Vergnügen der Tafel, wobei jene der Lust an sich selbst, diese aber dem Vergnügen mit den anderen entspricht. Erstere setzt den Hunger, die tierische Notwendigkeit, das Bedürfnis voraus. Ist das Bedürfnis befriedigt, tritt das Tafelvergnügen auf den Plan, das Brillat als «reflektierte Empfindung» definiert, «die aus den verschiedenen Umständen von Fakten, Orten, Dingen und Personen, die dem Mahl beiwohnen, entsteht». Es setzt die Reflexion, die Intelligenz, die Verfeinerungen der Zivilisation voraus. Zwischen der Eßlust und dem Tafelvergnügen ermißt man den ganzen Abstand, der das bloß Vorgefundene vom Künstlichen, die Schlemmerei von der Gastronomie trennt.

Die Menschen machen aus den natürlichen Zwängen ein großartiges Experimentierfeld der Ideologie: entweder sie verfluchen alles, was an das Tier im Menschen erinnert, um es vollkommen und endgültig in Mißkredit zu bringen, oder sie gehen damit um und errichten weniger kastrierende Gesellschaften. Hat das Tier Durst, trinkt es. Es trinkt das Wasser der Flüsse oder der Sümpfe, der Tümpel oder der Gebirgsbäche. Hat es Hunger, ißt es, und zwar das, was es findet, was am nächsten ist, Wurzeln, Beeren, erjagte Beute. Empfindet es ein sexuelles Bedürfnis? Es kopuliert, nachdem es sich ein wenig zur Schau gestellt und ein paar Kämpfe geschlagen hat.

Von jeher versuchen die Menschen alles zu komplizieren; das ist ihre Stärke. Haben sie Durst, brauen sie komplexe Getränke zusammen, bringen Säfte zur Gärung, stellen Carabi her, indem sie Cidre und Wein mischen, erfinden den Populo, indem sie Zucker, Gewürznelken, Pfeffer, Anis, Koriander, Ambra oder Muskat in den Schnaps geben, heben den Melicrat aus der Taufe, indem sie Milch und Honig vermählen, fabrizieren Mulsum oder

Oxymel, Hypokras oder Malvasier Wein. Egal was, wenn es nur schwierig ist.

Haben sie Hunger, kochen, fabrizieren, erfinden sie Lotussamen in Gelee, Klebereisbällchen, Fugufilet (das todbringend ist, wenn man es falsch zubereitet), Enryalencremesuppe mit Stärkemehl, farcierte Vulva oder Zitze vom Mutterschwein, Pfauenzungen oder in Wasser gekochte Fischaugen. Wünschen sie ihren Sexualtrieb zu befriedigen, glänzen sie ebensosehr durch Erfindungsreichtum wie in der Küche und wählen zwischen Masturbation und Ehe, was zuletzt allerdings doch auf dasselbe hinauskommt, sie erfinden den Strumpfhaltergürtel und die Sexparty, die Pornographie und den Godemiché, die aphrodisische Konfitüre und die Lederkleidung. Das alles haben die Tiere nicht: man trinkt keinen Whisky bei den Amphibien, man kocht nicht bei den Gastropoden, und bei den Arthropoden schenkt man sich keine Spitzen.

Erotismus und Gastronomie unterscheiden den Menschen ebenso vom Tier wie Religion, Kunst und Metaphysik. Die Natur fordert, die Kultur formt. Es geht weniger darum, die Bedürfnisse zu beseitigen (wie man in der Tradition des asketischen Ideals meint), als vielmehr darum, sie umzuformen, sie zu verwandeln. Der Körper hat seine Gründe und zeigt sein Begehren. Eine Philosophie, die dieses Namens würdig ist, richtet ihr Augenmerk auf die kulturellen Formen, die man den natürlichen Forderungen geben kann. Der Hedonismus ist die Antwort auf diese gebieterischen Rufe, er ist eine notwendige Theorie des Künstlichen für den Bereich, in dem die verwünschten Teile drängen. Erst dieser Kulturaufwand erzeugt das eigentliche Vergnügen: das Begehren ist die Voraussetzung jeder Sinnesfreude.

Die Manifestation der subtilen Lüste betrifft den Körper ebenso wie den Geist. Zuerst aber den Körper: Brillat-Savarin spricht vom Gehirn, das sich erfrischt, von der aufblühenden Physiognomie, von der kräftiger werdenden Gesichtsfarbe, von den glänzenden Augen und einer sanften Wärme, die sich in allen Gliedmaßen ausbreitet. Sodann der geistige Aspekt: Schärfung des Verstandes, lebhafte Einbildungskraft, Redegewandtheit. Der Hedonismus, den die «Physiologie des Geschmacks» vorschlägt, zeigt hier seinen Wesenskern: Harmonie, Ausgleich, Versöhnung des Körpers mit sich selbst, Sanftheit, Glücksempfinden und Frohmut des Organismus, der maßvoll und einwandfrei funktioniert. Eine Art Unerschütterlichkeit der Bejahung. Das positive Vergnügen des Aristippos[8], könnte man sagen, gegen das negative, störungsvermeidende des Epikur. Der gastronomische Hedonismus ist eine Ethik, er ermöglicht die Stilisierung des eigenen Körpers und damit des eigenen Geistes. Mehr noch, er ist selektiv und bestimmt eine Aristokratie der Sensibilitäten, innerhalb derer Wahlverwandtschaften gelebt werden können. Erstellt wird diese Pathetik der Nähe in den sogenannten *gastronomischen Proben.*

Tatsächlich hat die Natur einerseits Individualitäten hervorgebracht, die dem Vergnügen völlig verschlossen sind, andererseits aber auch höchst talentierte, hyperästhetisch begabte Charaktere. Die Lust ist zu gebieterisch, als daß man sein Leben in Gesellschaft trauriger Figuren verschleudern dürfte; die Prüfung stellt Verwandtschaften fest und legt einem nahe, sich nicht mit den Genußunfähigen abzugeben, denn «diese sind nicht würdig, daß man an sie die Kostbarkeiten verschwendet, deren Preis sie nicht zu schätzen wissen». Hier die Beschreibung des ganzen Verfahrens: «Wir verstehen unter gastronomischen Proben Gerichte von anerkannter Güte und so unbestreitbarer Vorzüglichkeit, daß ihr bloßer Anblick bei einem wohl ausgestatteten Menschen den ganzen Schmeckapparat in Erregung versetzen muß. Alle, bei denen man in diesem Fall weder das Aufleuchten des Verlangens noch das Strahlen der Verzückung wahrnimmt, können deshalb mit vollem Recht als der Ehre der Zusammenkunft und der damit verbundenen Genüsse unwürdig bezeichnet werden.» Die Methode ist in gewisser Weise dynamometrisch: man stellt höhere gastronomische Ansprüche, wenn man es mit Vertretern höherer Gesellschaftsklassen zu tun hat.

[8] *Aristippos,* ca. 435–366 v. Chr., Schüler des Sokrates, Gründer der Schule der Kyrenaiker, Vertreter des sensualistischen Hedonismus.

Bei den Armen wird man etwas weniger streng vorgehen dürfen. Der Test wird auch mit negativen Koordinaten vorstellbar, als Entzug: man belauert die Reaktion der Gäste, denen man mitteilt, es sei unmöglich, eine vorgesehene Speise aufzutragen, und liest die Betrübnis oder die Gleichgültigkeit, die Verzweiflung oder die Stumpfheit von ihren Gesichtern ab. Brillat-Savarin weiß, daß die Konfitüren nicht für die Schweine da sind, nicht einmal für die Schweine Epikurs. Deshalb behält er den Hedonismus der Aristokratie vor. Das Verfahren folgt ästhetischen Grundsätzen, es mangelt ihm nicht an Eleganz. Wie viele Unannehmlichkeiten könnte man vermeiden, unterzöge man seine Bekanntschaften solchen gastronomischen Prüfungen ...

Um nicht im Saft der reinen Theorie zu braten, schildert der Autor der «Gastronomischen Betrachtungen» die gastronomischen Proben auf sehr konkrete Weise. Urteilen wir selbst: ein siebenpfündiger Kapaun, so vollgestopft mit Trüffeln aus dem Périgord, daß er kugelrund aussieht; eine riesige Straßburger Gänseleberpastete mit der Form eines Festungsturms; Wachteln mit Ochsenmark und Trüffeln auf gerösteten Butterschnitten mit Basilikum; ein gespickter, gefüllter Hecht in einer Creme von Flußkrebsen; ein Fasan auf der Höhe seines Geschmacks, ganz dicht gespickt, an einem Spieß gebraten «à la Sainte Alliance»; hundert junge Spargel von einem halben Zoll Durchmesser in Fleischbrühe. Und als Nachtisch: eine Pyramide von Vanille- und Rosenmeringues, zu denen Brillat geflissentlich sagt, daß sie nur auf Damen und auf «Männer mit den Waden eines Abbés» wirken. Die Speicheldrüsen, die freudigen Mienen, die funkelnden Augen sagen bereits zur Genüge, ob man seinen Nächsten wählen oder lieber weitersuchen soll. Es gewinnt der, dem das Wasser im Mund zusammenläuft ...

Die gastronomische Prüfung ist nur möglich, wenn man davon ausgeht, daß das Gesicht der Ort ist, wo sich die Gefühle und Empfindungen einprägen und ausdrücken, wenn man also der Auffassung ist, daß das Antlitz die Oberfläche der Seele sei. Um diese Methode des Herstellens von Wahlverwandtschaften zu entwickeln, ging Brillat-Savarin von den physiognomischen und phrenologischen Theorien aus, denen er – wie viele zu seiner Zeit – begeistert anhing.

Eines Tages, als er mit der Postkutsche nach Dijon fahren sollte, schenkte ihm sein Vater Lavaters «Physiognomische Fragmente zur Beförderung der Menschenkenntnis und Menschenliebe» (1778). In diesem Werk werden die Grundlagen jener Tätigkeit formuliert, die darauf abzielt, die tiefere Natur eines Individuums allein durch seine Gesichtszüge zu bestimmen. Ausgehend von der Form der Nase, des Mundes, der Stirn, des Gesichts und sogar der Hände konnte man, wie Lavater behauptete, den Charakter, das Temperament und den Gesundheitszustand ihrer Eigentümer feststellen. Der Schweizer Pastor hatte berühmte Adepten: Goethe, Herder und Jacobi schenkten der physiognomischen Lehre Glauben. Demgegenüber wird Hegel in seiner «Phänomenologie des Geistes» heftige Kritik an der Phrenologie Galls üben: er empfiehlt, den Leuten, die dieser Pseudowissenschaft huldigen, den Schädel einzuschlagen, um ihnen mit ebenso grobschlächtigen Methoden wie den ihren zu beweisen, daß ein Knochen ohne Bedeutung ist für die Identität eines Wesens.

Was Brillat-Savarin betrifft, so hält er mit seinem Glauben an angeborene Dispositionen und an die Thesen von Lavater und Gall nicht hinter dem Berg. Seiner Meinung nach sind bestimmte Physiognomien vollständig um einen Ausdruck herum organisiert, der die dominierenden Charakterzüge bezeichnet: unverschämte Herablassung, Selbstzufriedenheit, Misanthropie, Sinnlichkeit … Auch wenn es Ausnahmen von der Regel gibt, bedingen die Leidenschaften, Gefühle und Empfindungen doch eine bestimmte Dynamik der Muskeln und eine dauerhafte Prägung der Charakterzüge auf den Körper, so daß man dort eine Identität, ein erkennbares Temperament ablesen kann. Die feinschmeckerische oder asketische Neigung liegt offen zutage. Was die extremen Formen betrifft, so wird man sich daran erinnern, daß die Magersüchtigen wie auch die Freßsüchtigen ihr existentielles Unbehagen vor allem durch ihren Körper ausdrücken. Aber auch die Zeichen von Glück und Wohlbehagen wird man am Körper ablesen. Hier das Porträt des Philosophen als Genießer: mittlere Körpergröße, rundes oder rechteckiges Gesicht, glänzende Augen, niedrige Stirn, kurze Nase, fleischige Lippen, rundes Kinn. Die Feinschmeckerin wiederum ist eher mollig, weniger schön als hübsch, mit einem Körper, der letztlich zur Korpulenz tendiert. Um die überdurchschnittlich genußfreudigen Frauen zu erkennen, muß man, so Brillat-Savarin, in den Gesichtern mit feineren, lieblicheren Zügen forschen. Sie sind wahrhaft reizend und tun sich – Mysterium – «durch besondere Zungenfertigkeit hervor». Leider verrät Brillat hier nichts Genaueres. Sehen wir uns nun die Gegenseite an, die düsteren oder unsinnlichen Tafelgenossen: ihr Gesicht ist länglich, ebenso die Nase, die Augen; und ebenso der Gesamteindruck, den sie hervorrufen, unabhängig von ihrer Körpergröße; die Haare spärlich und schwarz. Selbstverständlich sind sie mager. Aus ihrer herablassenden Art schließt Brillat-Savarin, daß man diesem Typus die Erfindung der Hosen verdankt. Ihre weiblichen Pendants sind kantig, sie langweilen sich bei Tisch und nähren sich am liebsten von Boston-Spiel und verleumderischem Geschwätz … Man sei also vor ihnen auf der Hut.

Neben den Thesen Lavaters verwertet Brillat-Savarin auch die phrenologischen Ideen Galls, denen zufolge das Gehirn aus Teilen besteht, die jeweils für eine besondere Empfindung, einen Instinkt oder eine Fähigkeit zuständig sind. Gall meinte, durch Abtasten der Höcker an einem Schädel auf Charakterzüge, Eignungen oder Fehler schließen zu können. So verdanken wir ihm unter anderem die Entdeckung der Genie-Beule … Dennoch kann man – bei Gall mehr als bei Lavater – einige wichtige Intuitionen festhalten, besonders, was die zerebralen Lokalisierungen betrifft. Broca[9] wird bei seinen Arbeiten, die immer noch von Bedeutung für die Bestimmung der Gehirnzonen sind, an Galls «Funktionen des Gehirns» (1808) anknüpfen. Der deutsche Mediziner indessen ging etwas zu weit, als er sich vornahm, eine

9 *Broca,* Paul, 1824–1880, Chirurg und Anthropologe, kraniometrische Untersuchungen und Arbeiten über die Anatomie der Hirnwindungen, die ihn unter anderem zur Entdeckung des nach ihm benannten motorischen Sprachzentrums führten.

ganze Philosophie des menschlichen Geistes auf der Grundlage einiger weniger Intuitionen zu errichten.

Brillat-Savarin huldigt ganz der damals in Mode stehenden Gallschen Philosophie. Zwei Vorfälle, die sich in seinem Kanton ereignet haben, geben ihm sogar die Möglichkeit, die phrenologischen Thesen zu überprüfen. Doch leider läßt es Brillat-Savarin bei der Erwähnung dieser beiden klinischen Fälle bewenden; man erwartet eine Hypothese über die Gehirnzonen, die die geschmackliche Tätigkeit steuern, denn die mit der Ernährung verbundene ästhetische Praxis setzt Fähigkeiten des Urteilens, des Erinnerns und Vergleichens, des Abschätzens und Schlußfolgerns voraus. Über all das schweigt der Autor. Allerdings geht auch die heutige Neurophysiologie nicht wesentlich darüber hinaus, sie gibt lediglich mehr Details, ist genauer, lüftet mehr Geheimnisse.

Sie zeigt in der Tat, wie eng die Ernährung, wie eng die Lebensmittel und die gastronomische Verwandlung, die sie ermöglichen, mit dem Körper, dem Nervensystem und dem Gehirn verbunden sind. Ein Teil des Körpers fordert von einem anderen Teil die Beseitigung eines Mangels, unter dem er leidet. Der Ort dieses Kampfes ist das Fleisch. Genauer gesagt – Brillat-Savarin wußte davon noch nichts – ein spezieller Kern im Hypothalamus.

Bestimmt hätte er die Entdeckungen der Ethologen zu schätzen gewußt, denn sie treiben auf gastronomischem Gebiet Entdeckungen voran, die die Hypothesen und Vermutungen der «Physiologie des Geschmacks» bestätigen. Vom Fötus, der bereits durch das Fruchtwasser seiner Mutter Geschmacksunterschiede eingeprägt bekommt, bis zu den affektiven Nahrungsmitteln[10], von der alimentären Symbolik bis zu den hedonistischen Bedingungen des Speisengedächtnisses und zur sozialen Vermittlung der Geschmacksvorlieben wie auch des Abscheus finden wir dort

10 Vgl. zu diesem Abschnitt: Claude Fischler, «L'homnivore», Odile Jacob. – Boris Cyrulnik, «Sous le signe du lien» und «Les nourritures affectives», Odile Jacob 1993. – Peter Farb und George Armelages, «Anthropologie des coutumes alimentaires», Denoël 1985.

immer wieder Material, das das Buch Brillat-Savarins bestätigt und Wasser auf seine Mühlen gießt.

Die Neurobiologie weiß mittlerweile, daß das sensorische Bild die Form ist, in der sich die Speicherung eines Geschmacks mittels chemischer Markierungen im Gehirn vollzieht. Sie weiß auch, daß diese Schemata in ihren Variationen von einer ganzen Reihe von Parametern sozialer, affektiver, biologischer, somatischer und symbolischer Natur abhängig sind. Auch ist der Geschmackssinn ein höchst individueller Sinn, der sich zugleich aber am Kreuzungspunkt verschiedener, vom Kollektiv ausgehender Einflüsse situiert. Das Gehirn ist nicht allein, es befindet sich in ständiger Interaktion, in einer endlosen Gigue mit der Welt, von der Welt gemacht und sie erzeugend.

Wenn es nötig wäre, dem philosophischen Porträt des Autors der «Physiologie des Geschmacks» noch etwas hinzuzufügen, könnte man ein paar Worte über seine Methode verlieren und über seine Art, die Fundamente einer gastronomischen Wissenschaft zu legen. Auch hier würde man auf alles andere als einen Dilettanten stoßen, denn er nimmt Anleihen bei den experimentellen Wissenschaften, bei der Medizin und den von ihr herangezogenen Disziplinen. Schon beim Vorwort merkt man, daß das Buch das Ergebnis einer Formgebung und Ordnung von Material ist, das während einer langen Zeitspanne gesammelt wurde. Die Beobachtung geht der Theorie voraus; was der Autor über das Thema schreiben will, ist alles andere als ein neues Kochbuch. Es geht vielmehr darum, die Fundamente einer neuen Wissenschaft zu legen, deren Genealogie das Experiment ist. Die Praxis der Mahlzeiten wird von einer Reflexion über Ernährungsfragen ergänzt. Wenn man den Bekenntnissen Brillats Glauben schenkt, hat ihn dieses Bestreben mehr als einmal vor der Langeweile gerettet, die häufig die großen Bankette beherrscht. Während Brillat-Savarin verschiedene Kompetenzen für sich in Anspruch nimmt, die man heute den Humanwissenschaften zuordnen würde, bezeichnet er sich bescheiden als medizinischen Laien.

Zumeist wurde die «Physiologie des Geschmacks» als Anekdotensammlung gelesen, als eine Folge von Abschweifungen (in diesem Sinn äußert sich selbst ein Vorwortschreiber, der besser getan hätte, sich um die Textausgabe zu kümmern, für die er verantwortlich zeichnet und die schlicht und einfach den Untertitel sowie eine Widmung wegläßt), als «eine zum Meßbuch gebundene Sammlung von Geschichtchen». Dieser und ähnlicher Dummheiten sind so viele, daß ich versucht bin, einen Katalog davon zu erstellen ... Gleichviel, diese «vermischten Bemerkungen», wie der Autor selbst sie nennt, haben den Zweck, die Wirklichkeit darzustellen, aus der er seine Theorie beziehen wird: im gesamten Text ist nichts, das aus dem Nichts herbeigezaubert wäre, sondern alles basiert auf Beobachtung. Die Geschichten vom getrüffelten Geflügel und dem wirbelnden Uterus sind nur insofern brauchbar, als sie eine Theorie und wissenschaftlich akzeptable Aussagen über die aphrodisische Natur der Knolle ermöglichen. Wäre dem nicht so, wäre Brillat-Savarin bloß ein Restif de La Bretonne der Küche und der Hinterzimmer des Ernährungswesens ...

Die Methode zur Begründung der neuen Wissenschaft von der transzendentalen Gastronomie ist sehr präzis. Sie setzt voraus: Beobachtung, Aufstellung einer Hypothese, vergleichende Verifizierung, Erarbeitung eines allgemeinen Gesetzes und eines Begriffssystems mit wissenschaftlichem Wahrheitsgehalt, das eine unbegrenzte Zahl von Verifizierungen zuläßt, die die Hypothese bestätigen. Sogar ein Ausdruck wie «experimentelle Wahrheiten» entspringt der Feder Brillat-Savarins.

Manchmal ist der Autor selbst Gegenstand seines Experimentierens, sein Körper dient ihm als Labor. Als er eines Tages mit Freunden auf die Jagd geht, stellt er fest, daß sie schon nach einer Viertelstunde von einem äußerst gebieterischen Durst geplagt werden. Kaum gestillt, tritt die Begierde mit derselben Intensität wieder auf. Brillat-Savarin nimmt seine Geisteskräfte zusammen, und kommt zu folgendem Schluß: diese negative Veränderung erklärt sich aus dem Zusammenwirken verschiedener Gründe, darunter die infolge körperlicher Anstrengung erhöhte Blutzirkulation, die durch starke Sonneneinstrahlung bedingte Austrocknung, die Absonderung von Schweiß, die Trocknung des Schweißes durch den heftigen Wind. Alles trägt dazu bei, daß – um seine Sprache zu gebrauchen – Flüssigkeit abgezogen wird. Auf die Ätiologie folgt nun die Diagnose und die Dosierung: jede halbe Stunde Einnahme von Flüssigkeit, wobei klar ist, daß man nur die Wirkungen behandeln kann, da die eigentlichen Gründe jedem therapeutischen Zugriff verschlossen sind. Der Durst hielt so lange an, wie an diesem Sommertag die nämlichen meteorologischen Bedingungen herrschten. Und Brillat-Savarin beeilt sich hinzuzufügen, daß der folgende Tag die Richtigkeit seiner Vermutungen, seiner Analyse und seiner Schlußfolgerungen bestätigt habe: da sich der Wind gelegt hatte, kam es zu keiner erhöhten Schweißabsonderung, so daß sich die Einnahme von Flüssigkeit erübrigte. Der trocknende Wind hatte also auf den Körper, mithin auf den Geist, die beobachteten Auswirkungen gehabt.

An anderer Stelle formuliert Brillat-Savarin Hypothesen – er spricht von «wissenschaftlicher Induktion» und von «beobachtungsgestützter Wissenschaft» – ausgehend von bereits beobachteten Phänomenen und versucht, ihre Gültigkeit zu erweisen, indem er mehrere Tatsachen, mehrere Fälle miteinander vergleicht, um dann ein Gesetz aufzustellen, das ihn zum Ausruf berechtigt, die Wissenschaft triumphiere immer und überall.

Hinsichtlich der Methode bleibt zu sagen, daß die Darlegungen des Autors stets einer äußerst strengen Ordnung gehorchen. Welche Themen auch behandelt werden – die Verdauung, der Durst, der Hunger, die Nahrungsaufnahme, der Appetit –, Brillat-Savarin gibt zuerst eine Definition, die er dann in einer detailreicheren, informationsreicheren Beschreibung erweitert. Jener erste Schritt ist von Genauigkeit geprägt und ähnelt stilistisch einem Lexikon-Beitrag; der zweite läßt an die Entwicklung des Themas nach Art einer musikalischen Komposition denken. Stets auf die Genealogie achtend, klärt er die Ursprünge eines Ausdrucks, aber auch die eines Verhaltens, eines Brauchs, eines Phänomens oder einer Wissenschaft. Sein Sinn für Kausalität beflügelt ihn auf das Glücklichste; er setzt die Fülle seiner Gelehrsamkeit ebenso ein wie sein Talent zur Synthese, um eine Ursache mit ihrer Wirkung in Verbindung zu bringen: Verlust der energetischen Substanz und Verlangen; inneres Verdampfen von Flüssigkeit und Durst; Verdauungsarbeit und Speisesaft; Ernährungsweise und Körperbildung. Nach der jeweiligen Erklärung schreitet er zu Klassifizierungen, bevor er eine Typologie der Konfigurationen erarbeitet. So definiert er zum Beispiel den Durst und stellt fest, daß er latent, faktisch oder chronisch sein kann; ebenso teilt die Verdauung die Menschen in drei Kategorien: die Regelmäßigen, die Verstopften und die zum Durchfall Neigenden; die Dickleibigkeit, die Enthaltsamkeit, die Erschöpfung und die Magerkeit erfahren dieselbe Behandlung. Die gesamte Arbeit der «Physiologie des Geschmacks» besteht in Formalisierung, Konzeptualisierung, Theoretisierung. Man wird dem Autor nicht gerecht, wenn man ihn in die Rolle eines freundlichen Gastgebers, eines liebenswürdigen Epikureers zwingt und vergißt, daß er der erste war, der der Ernährung, der Nahrung, der Gastronomie philosophische Würden verlieh.

Die «Betrachtungen über transzendente Gastronomie» haben heute diesen Duft von Frechheit, der alle rebellischen Werke umgibt, die aus der Philosophie eine Dienerin der Phantasie und der Schöngeistigkeit machen. Die philosophische Praxis hat nur dann Sinn, wenn sie dazu beiträgt, die Welt, in der wir leben, besser zu denken, um besser darin zu leben. Es gibt keinen spezifisch philosophischen Gegenstand, der in einem abgehobenen Ideenhimmel fern von der Welt ruhen würde. Es gibt nur die unterschiedlichen philosophischen Behandlungsweisen aller möglichen und vorstellbaren Gegenstände – darunter auch die Nahrung.

Das Geschmacksurteil ist heutzutage nicht denkbar außerhalb der von Brillat-Savarin begründeten authentischen Philosophie des Körpers, die zugleich Philosophie des authentischen Körpers ist. Als Pionier hat Brillat-Savarin insofern zu gelten, als er das Denken in den Dienst der gastronomischen Frage stellt. Er gibt als erster der Ernährung eine metaphysische, wenn nicht ontologische Dimension. Seine gesamten Kenntnisse werden mobilisiert, um eine bestimmte Anzahl von Problemen zu lösen. Zum Beispiel: Was ist der Geschmackssinn, wenn er mehr ist als ein auf die edlen Sinne beschränktes Urteilsvermögen? Was ist ein Körper, wenn er mehr ist als die Idee, die man sich von ihm macht, wenn er mehr ist als etwas Materie und die Form, die ihn umfaßt? Was ist das Vergnügen, wenn es nicht nur um Ataraxie, um die Abwesenheit des Leidens geht? Was ist die Geschichte der Küche, wenn man sie vom philosophischen Standpunkt aus betrachtet? Auf diese Weise wohnt man der Analyse der Wandlungen eines essenden, trinkenden, verdauenden, dicker werdenden, ruhenden, schlafenden, träumenden, dünner werdenden, nahrungsverweigernden, sterbenden Körpers bei. Es sind Odysseen, die die glorreichen oder verachteten, gehaßten oder geschmähten, kastrierten oder zurückgenommenen Körper beschwören. Das Fleisch ist kein Feind mehr, das Innere der Mechanismen nicht mehr das, was uns erniedrigt. Und so erscheint schließlich der moderne Körper.

Die Physiologie ist der Ankerpunkt Brillat-Savarins. Aber noch heute konstruieren viele ein Weltbild ausgehend vom Bild eines Menschen, der weder Fleisch noch Blut ist, weder Lymphe noch Nervensystem. Keine Ethik, keine Philosophie, keine Metaphysik, keine Politik ohne ein Wissen von dem, was der wirkliche, konkrete, mit sich selbst versöhnte Mensch ist, was seine verwünschten Teile und dunklen Zonen sind, seine Triebe, Instinkte und Leidenschaften. Die «Physiologie des Geschmacks» ist eine Pathetik, eine Philosophie der Leidenschaften (im etymologischen Sinn), eine Philosophie des Gefühls, der Empfindung. Wie jedes Denken, das sich auf diesem Gebiet bewegt, bedarf es einiger strategischer Orte, von denen aus es geräumigere Theoriegebäude errichten kann. Dazu gehören ein Monismus, ein Vitalismus, ein Materialismus, ein Hedonismus, die zusammen den ständigen Gebrauch einer experimentellen Methode unterstützen. Das Denken hat nur dann Sinn, wenn es die Wirklichkeit zum Gegenstand nimmt und nicht eine Idee, die man in eine Kinderklapper verwandelt, in einen Vorwand für endlose Variationen. Hätte sich Brillat-Savarin in seinen Bemühungen auf einen der alten Hüte bezogen, von denen der philosophische Friedhof überquillt, hätte man ihm zweifellos Lorbeerkränze statt dem Suppengrün gereicht. Nun ja, die Zunft mag keine Festgelage. Sie kennt nur das eine, das von Platon! Aber seien wir nicht zu streng: Das Vergehen selbst ist Strafe genug …

V

Kurze Mythologie der anregenden Religionen

Epitaph für Chen Nung & Co.

Für Jeannine Coureau

So wie sie ihre Blüte aus dem Boden beziehen, in den ihre Wurzeln und Rhizome hinabtauchen, werfen die Pflanzen bisweilen ihre unterirdischen Voluten in das Fleisch des Menschen, um dort Träume, seltsame Bilder oder Energien hervorzurufen. Vom Tabak, den man raucht, bis zum Kräutertee, den man trinkt, vom inhalierten Opium bis zum Baudelaireschen Haschisch-Brotaufstrich hat die Flora unerschöpfliche Magien geliefert und dem Körper die außergewöhnlichsten Exaltationen verschafft. Die fremde Welt, in der es zu Rauschzuständen und Bewußtseinsveränderungen kommt, wurde von Weisen und von Verrückten erkundet, von Hellsehern und von einfältigen Menschen, von Künstlern und von Bauern. Manchmal sind es ganze Zivilisationen, die die stimulierenden Pflanzen verwenden, um ihrer Sehnsucht nach einer anderen Welt und dem Unbehagen oder dem Schmerz, den das Leben in der gegebenen Welt erzeugt, Ausdruck zu geben. Die Peyotl-Pflanze hier, dort der Wein oder der Hanf – die Substanzen, die das Fleisch aufwühlen, um seine Macht, seine Grenzen, seine Reichtümer auszudrücken, haben als Seelensupplemente gewirkt, um Ressourcen freizumachen, wenn der Körper seiner Schwere überdrüssig ist. Von der Pflanze bis zu ihren Wirkungen ist überall Erde: tellurische Moleküle, nächtliche Mächte, Höhlenchemie. Die Wurzeln saugen sich mit

Mysterien voll, die sie bei der Einnahme von Blättern, Stengeln und Blüten, die der Genius der Menschen ausfindig gemacht hat, weitergeben. Die Limben der Kronblätter verraten durch ihre Etymologie ihre Verwandtschaft mit dem Ort, an dem die Seelen auf ihr Heil warten, und mit den dunklen Regionen, wo die Nornen weben und spinnen.

Mir gefällt der Gedanke, daß der Teestrauch, der Kaffeestrauch und der Kakaobaum im Pantheon der Blüten und Blätter, die den Körper feiern und ihn von der Schwere des Alltags befreien, ihren Platz einnehmen durch die Absude und Aufgüsse und Magien, die sie heute gewähren und die ursprünglich Gegenstand sonderbarer Mythologien waren, in denen es stets um den bildlichen Ausdruck einer wiederholten Mobilisierung des Körpers geht, um eine notwendige *Spannung* der Seele und ihres fleischlichen Fundaments. Schüchterne, zarte, um nicht zu sagen homöopathische Annäherungsversuche an Elysien und Nirwanas, Erfahrung von Glückszuständen ohne Sturz in den Abgrund – die nicht-alkoholischen stimulierenden Getränke sind Teil der Tröstungen der Familie des Nepenthes. Heute erfreulicher und notwendiger denn je.

Diese drei Getränke – Tee, Kaffee, Schokolade – sind das Ergebnis einer Verkettung von Zufällen und Kulturen, von Kenntnissen und Verfeinerungen, sie sind das Resultat der Vermählung des Zufälligen mit der rituellen Codifizierung. Um ihre Genese zu erklären, ist es daher nötig, auf die Mythologien zurückzugehen, die die Seele bis ins Innerste aufwühlen, es ist nötig, dorthin zu gehen, wo man auf Paradiesgärtner und gefiederte Schlangen stößt, auf asketische, weltverleugnende Mönche und eingeschlafene Propheten, auf Krieger, die ihre Zeugungs- und Zerstörungskräfte pflegen, auf Götter mit Stierköpfen und Grübler, die sich die Lider abschneiden, auf verrückte Ziegen, Jungfrauen, die sich den Atem parfümieren, Kaiser, die sich ganz der Opferung rothaariger Hunde widmen. In der Raserei und in den Mysterien, im Überfließen, im Umlauf der Energie ist Dionysos nahe. Aber auch Apoll lauert in der Ordnung, im Maß, im Gesetz. Die drei genannten Getränke fördern nämlich den Kampf gegen den Tod und seine Stellvertreter, gegen den Schlaf und das Dösen, gegen die Müdigkeit und die Schwere eines Körpers, der gesättigt ist von den Resten eines erschöpfenden Mahls. Die Kriegsflüssigkeiten[1] wider das Werk von Thanatos, dem Todesgott, und seinem Zwillingsbruder Hypnos, dem Gott des Schlafes, wurden von Männern entwickelt, denen es darum ging, das Negative zu beseitigen und die Entropie zu verhindern. Als Metaphysiker des Arzneiwesens ist es ihnen gelungen, die Höllen zu bezähmen – wenigstens für die Zeit einer Illusion.

In China ist der große Betreuer dessen, was die Taoisten später das Getränk der Unsterblichkeit[2] nennen werden, ein Kaiser, dessen menschlicher Körper von einem Stierkopf beherrscht wird – ein Bruder des Minotaurus, der in den hellenistischen Labyrinthen herumspukt. Der Name dieses Kaisers ist Chen Nung. Neben anderen glücklichen Geschenken verdanken wir ihm die Erfindung der Landwirtschaft und der Medizin, die Kunst der Erde und die Kunst der Pflanzen. Er erklärte den Sterblichen, wie man den Boden umgräbt, wie man aussät und welche Früchte danach entstehen. Pflügen, säen, ernten. Als er, zweitausendfünfhundert Jahre vor unserer Zeitrechnung, die Geheimnisse der Scholle enthüllt, entfaltet Europa gerade seine megalithische Zivilisation, und das Reich der Mitte erlebt ein goldenes Zeitalter: die Chinesen von damals sind Götter oder Helden von totaler, absoluter Macht. Die Erde trägt großzügig Früchte.

Chen Nung fordert jeden dazu auf, das Wasser zu kochen, bevor er es trinkt. Auch wenn die chinesischen Helden der Vollkommenheit nahe sind, da sie mehr zu den Göttern als zu den Menschen gehören, ist es doch so, daß ihre Körper anfällig sind

[1] Vgl. zu diesem Abschnitt: Honoré de Balzac, «Caffee, Thee, Tabac», Bremen 1993. – Jean-Claude Bologne, «Histoire culturelle et morale de nos boissons» a. a. O. – Wolfgang Schivelbusch, «Das Paradies, der Geschmack und die Vernunft. Eine Geschichte der Genußmittel», München und Wien 1980. – E. Blondel, O. Hansen-Love, T. Leydenbach und P. Pénisson, «Le Promeneur», Gallimard 1991, S. 21–56 und passim.
[2] Vgl. zu diesem Abschnitt: So Shitsu Sen, «Vie du thé. Esprit du thé», J. C. Godefroy 1982. – J. Blofeld, «L'art chinois du thé», Dervy 1986 (Bibliographie S. 251–253). – Maguelonne Toussaint-Samat, «Histoire naturelle et morale de la nourriture», Bordas 1987, Kap. VII, S. 403–442. – Jacques Jumeau-Lafond, «Le thé», Nathan 1988. – Paul Butel, «Histoire du thé», Desjonquères 1989. – Wou Tche He, «Chine. L'art du thé», Philippe Picquier 1990. – Okakura Kakuzo, «Le livre du thé», Dervy 1992.

für die Ruhr und andere parasitäre Krankheiten – genauso wie die Körper von gewöhnlichen Sterblichen. Chen Nung läßt also sein Wasser kochen, und in dieser halb häuslichen, halb pharmazeutischen Stellung wird er vom Mythos abgebildet. Oft verdanken sich die wichtigen Entdeckungen weniger dem Willen als dem Zufall, weshalb das Zufällige viel öfter am Ursprung revolutionsträchtiger Wandlungen ist als die Macht eines rationalen Projekts. In diesem Fall ist es der Zephyr, der das Richtige tat, als er von einem nahen Baum ein Blatt löste, das drauf und dran war, zu Boden zu fallen, so verbrannt von der Sonne und saftlos war es. Natürlich fiel es in das Gefäß des Kaisers, und zwar genau in die Mitte. Und da unser Mann ein kluger Mann ist und neugierig auf das Resultat, läßt er gewähren. Er lernt von der Natur, erkennt den Tee, kostet. Und sah, daß es gut war. Die Entdeckung, das beinahe spinozistische Schauspiel einer *natura naturans*, die auf eine *natura naturata* hinwirkt, das alles stellte den Mann mit dem Stierkopf aufs höchste zufrieden, und er überlieferte sein Wissen und machte aus China den ersten Ort einer glücklichen Alchimie, die von Dauer sein sollte.

Die regelmäßigen Ernten wurden in Form einer Zeremonie getätigt, der dann später die Teezeremonie entsprechen sollte. Die Rituale waren drakonisch, es kam überhaupt nicht in Frage, daß jemand von den Gesetzen und dem symbolischen Code abwich. In dieser ideellen Ordnung konnte die Ernte nur von hübschen Jungfrauen eingebracht werden, die noch keine vierzehn Lenze zählten. Vor jedem neuen Arbeitstag in den großen Weiten herrlicher Gärten mußten sie ein neues Kleid und neue Handschuhe anlegen, deren Stoffe – gleich wie ihr Atem – sorgfältig parfümiert waren. Die Arbeit ging in absolutem Schweigen vor sich, das nur durch die Bewegungen der Stoffe und der Teezweige gestört wurde.

Reinheit der Körper, der Gewebe und des Leinens, der Gerüche des Mundes, selbst der süßen, berauschenden oder verbalen Düfte – die Obsession duldet keine Ausnahme. Der Dienst fordert eine Behutsamkeit, wie man sie allerorts dem Heiligen gegenüber an den Tag legt: bei den täglichen Öffnungs- und Schließungszeiten der ägyptischen Tempel, beim delphischen

Heiligtum Apolls, beim Feuer der Vestalinnen am römischen Tiberufer, beim Heiligen Geist, beim Salböl und der Hostie des katholischen Priesters. Die Götter und das Feuer, das Prinzip und seine Hypostasen. Der Teegarten ist eine Cella, die Blätter sind eine dem Nektar verwandte Nahrung, die Ernte eine Zeremonie, die den ältesten Theatralisierungen des Heiligen Ehre macht.

Chen Nung bietet eine Archäologie, in der sich der Zufall der Entdeckung und das Gedächtnis der Überlieferung mischen. Doch eine andere Geschichte bedient sich des Märchenhaften, um das innerste Geheimnis des Tees zu berühren und seine Macht zu erklären. Es ist die symbolische Sage vom indischen Prinzen Dharma, der in genealogischer Konkurrenz zum stierköpfigen Kaiser steht. Der hinduistische Würdenträger war auf seine Art eine Präfiguration des heiligen Augustinus, denn er hatte in seiner Jugend ein beschwingtes und verschwenderisches Leben geführt, mit Frauen, Alkohol und allen nur denkbaren Vergnügungen. Dharma wollte mit seiner ausschweifenden Lebensweise Schluß machen, wurde von der Gnade berührt und bekehrte sich zum Wandermönchstum. Um Buße zu tun, und es scheint, daß es da viel zu tun gab für ihn, wählte der Prinz das Gebet als einzige Tätigkeit nicht nur in der Zeit zwischen Sonnenaufgang und -untergang, sondern während der vierundzwanzig Stunden des Tages, ohne Unterlaß, ohne Atempause. Die Bekehrten neigen selten zu Minimalismus und Sparsamkeit. Kein Schlaf mehr, kein Dösen, kein Ausruhen. Nur noch Gebet, Meditation, sonst nichts. Deshalb sagt man im Buddhismus von den Vollkommenen, daß sie nie mit den Augen blinzeln und daß man sie eben daran erkennt. Lange Zeit folgt Dharma nun an den Abhängen des Himalaja diesem Rhythmus. Im Jahr 519, als sich in Europa gerade die Klöster entwickeln, zieht Dharma von Ort zu Ort und lehrt dabei den Zen-Buddhismus. Er wandert, betet, tritt als Prophet auf. Es gibt keinen Bericht, der sagt, daß er gegessen, gelächelt, gelacht, gescherzt, sich ausgeruht oder sonst etwas getan hätte, das ihn von seinem Eid hätte abbringen können. Und das über Jahre hinweg. Doch der Zauber sind viele, und das Fleisch ist selbst nach langen Jahren erfolgreicher Askese noch schwach. Es geschah, was geschehen mußte: Dharma schlief ein.

Ich stelle mir sein wütendes Erwachen vor, seinen Zorn darüber, daß er mit einem Schlag das angehäufte mystische Kapital verschleudert hat. Nachdem Hypnos gesiegt und Dharma sämtliche Anzahlungen aufs Paradies verloren hat, nachdem er den Eid gebrochen hat und die Schuld tief in sein Fleisch eingedrungen ist, verstümmelt er sich, nimmt eine Klinge, schneidet sich die Lider ab, diese Gehilfen des Unglücks, und vergräbt sie in der Erde als Vorwegnahme seines verweslichen Leichnams. So erreicht er mit Gewalt, daß er nie wieder einschlafen wird.

Der Asket wanderte weiter. Jahre später, als er an den Ort zurückkehrte, wo ein Teil seines Fleisches bestattet war, entdeckte er einen Busch, dessen Blätter ihn zu seiner Verwunderung an die Form seiner Lider erinnerten. Ein Teestrauch, von vergrabenen Hautsamen zum Keimen gebracht, hatte das Licht der Welt erblickt. Dharma aß ein wenig von den frisch gesprossenen Blättern dieser *camelia sinensis* und entdeckte deren magische Wirkung, durch die jedermann die Macht erhält, seine Augen ununterbrochen offenzuhalten. Zudem spürte er, wie sein Körper und seine Seele sich mit Fröhlichkeit, Kraft und Lebensmut füllten. Überzeugt von den anregenden, stimulierenden Wirkungen der Pflanze, verwendete er sie im Dienste des Seelenheils und wies seine Schüler an: «Nehmt und trinkt alle davon.» So etwa wird die Geschichte verlaufen sein …

Von da an nahm der Buddhismus in China einen beträchtlichen Aufschwung, gleichzeitig mit dem Tee, der sich mit derselben Geschwindigkeit verbreitete – wie Zwillingsbrüder, die im Leben stets gemeinsam auftreten. Der Tee wurde zunächst in Form von Kuchen eingenommen, womit auch der kauenden Entdeckung durch Dharma Tribut gezollt wurde. Später kochte man dann die getrockneten und gemahlenen Blätter auf, wobei man das Ganze schlug, um Schaum zu erzeugen. Der Tee-Aufguß setzte sich in der Ming-Epoche durch, und mit ihm das codifizierte Ritual, das aus der Teezeremonie eine heute noch praktizierte, symbolgeladene geistige Übung macht, die in vielen

Nuancen, Feinheiten und Gesten das innerste Wesen einer von Taoismus und Buddhismus geprägten Zivilisation ausdrückt. Der rituelle Akt ist *Poiesis,* bildend, etymologisch auf das Schaffen verweisend, denn in seinem Vollzug, in seiner Ankunft selbst stiftet er Sinn und Form. Seine Zielrichtung ist ästhetisch, denn es handelt sich darum, die Schönheit zu einer souveränen Manifestation im zeitlichen und räumlichen Ablauf aufzurufen. Im Detail tut sich das Ganze des Entwurfs kund, in jeder seiner Blüten enthält es die Macht der Intention.

Die Tasse Tee wird zum Spiegel der Seele wie auch der Zivilisation, die ihr zugrundeliegt. Die Gesamtheit der codifizierten, ritualisierten, mit äußerster Genauigkeit überlieferten Praktiken bringt den «Teeismus» hervor, diese Religion der Schönheit und der Geste, die am Virtuellen arbeitet, um besser zu einer höheren Wirklichkeit gelangen zu können. Der Tee öffnet einen Zugang zur Weisheit des Zen, die auf die Vollkommenheit im Detail Wert legt, weil der Sekundenbruchteil ein Mikrokosmos ist, der das Universum in sich birgt. Wer das Detail verfehlt, verschließt sich die Totalität. Von Chen Nung über Dharma bis zum einfachen Adepten des «Teeismus» ist der Tee ein geistiges Medium von höchster Dichte.

Zur Zeit, als Erasmus in Europa wirkte, erstellten chinesische, später auch japanische Priester, Mystiker und Mönche eine authentische Philosophie des Tees, die zunächst auf einer Reinigung (im platonischen Sinn) beruht, das heißt auf einer Beschränkung der Utensilien und der Handgriffe auf das Wesentliche, auf äußerster Sparsamkeit in bezug auf das sinnlich Wahrnehmbare. Nur das Notwendige, nichts als die Quintessenz, wie bei einem zeitgenössischen Werk der *minimal art.* Wenige Gegenstände, keine Verbalsprache, sondern Zeichen, eine Unmenge von Zeichen, decodierbar für die Eingeweihten, an Nonsens oder Absurdität grenzend für die Unwissenden. Ist die materielle Verknappung durchgeführt, bleibt nur die Form bestehen, diese volutenförmige Idee. Das Zimmer, in dem die Zeremonie stattfindet, ist extrem karg; es geht mehr um die von den Wänden ermöglichte Leere als um einen Nutzraum: der Raum hat nur Sinn kraft seiner Spiritualität, als Matrix der Leere und Form des Nichts. Der Geist des Zen verherrlicht diese Spannung zum Leeren hin, die keinesfalls identisch ist mit der westlichen, durch Negation gebildeten Kategorie des Nicht-Seins.

Der «Teeismus» wird von Sen Rikyu auf den Wesenskern gebracht. Er identifiziert den Geist des Tees mit den vier Grundprinzipien: Harmonie, Achtung vor dem anderen, Reinheit, Gelassenheit. Demnach entsteht Harmonie in der Begegnung dessen, was man mit Hegel den «Kampf zweier entgegengesetzter Selbstbewußtseine» nennen könnte, nämlich des Gastgebers und des Geladenen, des einen und des anderen. Diese beiden a priori irreduziblen und einander entgegengesetzten Momente – wenn schon nicht Widersprüche, so zumindest Gegensatzprinzipien – sind Bestandteile einer Dialektik, welcher der Tee als Anlaß, als angemessener Vermittler dient. Auf natürliche Weise getrennt und zerrissen, werden die Fragmente kulturell zusammengefügt, so daß sie ihre Unterschiede in einer harmonischen, erfolgreich gestalteten Intersubjektivität transzendieren. Nach dem Modus der Sublimierung verwirklicht und begünstigt der Tee korrespondierende Identitäten. Nie wurde die Dialektik überzeugender aktualisiert, verkörpert, in eine immanente Form gesetzt. Das eine bedingt das andere – und umgekehrt: nirgendwo sonst wurde Ethik besser bezeichnet.

Zwischen den beiden Instanzen der Intersubjektivität sind Codes in Umlauf, die die Affekte anstelle der Gefühle betreffen: Geschenke von Nahrungsmitteln, kleine Gaben für eine leichte Mahlzeit, wenn die Jahreszeit es erlaubt. Im Herzen der Zeremonie ruht der Potlatsch, der den Empfänger zu einer Erwiderung des Zeichens verpflichtet und die Verpflichtung als Beziehungsmodalität festsetzt. Alles, was nach Gewalt, Kampf, Konflikt oder Opposition aussieht, wird durch die zu verspeisende Gabe abgewandt. Die natürliche Barbarei wird durch strengen Gehorsam gegenüber den Feinheiten des Ritus beschworen, eines Ritus, der auf diese Weise den Stil – das Rückgrat jeder Kultur – strukturiert. Zwischen den beiden Teilnehmern der Teezeremonie herrscht Mäßigung und Milde. Demut und

Feingefühl öffnen die Pfade, die zur Ruhe, zum glücklichen Genuß der intersubjektiven Beziehung führen. So fällt die Dialektik mit einer Ästhetik zusammen.

Die Treue gegenüber dem Ritus ist grundlegend für die Ordnung: dem Diensttuenden bei der Zeremonie gehorchend, stimmt man dem Herrscher über das Universum bei. Und im Einverständnis eröffnet sich schließlich ein Zugang. Alles wird Sinn, alles lädt sich mit Bedeutung auf: die Wahl der Gegenstände, ihre Anwesenheit, ihre Zahl, ihre Qualität; der Rahmen und die Art, ihn zu bewohnen, sich darin niederzulassen oder sich darin zu bewegen; die Bewegungen, die Gesten und die Organisation der körperlichen Dynamiken. Die Instrumentalisierung der Ästhetik, die Dialektik im Dienste der Ethik trägt bei zum Sturz der Reinheit, um daraus ein wesentliches Vorhaben zu machen. Die Zeremonie beginnt mit der Reinigung; sie endet auf dieselbe Weise, mit derselben Sorge. Nicht, daß man den reellen Schmutz verfolgen würde, aber um ihn unmöglich zu machen, sucht man nach der symbolischen Unreinheit, nach dem virtuellen Dreck, dem geistigen Staub, der mit dem Dreck der Welt einhergeht, mit der Entropie des Universums, dem Verbrennungsrückstand der Energien der Wirklichkeit. Nach der Harmonie der Subjekte, der Treue zum Ritual und der mystischen Reinigung ermöglicht die Teezeremonie nun die Gelassenheit. Wer den Absud unter den genannten Umständen trinkt, erfährt die Wollust der Kontemplation, des höchsten Stadiums der Meditation.

Rings um den Glückseligen ist alles schön, scheint alles rein und vollkommen. Der Stoff der Gegenstände, die er berührt, die Utensilien und ihre Anordnung, der Rahmen, der verlangsamte Fluß der Zeit und das Rauschen des Raums, die Rakuschale, die Bambusvase und der Blumenstrauß, den sie enthält, die Matte in ihrer Nüchternheit, die Nische des Kults, die bemalten Papierrollen und die Zen-Sprüche, die sie zieren, der Garten, der die bezähmte Energie zeigt, die Alleen, die den Weg, die Straße, den Zugang bezeichnen. Der Voluntarismus triumphiert in seiner Pracht, nichts entgeht dem Willen, die Natur gehorcht der Menschenhand, die Gesten sind bestimmt und codifiziert durch die

Tradition, die Zivilisation ist am Höhepunkt ihrer Verfeinerung angelangt. Die Immanenz ist das Mittel der Transzendenz, der Ästhetisierung und ihrer Dialektik.

Okakura Kabuzo rühmte zu Beginn dieses Jahrhunderts den «Teeismus». Vom Ritus schrieb er, daß er seinen Anhängern «den Sinn für die Romantik der sozialen Ordnung» und die Kunst, sich selbst zuzulächeln, einflößen könne. In dieser edlen Poetik sah er die Philosophie verkörpert. Ich sehe darin auch eine Religion – denn *religare* heißt: dasjenige versammeln, was a priori im Uneinheitlichen fluktuiert. Durch diese zunächst symbolische, dann reelle Verbindung wird konsequentermaßen das Leben zur Kunst, das Raffinement zur Tugend, die Kultur zu einer Eminenz, die der Natur und ihrer Roheit entgegengestellt werden kann. «Teeismus» bedeutet Ästhetisierung des Daseins. Der Tee macht aus dem symbolischen Raum, in dem man ihn trinkt, einen sinnbildlichen Ort für die Moral, ein privilegiertes Feld für neue Existenzmöglichkeiten, bei denen die Höflichkeit, die Kunst des rechten Abstands, die Wissenschaft von dem, was ich an anderer Stelle *Eumetrie*[3] genannt habe, Hauptanliegen und erste Tugenden sind. Bei der Teezeremonie ist das Infinitesimale das Handlungsfeld des Wesentlichen, das es enthüllt. Die Ethik manifestiert sich im Handeln, und dieses in den nahezu unwahrnehmbaren Gesten, die nur die Eingeweihten zu decodieren, zu lesen verstehen. Mir gefällt die Idee, daß das Raffinement durch Erziehung und Konzentration, durch Voluntarismus und persönliche Askese bewirkt wird – und daß man andererseits auch unfähig dazu sein kann, daß es nicht allen gegeben ist. Es freut mich außerdem, daß man in einer letzten Lektion zugeben muß, daß es keine Moral ohne Aristokratisierung der Beziehungen und der sie lebenden Subjekte gibt.

Die Mythologien, die die Genealogie des Kaffees, seine Entwicklung und seinen Gebrauch umgeben, zeigen in mehrfacher

[3] Siehe Michel Onfray, «La sculpture de soi. La morale esthétique». Paris: Grasset, 1993, S. 232.

Hinsicht eine metaphysische und geistige Verwandtschaft mit dem Tee als stimulierendem und anregendem Getränk. Diesmal sind die Protagonisten Jemeniten, und manche sprechen auch von Spuren und Einflüssen der Abessinier, um die Kaffeepflanzungen auf arabischem Boden zu erklären. Mir würde es gefallen, hätte die Pflanze zuerst bei den Äthiopiern gekeimt – wegen der erhabenen Schönheit ihrer Gesichter und ihrer Hautfarbe, die in meinem Gedächtnis geblieben ist. Sagen wir, daß sich die Geschichte am Berührungspunkt zwischen Arabien und Afrika abspielt, an den Hängen der ins Rote Meer abfallenden Länder. Dort leben moslemische Mönche zurückgezogen in ihrem Kloster – die Fabel sagt, es handle sich um Chehodet –, sie beten und weiden ihre Ziegenherden, die die Milch für ihren Käse und das Fell für ihre Kleider geben. Auf der verbrannten Erde fressen die Tiere, was sie finden: den Huflattich und den Salbei, den Ginster- und den Kapernstrauch.

Eines Abends – wie immer in den Mythen ist es ein Moment, der einen Übergang markiert und lehrreich ist – eines Abends also sind die Tiere des Klosters unruhig. Die Mönche stellen fest, daß sie nicht schlafen, daß sie überall herumhüpfen, klettern, Luftsprünge machen. Ihre extravaganten Kapriolen sind ungewöhnlich, denn in normalen Zeiten ruhen sich die Ziegen nachts von der tagsüber unter der sengenden Sonne gewachsenen Müdigkeit aus, nicht anders als die Mönche, die sie bewachen. Ihre Erregung ist offensichtlich, ebenso ihre Schlaflosigkeit. Sciadli und Aidrus, zwei Schäfer, deren Neugier durch das Rätsel geweckt wird, stellen sich Fragen bezüglich der Nahrung der Tiere, und sie entdecken schließlich einen Kaffeestrauch mit beschädigten Zweigen, von denen die Herde eine große Menge Kaffeebohnen abgefressen hat. Die Hirten bringen dem Imam, der die Geschicke des Klosters leitet, einige Zweige mit Früchten: er kostet die Bohne, widerwärtig als frische Frucht, röstet sie dann, zerdrückt sie, stößt sie im Mörser, fügt kochendes Wasser hinzu und erfindet fast auf einen Schlag den heutigen Kaffee. Die Wege des Imams sind unerforschlich, denn man weiß nicht, aus welch sonderbaren Gründen er so schnell und so vollkommen, ohne Rückgriff auf andere Prozeduren, sämtliche für die Zubereitung von Kaffee, der dieses Namens würdig ist, notwendigen Handgriffe entdecken konnte. Ja, die Moslems besitzen gewisse Talente! Doch egal: Der Islam hat sein Getränk erfunden, und es bietet unschädliche Geistesaufschwünge, die eine leuchtende Vernunft möglich machen, eine ständige Architektonisierung der Wirklichkeit. Die arabischen Völker sind die Erfinder der modernen Mathematik, der geometrischen Architektur, der begrifflichen Abstraktion – und des Kaffees, der das alles erst möglich macht. Das Kloster mußte als erstes für die Entdeckung des Imams büßen: dieser nahm sich nämlich vor, den frischen Geist der Brüder und ihre mentale Verfügbarkeit möglichst lange zu konservieren. Der Genuß des Kaffeesuds hatte den Mönch in einen glückseligen Zustand körperlicher Erregung versetzt, seine Reflexionsfähigkeit war angeregt, seine Gedanken sprühten. Mit dem Schlaf war es vorbei. Um Mitternacht, beim Gebet, war er, der als einziger von dem Getränk gekostet hatte, in blendender Form, während seine nicht weniger frommen Mitbrüder zu kämpfen hatten, um nicht zu dämmern und in die Arme Morpheus' zu sinken.

Der Umgang mit der Zeit wird durch den Gebrauch des Kaffees tiefgreifend verändert. Brillat-Savarin bekennt in seiner «Physiologie des Geschmacks», daß zwei gute Tassen ihm vierzig Stunden Schlaflosigkeit eingetragen hätten. In homöopathischen Mengen genossen, stimuliert der Kaffee, während er jeden, der zu viel von dem Gemisch gemahlener Bohnen verwendet, elektrisiert. Für Mönche, die ganz auf das Gebet und die Meditation ausgerichtet sind, bedeutet der Schlaf, die an Hypnos verschenkte Nacht, eine Verringerung der Allah gewidmeten Zeit. Die Erfindung der Maschinen zur Messung der Zeit und die Entdekkung von Getränken, die es ermöglichen, deren Genuß und Gebrauch zu verlängern, sind das Werk von Priestern und Mönchen, bevor sie zu gesegneten Gelegenheiten für die Kaufleute werden, die sich nun um sie kümmern.

Einstweilen aber verteilt der Imam von Chehodet mit vollen Händen Tassen des Erlösungsgetränks. Nachdem die Sache einmal existiert, braucht sie auch einen Namen; dem Signifikat ist ein Signifikant zuzuordnen, der das Wesen der Sache ausdrückt. Am Anfang heißt sie *Kawah,* um die Herkunft zu bezeichnen: aus Kaffa. Aber auch, um den Zustand zu rühmen, in den einen der Kaffee versetzt: der Kaffee ist das, was anregt und begeistert, was Energie und Schwung verleiht. Weshalb man zugleich – durch die Homophonie geleitet – an Kavus Kaï denken konnte, den großen Perserkönig, dem es gelungen war, nur durch seinen Willen die Schwere zu überwinden und sich auf einem geflügelten Wagen in die Lüfte zu erheben. Was eine gewaltige Leistung bleibt, der man mittels Etymologie und Namenskunde zu huldigen beliebt.

Später wird eine andere Geschichte jene des Klosters des Imams, wie man dies bei einem Kleidungsstück sagt, unterfüttern, so wie die Figur Dharmas Chen Nung vervollständigt hat. Sie ist die Frucht einer neupersischen Legende, die Mahomet persönlich zeigt, wie er an einer unerklärlichen Wehmut leidet, die sich in tiefer Apathie äußert. Allah selbst nahm die Dinge in die Hand, was auch notwendig ist, wenn es sich um den Propheten handelt: er schickte einen Gesandten namens Gabriel auf die Erde, der – wie ein Bernhardiner mit seinem Fäßchen – die kostbare, rettende Flüssigkeit mit sich führte, die alsbald ihre Wirkung tat. Da der Zaubertrank schwarz war wie der heilige Stein der Kaaba, dieser große Meteorit, den man in Mekka verehrt, und auch wegen seiner kräftigenden, tonischen und stimulierenden Wirkung, nannte man ihn *kuebwa,* was soviel heißt wie «der Anregende». Insbesondere die letztgenannte Eigenschaft wird betont, denn es heißt vom wieder genesenen Propheten, daß ihm der Genuß von Kaffee jedesmal so viel Kraft gab, wie nötig ist, um vierzig Reiter aus dem Sattel zu werfen und ebensoviele Frauen sozusagen biblisch zu befriedigen. Donnerwetter, was für ein erhebendes Getränk[4]!

[4] Vgl. zu diesem Abschnitt: Grimod de La Reynière, «L'almanach des gourmands», in: «Ecrits gastronomiques», a. a. O. – Brillat-Savarin, «Physiologie des Geschmacks», a. a. O., 6. Betrachtung, § IX. – Heinrich Eduard Jacob, «Sage und Siegeszug des Kaffees», Berlin 1934. – Michel Vanier, «Le livre de l'amateur de café», Robert Laffont 1983. – Felipe Ferre, «Kaffee. Eine Kulturgeschichte», Tübingen 1991. – Ulla Heise, «Kaffee und Kaffeehaus. Eine Kulturgeschichte», Hildesheim u. a. 1987. – Antoine Galand, «De l'origine et des progrès du café», La bibliothèque 1992.

Lange Zeit erörterten Mediziner, Reisende, Philosophen und Polygraphen die Vor- oder Nachteile des Getränks: Wird die Sinnlichkeit stimuliert oder beschwichtigt? Wird der Appetit angeregt oder vermindert? Wird die Lebenszeit verkürzt oder verlängert? Wird der Organismus geschwächt oder gestärkt? Ist es gut, ist es schlecht? Die Schlüsse waren, wie man sich denken kann, unterschiedlich und widersprüchlich. Doch alle scheinen sich über ein paar oft bestätigte Eigenschaften einig zu sein: der Kaffee mildert die Traurigkeit und bringt die Tränen zum Versiegen (wobei ersteres letzteres erklärt). Übrigens sind es diese Zusammenhänge, die Diderot und d'Alembert auf die Anwesenheit von Kaffee in den Falten des vierten Gesangs der «Odyssee» schließen lassen, genauer, in jenem Trinkgefäß, das Helena ihrer Familie vorsetzt, deren Tränen so reichlich fließen, daß man die Wiederkehr Noahs befürchten könnte. Alle klagen über die Abwesenheit Odysseus': Telemachos, der Sohn, weint; Laertes, der Vater, weint; Penelope, die Gattin, weint. Helena, Tochter keines Geringeren als des Zeus, gießt die aus Ägypten eingeführte Droge, von der man nur weiß, daß sie den Tränensack trocknet und Schmerz und Zorn besänftigt, in das Trinkgefäß. Ein sicheres Mittel. Die heutigen Wissenschaftler tendieren in die Richtung der Enzyklopädisten, wenn sie auf die Moleküle verweisen und *Trimethyl-Oxypurin* im Kaffee entdecken, dessen Eigenschaften denen von Helenas Zaubertrank gleichen. Um Helena mit den Enzyklopädisten zu versöhnen, wird man, gestärkt durch die Lektüre von Balzacs Abhandlung über die modernen Stimulationsmittel, festhalten, daß der Kaffee *superlative Emotionen* auslöst, die allesamt in Beziehung stehen zur Vertreibung des Hypnos in seinen verschiedenen Gestalten.

Der Schlaf gilt bei den Griechen als Bruder des Todes. Hypnos und Thanatos sind Halbgeschwister, die von Erebos, der Dunkelheit der Unterwelt, und Nyx, der Nacht, abstammen. Der erste ist ständig unterwegs, er durchstreift Länder und Meere und schläfert alles ein, was er antrifft, wobei er auch eine Einführung in die lieblichen Träume gewährt. Apoll und die Musen gehören zu seinen Freunden. Heute würde Hypnos die Menschen mit

Substanzen beliefern, die Gehirnenergie einsparen helfen und eine Berührung mit dem Tod ermöglichen, dessen Macht und Schrecken dadurch in Erinnerung gerufen wird. Denn der Schlaf, «dieses allnächtliche dunkle Abenteuer», wie Baudelaire schreibt, ist die Metapher, die über das Thema des Nichts gesponnen wird, er ist die Minimalvariation über die Nacht der Sterblichen. Die Toxine, die ihn bewirken, geben mit der Müdigkeit (als Präfiguration des Alters) einen Vorgeschmack auf das Nichts. Hypnos ist die Verbildlichung des Todes und der unvermeidlichen Unterworfenheit unter die Gesetze des Körpers, unter die Notwendigkeiten der Biologie und der Physiologie. Als Vorgeschmack von Unendlichkeit und Ewigkeit sind die Stimulantia, die sich jenen Gesetzen widersetzen, metaphysische Getränke. Sie bezeichnen den Sieg der Kultur über die Natur, der voluntaristischen Rezeptesammlung über die Zufälligkeiten des Schicksals.

Kaffee und Tee liefern die von den Forschern so genannten eugregorischen Moleküle, weil sie ein gutes Erwachen ermöglichen, einen Wachzustand in Frische. Wenn ich die Wirkungen der beiden Getränke umschreiben soll, denke ich an Brillat-Savarin, der dem Kaffee – über den Tee sagt er nichts – die Fähigkeit zuschreibt, die *soporösen* Schrecken zu bekämpfen. Das Wort bezeichnet die tiefe Betäubung, in die man durch extreme Müdigkeit, durch eine Krankheit, durch Verstörung oder Unbehagen geraten kann. Ich möchte mir gern *soporöse* Zustände vorstellen können, Ängste oder Schmerzen, die das Dasein so schwer machen, daß man es kaum erträgt, und wogegen die Einnahme von Kaffee oder Tee ein glückliches Mittel ist. Hypnos ist bereits eine Vorwegnahme des Todes. Der Überdruß, den das Alltagsleben hervorbringt, das Gewicht der Stunden, Furcht und Zittern, das sind die existentiellen Ängste, die den Körper ermatten. Die magischen Getränke helfen, Kräfte wieder aufzubauen, Energien zu mobilisieren, den Geist wiederzubeleben und die Sehnen von neuem zu spannen. Auf ihre Weise und für die Zeit eines Aufschwungs (oder Aufschubs) nähern sie den menschlichen Körper dem Leib der Götter an: Unerschütterlichkeit, Unempfindlichkeit gegenüber den Wirkungen der Zeit, Unschuld gegenüber der Entropie, Leichtigkeit, Unempfänglichkeit für die Befehle der Schwerkraft. Um diese Eigenschaften zu feiern, bedurfte es einer Religion, die eine Kunst der Beherrschung der Zeit und ihres Verfließens war, eine Weisheit, die das Streben zum Tod in lebensfreundliche Energien verwandelt, in Kräfte, die dem Tod widersprechen.

Der Gott mit dem Stierkopf, der Prinz mit den abgeschnittenen Lidern, der Imam mit den Ziegen und der Prophet höchstpersönlich waren nicht zuviel Prominenz für die asiatischen Mythologien. In den Ländern des amerikanischen Kontinents entspricht diesen Gestalten eine gefiederte Schlange, Quetzalcoatl, der Gärtner des Paradieses. Der Tee war buddhistisch, der Kaffee moslemisch; die Schokolade wurde zum Sinnbild einer heidnischen Zivilisation, die in Eintracht mit der Natur lebt, Opferrituale abhält und dem Sonnengott zu Ehren kollektive, dionyssche Sexualpraktiken pflegt. Das Kakaogetränk ist eine Schöpfung des Gottes, der wie Chen Nung die Mysterien des Waldes und der üppigen Vegetation hütet. Und bis in die Zeit der Aufklärung hinein ist die Schokolade, die man als barock bezeichnet, zuerst und vor allem ein mit Gewürzen angereichertes Mittel, das Blut zu erwärmen, die Sinne zu erregen und die Libido zum Wallen zu bringen. Auf der Grundlage der gerösteten Kakaobohne bereitet man ausgeklügelte Mischungen mit Zitronenschale und Jasmin, Zimt, Ambra und Muskat, mit Pfeffer und Paprikaschoten, Anis, Ingwer und Kerbel. Dem fügt man noch *Roucou* (ein Pulver, das an die Farben des afrikanischen Laterits erinnert) oder *Pochotl* und Maisbrei hinzu. Kein Zweifel, daß durch diese Substanzen die Seele zu brennen beginnt und das Fleisch erregt wird. Der Vorfahr der heutigen Schokolade besaß einen unverkennbar virilen Charakter ...

Quetzalcoatl, eine furchterregende Gestalt mit breitem, bärtigem, häßlichem Gesicht, hatte seinen Vasallen die Kunst beigebracht, den grünen Stein zu behauen, Silber zu schmelzen und alle möglichen Gegenstände zu fabrizieren. Vertraut mit Kräutern aller Art, hatte er die Magie der Heilpflanzen entdeckt.

Außerdem erfand er eine Hieroglyphenschrift und das Buch der Zeichen, den prophetischen Almanach. Unter seiner Herrschaft wuchs der Mais in Hülle und Fülle, die Kürbisse wurden riesengroß, man begann, Gestirne und Träume zu befragen. Überall herrschte Mitleid und Gerechtigkeit. Natürlich zog er den Neid und die Eifersucht jener auf sich, die ihm seine Macht über die Welt, über Dinge und Menschen streitig machen wollten. Als er einmal krank war, nützte Titlacauan, ein alter Magier, die Gelegenheit und gab vor, ihn mit einem magischen Trank heilen zu wollen, der in Wirklichkeit aber bloß *teometl* war, ein weißer Agavenwein. Quetzalcoatl, die gefiederte Schlange, erlag der Versuchung, die ihm ewige Jugend auf einer fernen Insel versprach, und verließ sein Land, er fuhr mit einem seltsamen Floß aus Schlangen aufs Meer hinaus, von Vögeln mit fabelhaftem Gefieder begleitet. Er ließ die verbrannten Ruinen seiner Paläste aus Türkis und Silber, aus Federn und rosigem Perlmutt zurück. In den Tiefen der Schluchten und Flüsse ließ er alle Kostbarkeiten vergraben. Seine Rückkehr in Gestalt eines weißen, bärtigen Mannes wurde Jahrhunderte später mit der Ankunft des behelmten und gepanzerten Cortez verwechselt, der riesigen Karavellen entstieg, Schrecken und Tod mit sich brachte und darauf brannte, einen Genozid von unerhörten Ausmaßen zu vollbringen. Man weiß, was folgte. Während die Zivilisation des Kakaos dem Untergang geweiht war, wurde das zutiefst katholische Spanien vom Schicksal dazu bestimmt, in Europa die Schokolade der Aufklärung zu verbreiten. Dabei wird allerdings die gezuckerte, vanillierte Schokolade der Bürgersfrauen und der barmherzigen Schwestern triumphieren, dieses gezähmte Getränk, das – wenn nicht für immer, so doch für viele Jahrhunderte – den Kakao mit der klebrigen Süße vermählen wird, die den Müßiggängern und Kranken, den Frauen und Kindern so lieb ist. Zumindest ist das der Ruf, der ihm heute anhaftet.

Von der prähispanischen Schokolade gilt es, die Kraft und die Würze festzuhalten. Das rituelle Getränk der Mayas – gemahlene Bohne, Gewürze und Wasser –, das *chacau haa,* ist ein Trank der

Krieger[5], der von denen, die sich auf den Kampf vorbereiten, vor dem Angriff gemeinsam getrunken wird. Um die Kakaobohne ernten zu können, mußte man dionysische Riten einhalten, bei denen es zur Opferung von Hunden, die so rot waren wie das *Roucou* der Mischungen, zu orgiastischen Tänzen, Sühneopfern und rituellen Kämpfen zwischen Maskierten kam. Die Bauern, die mit den Arbeiten auf dem Kakaobaum beauftragt waren, mußten vor der Ernte dreizehn Tage lang sexuelle Enthaltsamkeit üben. Am Tag der Ernte jedoch gaben sie sich schrankenlosen Ausschweifungen hin. Das zubereitete Getränk wurde von Jungfrauen serviert, zuerst dem Kaiser, danach den Feiernden, den Priestern und den Komparsen, an die zweitausend goldene Trinkgefäße verteilt worden waren.

Auch bei den Zeremonien, die die Kakaopflanzer zu Ehren der Schutzgottheiten feierten, um die Regengötter, die Fruchtbarkeits- und die Handelsgötter günstig zu stimmen, wurde das Getränk gereicht. Man entzündete Weihrauch, opferte eine blaue Jamswurzel; als Geschenke bot man die Federn phantastischer Vögel und Stücke von erlegtem Wild, man steckte Zweige von Kakaobäumen als emblematische und magische Pflanzen in die Hände jedes Teilnehmers. Später feierte man den günstigen Zeitpunkt für die Besamung durch magische Kopulationen, die von eigens zu diesem Zweck bestimmten und ausgewählten Paaren ausgeführt wurden.

Abgesehen von den heiligen Momenten, die den Zeremonien der Macht, des Krieges und der Fruchtbarkeit vorbehalten waren, begleitete der Kakao auch die wesentlichen Stunden eines Menschendaseins und die rituellen Feste, die die Übergänge markier-

[5] Vgl. zu diesem Abschnitt: Brillat-Savarin, «Physiologie des Geschmacks» a. a. O., 6. Betrachtung, § 47. – Albert Bourgaux, «Quatre siècles d'histoire du cacao et du chocolat», Bruxelles, Office international du cacao et du chocolat 1935. – Martine Joly, «Le chocolat, une passion dévorante», Robert Laffont 1983. – Christian Constant, «Le chocolat», Nathan 1988. – Alice Peters, «Boire le chocolat», in «Terrain», Nr. 13, Okt. 1989, S. 98–104. – Léo Moulin, «Les liturgies de la table», Albin Michel 1990. – Elise Gaspard-David, «L'homme et le chocolat», Lyon, Museum de Lyon 1991. – Nikita Harwich, «Histoire du chocolat», Desjonquères 1992 (Bibliographie S. 267–282). – Pietro Camporesi, «Le goût du chocolat. L'art de vivre au siècle des Lumières», Grasset 1992, S. 185–206.

ten: die Geburt eines Kindes und die Wahl eines Vornamens; die Feier der Pubertät, bei der man die Körper mit einer Mischung aus Regenwasser, Blumenblättern und braunem Pulver bestrich; die Heiratsanträge und Totenfeiern. Der Kakao ist also mit der Geburt und dem Tod verbunden, mit der Macht und der Sexualität, der Gewalt und dem Schicksal, mit allen spermischen, zeugenden, genealogischen, erneuernden Augenblicken sowie mit deren Entsprechungen, den Stunden, die Thanatos bewohnt und beherrscht. Der Kaiser, der Soldat und der Bauer kommunizieren in diesem Getränk. Und auch derjenige, der einer dynamischen, entscheidenden Erfahrung entgegengeht: das Kind, das leben und einen Namen tragen wird, der Heranwachsende, der großjährig wird, der Mann, der sich mit einer Frau vereinigen wird, der Krieger, der in den Krieg ziehen wird, der Bauer, der die Erde bearbeiten wird, die Seele des Leichnams, die auf die Reise geht. Die Schokolade ist das Getränk der starken Augenblicke eines Daseins, ein quintessenzieller Trank, der den Moment charakterisiert, in dem das Werk zur Wirkung kommt, da es am Rand des Abgrunds zur Handlung steht.

Wo Tee und Kaffee die geistigen und intellektuellen Fähigkeiten anregen, schreibt die Schokolade den Erotismus – im weiten Sinn des Wortes – auf ihr Banner, also die Mächte der Energie und der Kraft. Die Einnahme von Schokolade führt in die Richtung der Grenzerfahrungen und der verwünschten Teile, die Georges Bataille feierte: Erotismus, Tod, Reproduktion, Mord, Jagd, Krieg, Opfer, Prostitution, Orgie, Verausgabung, Verzehr, Souveränität, Exzeß und all das, was bei ihm mit der allgemeinen Ökonomie zu tun hat. Wenn ich denke, aus welchen Gewürzen die prähispanische Schokolade besteht, neige ich zu der Annahme, daß sie das Getränk ist, um das herum sich die Religion organisiert – Religion im Sinne Batailles, verstanden als Suche nach der verlorenen Vertrautheit mit den Urkräften, Grundsätzen, Energien, nachdem das Fleisch der Menschen auf gewaltsame Weise von dem der Welt getrennt wurde, um daraus zwei antithetische Materien zu machen; Streben nach klarem Bewußtsein, um ein volles und souveränes Selbstbewußtsein zu erlangen; Verzehr des Mehrwerts, um das Dasein zu verklären, damit Grenzerfahrungen möglich werden, Erkenntnis durch Abgründe und Wollüste, die das Kosten vom Mahlstrom gewährt.

Religion bedeutet in dieser Gedankenwelt Mobilisierung von Fähigkeiten, nach denen man tief im eigenen Inneren gräbt, um auf die ungezähmten Zonen zu stoßen, die im Schoß der Materie der Körper liegen und die manchmal der Tee, der Kaffee und die aztekische Schokolade ans Tageslicht bringen. Dort, wo man sie trinkt, spürt man stets ein freudiges Begehren, *mehr zu sein*, jenseits der Grenzen zu existieren, jenseits von dem, was der Körper gewöhnlich erlaubt, um eine gesteigerte Wachheit, einen Überschuß an Energie, einen Zusatz an Kraft und Klarheit zu erfahren. In der Mitte zwischen Nektar und Nepenthes, eröffnen diese drei Getränke eines dionysischen Gottes, der nichts vom Alkohol weiß, einen Zugang zu mehr Ausdauer, mehr Festigkeit, mehr Begeisterung: sie sind metaphysisch und meliorativ, spirituell und strukturierend. Die Gottheiten waren immer nur dazu nütze, uns Menschen zu zeigen, daß es jenseits der Grenzen, die ein ausgelaugter Körper errichtet, einen Bereich von Stürmen gibt, die immer noch und immer wieder entfacht werden können. Der stimulierende Traum zielt darauf ab, einen Zustand ohne *soporöse* Schwere zu erreichen. Die transzendenten Religionen beruhen auf ähnlichen Absichten; und auch die Religionen der künstlichen Paradiese verleihen Kräfte, die uns, obschon auf glückliche Momente begrenzt, den Göttern gleich machen, die nicht schlafen, die keine Müdigkeit kennen und alles daran setzen, Hypnos gefangenzunehmen, um ihn auf dem Altar ihrer Leidenschaften zu opfern und dabei zu vergessen, daß sie Thanatos, seinen Bruder, den ewig siegreichen, niemals zu fassen kriegen werden.

VI

Das Reich der kulinarischen Zeichen

Epitaph für Carême

Für Michel Bruneau

Eine Epoche drückt sich in der Gesamtheit ihrer Hervorbringungen aus, von den edelsten bis zu den am wenigsten geachteten. Der Zeitgeist, ungenau und verschwommen, vage und dennoch prägend, geht in die Schöpfungen ein und trägt so zur Entstehung eines Stils bei, in dem sich Dauer vergegenwärtigt und feiert. Die Prägung findet nicht notwendig auf dem Boden des Bewußtseins, des Verstandes, des Willens statt. Eher glaube ich an den Instinkt, an Intuitionen, an den irrationalen Umlauf von Themen und Zeichen, die den Schöpfern gemeinsam sind, und zwar allen schöpferisch tätigen Menschen einer Epoche, die einen Block bildet, Sinn stiftet und Kohärenz zum Ausdruck bringt.

Eine kleine Theorie der Entsprechungen erlaubt es zum Beispiel, Napoleon, Beethoven, Goethe und Hegel in Verbindung zu bringen, aber auch Fourier und Ledoux, die alle in ihrem Bereich auf monumentale Weise wirken, als prometheische Künstler, die sich der Wirklichkeit bemächtigen, um sie nach ihrem Willen zu bearbeiten und den Formen zu unterwerfen, die ihre Energie hervorgebracht hat. Heroisch und gigantisch, auf die Schaffung von Werken bedacht, die ihr eigenes Schicksal und zugleich das der Geschichte totalisieren und erfüllen, verleihen sie ihrer Epoche Ausdruck und werden gleichzeitig von ihr geformt. Ich glaube gern, daß die Köche in ihrer Zeit Künstlern gleichen, daß sie Künstler sind und daher Formen schaffen, die anderen künstlerischen Formen, die ihre Epoche hervorbringt, keineswegs fremd sind.

So daß Carême an seinen Küchenherden, Napoleon auf seinen Schlachtfeldern, Chalgrin[1] beim Entwerfen der Pläne für den Triumphbogen, Beethoven beim Komponieren der «Ruinen von Athen» alle gleichermaßen mit der Wirklichkeit ringen, einer Materie, die ihnen widersteht und der sie in nahezu scholastischer Weise eine Form aufzuprägen haben: das einzigartige Subjekt ist das Werkzeug eines Willens, das im Wollen verkörperte Schicksal. Das Schicksal und die Geschichte, die Form und die Dauer, der Sturm und die Leidenschaft, allegorisch personifiziert – jeder Schöpfer führt einen gnadenlosen Krieg gegen die Materie, die ihn beschäftigt und die er seinem Willen zu unterwerfen gedenkt. Antonin Carême will das Vergnügen und die Gaumenfreude, für die er einerseits ein papierenes Epitaph komponiert, indem er eine beträchtliche Anzahl von Seiten über die Küche schreibt, während er andererseits in den Schöpfungen seiner Kochkunst vergängliche Spuren hinterläßt, die nur als Erinnerungen von Dauer sein können.

Als Kunst der Zeit und der archaischsten Erinnerungen, als Ästhetik des Mundes, der Nase, des Fleisches, als Metaphysik des Körpers und der Organe, der Materie und der Immanenz, durfte sich die Kochkunst nie der Gunst der Trissotins, der Schöngeister, erfreuen, die ihr die Ehre und den Vorteil verweigern, zu den schönen Künsten gerechnet zu werden. Zu vulgär, weil sie die am wenigsten intellektuellen Sinne betrifft, zu niedrig, da sie die Menschen allzu nachhaltig daran erinnert, daß auch sie Tiere sind, die sich nicht nur von Ideen und Reflexionen nähren, hat die Kochkunst kein Bürgerrecht in den klassischen Ästhetiken, die sich lieber damit beschäftigen, ein reflexives von einem

[1] *Chalgrin,* Jean François, 1739–1811, französischer Architekt und Architekturtheoretiker, bedeutender Vertreter des französischen Klassizismus, Entwurf und Baubeginn des Arc de Triomphe de l'Etoile.

bestimmenden Urteil zu unterscheiden (das auf alle Fälle nur für die Malerei gültig ist), oder auch damit, eine Untersuchung der Formen zu legitimieren, in denen sich der absolute Geist in der Geschichte des Schönen verkörpert – Ästhetiken, die es gleichzeitig ablehnen, Gegenstände wie die Kochkunst zu denken, die sie als unwürdig, als (im etymologischen Sinn) unedel erachten.

Also keine Ästhetik des Geschmacks- und des Tastsinns, der Gerüche und der Geschmäcker. Kein begriffliches Werkzeug wird aufgewendet, um die Schriften des Guillaume Tirel, auch Taillevent genannt, unter philosophischen Gesichtspunkten zu erörtern, keine akademischen Ehren für diesen Theoretiker und Praktiker der Küche, der ein Zeitgenosse von Meister Eckhart und Duns Scotus, Marsilius von Padua und Wilhelm von Ockham war, sie alle übrigens mit den Weihen versehen, die Universitätsgelehrten nun einmal zustehen. Keine Analysen, Betrachtungen, philosophischen Abhandlungen über La Varenne[2] und seinen «Cuisinier françois», über Pierre de Lune und sein Werk «Der neue und vollkommene königliche *Maître d'hôtel*», beide Zeitgenossen von Descartes und Malebranche[3], die von der Zunft besser behandelt wurden und werden. Schweigen der Platoniker und der Liebhaber asketischer Ideale über Massialots «Der Haushälter» und «Der königliche und bürgerliche Koch», «Die Gabe des Comus» von Marin, «Die bürgerliche Küche» oder «Mittagessen bei Hofe» von Menon, alles Werke, die den Geist der Aufklärung kundtun und die bisher nur die Historiker, Anthropologen und Soziologen interessiert haben, aber nicht die Philosophen. Was hätte Michel Foucault wohl mit solchen Archiven angestellt?

2 *La Varenne,* Pierre-François, 1618–1678, großer französischer Koch, Autor der ersten Kochbücher.

3 *Malebranche,* Nicole, 1638–1715, französischer Philosoph, einer der Hauptvertreter des Okkasionalismus, vertritt die Ansicht, daß zwischen Körper und Geist keinerlei Kausalzusammenhang bestehe und somit auch keine unmittelbare Erkenntnis möglich sei.

Die gastronomische Frage ist eine ästhetische und philosophische Frage: die Kochkunst gehört zum Bereich der schönen Künste, der kulturellen Praktiken einer Zivilisation und einer Epoche. Im gleichen Maß wie ein Gemälde, eine Sonate, ein Monument, ein Theaterstück oder ein Bauwerk verleiht sie einer Epoche Ausdruck. Und da es in der klassischen Ästhetik Meister und Dilettanten, große Schöpfer und Kleinkünstler, Erfinder und Nachahmer, Genies und Zwerge gibt, wird dem auch im Bereich der Küche so sein. Gewiß, der Koch schafft vergängliche Werke, die auf tyrannische Weise der Zeit unterworfen, der Zerstörung und dem Verschwinden geweiht, dem Verzehr und schließlich der Verdauung, der Vernichtung oder noch Ärgerem preisgegeben sind. Gewiß, er läßt eine möglicherweise erhabene Form aus einem Chaos ungeformter Stoffe erstehen, er verleiht dem Chaos Konsistenz, Erscheinung, Haltung, er lädt die Form mit Leidenschaft auf und vertraut ihr die Aufgabe an, Gefühle zu wecken, er hofft auf bleibende Spuren nur im Gedächtnis derer, die entsprechende Fähigkeiten besitzen. Offensichtlich spürt er die Frustration eines Sisyphos, der dazu verdammt ist, Dinge zu schaffen und neuzuschaffen, die unaufhörlich verschwinden und ein ums andere Mal die metaphysische Wahrheit der Welt zum Ausdruck bringt: die Entropie. Doch er vertritt jene Kunst des Vergänglichen, die unsere Epoche in der Performance, im Happening, im Event praktiziert und die heute auf Photographien oder in Filmen verewigt wird.

Der Koch ist ein Künstler, der die Zeit bearbeitet und in dieser Eigenschaft, der Tyrannei des Chronos unterworfen, tagtäglich gegen den Tod und seine vielfältigen Formen, gegen all die Variationen über das Thema der Dauer ankämpft. Die Kochzeit auf dem Herd, die ideale Temperatur im Teller beweisen, daß die Rolle des Kochs der eines Demiurgen gleicht und auch er ein Vertrauter des *Kairos,* des rechten Augenblicks ist: davor oder danach, zu früh oder zu spät, und das Werk ist verfehlt, verpfuscht, verloren. Zu viel oder zu wenig gebraten, zu heiß oder zu kalt serviert, und die ganze Speisenfolge bricht zusammen. Kein Künstler außer dem Koch arbeitet auf diese

Weise Auge in Auge mit der Zeit, im ständigen Kampf mit dem Zeiger der Uhr.

Der Koch hat auf der Seite der Philosophen und der Vertreter der Reflexion Wachhunde und Polizisten des Denkens gegen sich, Leute also, die es nicht mögen, daß man sich um die weniger klassisch-edlen Sinne kümmert, und auf der anderen Seite solche, denen es um dauerhafte Spuren zu tun ist und die es nicht verstehen, bei Geschmacksurteilen das Infinitesimale und das Beinahe-Nichts, das Minimale, den feinen Unterschied spielen zu lassen, die dem unmittelbaren Gefühlseindruck und der flüchtigen Empfindung, der körperlichen Erschütterung und der Feinheit einer Wahrnehmung kein Vertrauen schenken. Die Kochkunst ist eine Kunst ohne Museum und Schule, ohne offizielle Geschichte, ohne Institution, die geeignet wäre, Wissen und Denken in einem Bereich zu reproduzieren, der denen besonders am Herzen liegt, die sich nur dann wohl fühlen, wenn durch Parolen und Herdenverhalten Ruhe eingekehrt ist.

Auf dem Gebiet der Gastronomie muß man seinen Eindrükken vertrauen, man muß auf seinen Körper hören, ihn zu besonderen Leistungen antreiben, das Gedächtnis eines primitiven Gehirns nähren: das sinnliche Geschmacksurteil ist gefährlicher als ein Urteil, das von kulturellen Zwängen, von überkommenen Wertschätzungen und soziologischen Habitussen beherrscht wird. Man muß aufrichtig sein mit dem kulinarischen Gefühl und folglich mit sich selbst, man muß suchen können ohne die Sicherheit, tatsächlich etwas zu finden, man muß imstande sein, die Speise oder den Wein zu befragen, zuerst die Nase und den Mund arbeiten, die Gefühlseindrücke wirken zu lassen, um erst dann zu entschlüsseln, zu ordnen, kurz, auf dieselbe Weise vorzugehen wie ein Liebhaber der Malerei oder der Musik in seinem Bereich, mit den Sinnen, deren es dort bedarf. Denn letztlich geht es darum, Sinn entstehen zu lassen.

Was geschieht in einem Teller? Was findet man da, das Ideen ausdrücken, Sinn machen und eine Botschaft vermitteln könnte? Was ist die Natur dieses zu denken gebenden Stoffs? Welche Emblematik für das Reich der kulinarischen Zeichen? Zuerst und vor allem ist der Kochkünstler ein Mensch, und als solcher ist er sowohl von einer persönlichen Geschichte durchdrungen als auch von einer anderen, allgemeineren, universalen, kollektiven Geschichte. Seine Person ist die Resultante einer Kindheit und früher Gemütsregungen, von weit zurückliegenden Empfindungen und einer besonderen emotionalen Entwicklung; zugleich aber ist sie das Ergebnis einer Atmosphäre, die in einem bestimmten Moment der Geschichte auftritt und das, was war, zusammenfaßt, übersteigt, transzendiert, bewahrt zugunsten dessen, was jetzt, im gegebenen Augenblick, ist. Der an seinen Herden wirkende Mensch drückt einen Wesenskern aus, eine Synthese des Allgemeinen und des Besonderen in der Form des Singulären. In dieser Form verwirklichen sich seine Natur und seine künstlerischen Möglichkeiten. Seine Arbeit gehört um so mehr den schönen Künsten an, als sie ein eigentümliches Genie, eine einzigartige, unnachahmliche und unverkennbare Kraft manifestiert: es ist der Stil, von dem man sagt, daß er den Menschen ausmacht. Und der Stil ist die Form, den der Ausgang des Kampfes zwischen einem einzelnen und der Geschichte nimmt.

Womit läßt sich der Stil Antonin Carêmes auf dem Gebiet der Form vergleichen? Man kann wahrscheinlich antworten: mit dem Monumentalen, wie es sich in der Architektur seiner Zeit ausdrückt. Gibt es einzelne Elemente, anhand derer man zeigen kann, wie sich die Persönlichkeit, das Temperament Carêmes strukturiert hat, damit er in seiner Zeit so kochte, wie er es tat? Ja, wenn man will. Wenn man etwa den Theorien der existentiellen Psychoanalyse vertraut, die besagen, daß man sein gesamtes Dasein ausgehend von einer ursprünglichen Wahl entfaltet und es stets mit Bezug auf Traumatismen, Urszenen, Schmerzen und seelischen Verletzungen lebt. Leider genügt ein Menschenleben nicht, um diese Brüche zu kitten, und das schöpferische Werk erscheint als eine Möglichkeit, ein Versuch, Störungen zu sublimieren, die so tief gehen, daß der Körper sie nicht zu ertragen vermag. Im Innersten jedes Künstlers gibt es eine Kerbe, aus der die Gesamtheit seiner Schöpfungen hervorgeht. Der Koch, der wesentlich auf primitive, mit der frühen Kindheit, den ersten Lebensjahren, vielleicht auch der pränatalen Existenz verbundene Bereiche einwirkt, wird um so mehr von seiner Aufgabe absorbiert, als er selbst Probleme mit seinem kindlichen, mittlerweile erwachsen gewordenen Körper zu regeln hat. Von Carême bis zu Roellinger findet man diese Hypothese immer wieder bestätigt.

Alles beginnt im Jahr 1793, das von entscheidender Bedeutung ist für die Geburt der Gastronomie und für das, was gut und gern einer Archäologie dieses Fachs gleichkommen könnte. Der König ist tot, das Ancien Régime ist verschwunden, der Terror wütet und mit ihm die Hungersnöte, die Schwierigkeiten der Versorgung mit Lebensmitteln. Die Spekulanten verdienen sich dämlich, die Kaufleute, die das Elend ausnützen, haben Erfolg, die Armen werden immer zahlreicher, das Elend verbreitet sich allerorts. Als Robespierre dem Wohlfahrtsausschuß beitritt, wird ein Erlaß zur Unterdrückung von Hamsterkäufen herausgegeben; später werden alle materiellen und moralischen Kräfte der Nation in Anspruch genommen, werden Massenaushebungen dekretiert, werden schließlich Gesetze über verdächtige Personen, über die Höchstpreise, das Spekulantentum und die Verschwendung erlassen. Den Notleidenden hilft das nicht viel, ihnen ist es egal, daß man Ludwig XVI. enthauptet und die Privilegien abgeschafft hat, sie haben nichts zu essen und riskieren wegen jeder Kleinigkeit die Guillotine. Robespierre oder der König, das ist kein so großer Unterschied.

Antonin Carême ist zehn Jahre alt, und in seiner Familie, die bis auf fünfundzwanzig Kinder angewachsen ist, weiß man nicht mehr, wer vor ihm und wer nach ihm kommt, wie alt er genau ist – und auch sonst weiß man nicht viel von ihm. Man kann ihn nicht ernähren und will ihn nicht im Haus behalten. Sein Vater arbeitet auf einer Baustelle in der Rue du Bac. Zum Abschied spendiert er seinem Sohn ein Mittagessen und läßt ihn am Fuß der Barrière du Maine zurück. Er soll sich allein durchs Leben schlagen. Ich stelle mir das sich selbst überlassene Kind vor, der Welt ausgeliefert wie andere einst den Löwen in der Löwengrube, verwirrt angesichts des monumentalen, bedrohlichen, unwirtlichen Bauwerks von Ledoux, diesem Symbol für das Steuerwesen des Ancien Régime.

Auf Veranlassung des Generalsteueramts, kurz vor dem Ausbruch der Revolution, hatte Nicolas Ledoux nämlich fünfundvierzig dieser *barrières* sowie die Umfassungsmauer gebaut, die es zusammen erlaubten, die Stadt nach außen abzuschließen und den Strom der Menschen und Waren zu kontrollieren. Die Tore sind streng und massiv, sie versinnbildlichen das Ancien Régime mit seiner Härte, seiner Allgegenwart, seiner Macht und Unnachgiebigkeit. Antonin Carême mußte für das Elend seiner Eltern und auch das seiner Epoche bezahlen, als er dort ausgesetzt wurde, im Schatten der Symbole der Finanzverwaltung, die Zustände geschaffen hatte, die auch das Ende des Königtums und die Einsetzung einer revolutionären Regierung nicht beseitigen konnten. Dennoch ist das Glück dem Knaben hold, der, wenn man seinen späteren Angaben glaubt, bei einem Kneipenwirt in die Küche gesteckt wurde: dieser ganze Abschnitt in Carêmes Leben[4] hat etwas Symbolisches. Die Baustelle des zur Misere verdammten Vaters und das tragische Abschiedsessen, die Aussetzung des Kindes in der Nähe einer strengen Architektur und die fast unmittelbare Rettung in eine Küche, das oft wiederkehrende Schwanken zwischen dem Stein, der Verstoßung bedeutet, und der Tafel, die warme Zuneigung bringt.

In welchem Bereich auch immer, das Talent ist nie etwas anderes als ein schräger, erstaunlicher Versuch, einen Konflikt zu lösen, einen Schmerz zu verwinden, mit einer Verletzung zu leben, die wie ein Schnitt oder ein Bruch zugefügt wurde, wie ein Ereignis, das eine im Werden begriffene, potentielle Persönlichkeit trifft. De facto ist sie von einem schicksalhaften Augenblick gezeichnet, von einer Urkrise, die die Existenz in zwei Hälften

[4] Vgl. zu diesem Abschnitt: Frédéric Fayot, «Notice sur Carême», in: «Le pâtissier royal», Bd. I, Antonin Carême, S. LIII. – Louis Rodil, «Antonin Carême de Paris», Jeanne Laffitte 1980. – Colette Gilles-Mouton, «Biographie d'Antonin Carême. L'art culinaire au XIXe siècle», Ausstellung in der Orangerie de Bagatelle 1984, S. 40–43. – Georges Bernier, «Antonin Carême (1783–1833). La sensualité gourmande en Europe», Grasset 1989.

schneidet: in ein Davor und ein Danach, eine paradiesische Zeit der Unschuld und eine apokalyptische Zeit des nächtlichen Wissens. Die Gesamtheit einer Existenz basiert dann auf diesen Brüchen, die ein Dasein dazu verleiten, zwar nicht ständig im Schatten einer bedrohlichen Urszene zu leben, aber doch immer wieder Verhaltensweisen zu wiederholen, die bis zum Überdruß von jenem Unbehagen erzählen und die Wunden verraten.

Wie viele Kinder jener Epoche hat Carême das Trauma des Verlassenwerdens erfahren. Er war dieses Wesen, das mit seiner Verstoßung konfrontiert wird und nun eines unheilvollen Tages sich selbst gegenübersteht, in einer Gesellschaft, die ihm mit einem Mal unangenehm wird durch die Schuld, die sich gewaltsam ausbreitet in dieser Verletzung, die man ihm zufügt und deren Grund er nicht versteht. Diese Augenblicke von äußerster Dichte erzeugen einen Mahlstrom, der ein Wesen bis in sein Innerstes trifft und in der Seele Schlamm- und Torfmassen aufwühlt, die sich nicht mehr legen. Die Odyssee dieser sich unaufhörlich bewegenden Partikel vermischt sich mit der Singularität des persönlichen und individuellen Lebensweges, den sie anstoßen und bedingen, den sie implizieren und induzieren.

Die affektiven Fixierungen auf die Felder der Oralität[5] und der Analität sind offensichtlich, ja beinahe klassisch. Freude des Gaumens und der Entleerung, Wollust der Lippen, der Zunge, des Speichels, Lust am Saugen, Trinken, Schmecken, Schlürfen, Verschlingen, Lutschen, Zerstückeln, Zerkauen, Zermalmen, Glück der Völle, der Sättigung, der Befriedung – die Tätigkeit des Essens und Trinkens versetzt unweigerlich in den primitiven Zustand des Kleinkinds und seiner Beziehung zur Mutter, seiner Abhängigkeit von einer Nabelschnur. Hinter jedem Feinschmekker, Schlemmer und Gastronomen steht fast immer ein Kind, das primitive Ängste zu beruhigen sucht, eine vernichtete Seele,

[5] Zu verweisen ist hier auf das schöne Buch von Noëlle Châtelet, «Le corps-à-corps culinaire», Seuil 1977 (Bibliographie S. 181–184), sowie auf die Hefte der Zeitschrift «Autrement» (Serie «Mutations/mangeurs»), besonders «Le mangeur», Nr. 138, S. 224, «Nourritures», Nr. 108, S. 208, «Nourritures d'enfance», Nr. 129, S. 216 und «La gourmandise», Nr. 140, S. 186.

deren Trostbedürfnis – oft wider den Willen des Körpers – abgrundtief ist.

Ich weiß nicht, ob es nicht bloß eine Schulhypothese ist, aber ich bin geneigt, in dem leidenschaftlichen, doppelten Hang Carêmes zur Architektur und zur Küche mehr zu sehen als die Wirkung eines reinen Zufalls. Als er von seiner Familie ausgesetzt wird, hat Carême keinerlei Schulbildung genossen. Sein späteres Wissen verdankt er ausschließlich der zähen Arbeit, die er allein geleistet hat, indem er regelmäßig in die Bibliotheken ging und sich unermüdlich Aufzeichnungen machte. Weshalb er später seine Biographen in Staunen versetzen wird, die seinen schwindelerregenden Weg vom Analphabetismus zur Schrift nachvollziehen müssen. Denn es ist ein und dasselbe Individuum, das sich ohne fremde Hilfe die Fähigkeit des Lesens und Schreibens aneignet und danach ein monumentales Werk veröffentlicht – fünfzehn Bände, die zurückbleiben, als er, verbrannt vom Feuer der Küchen und der Tuberkulose, im Alter von fünfzig Jahren stirbt.

Seine bibliophile Leidenschaft führt ihn zweimal wöchentlich ins graphische Kabinett, wo er Werke über Architektur durchsieht, die ihn, eigenen Angaben zufolge, direkter ansprechen als Texte oder Bücher über Theorien. Seine Lieblingsautoren sind Terzi, Palladio und Vignola[6]. Er verschmäht die technischen Abhandlungen, liest statt dessen Reiseberichte, um seine Kenntnis der Architekturen der Welt zu erweitern und zu vervollständigen: so besucht er Spanien, indem er Alexandre de Laborde liest, und durchstreift mit Leroux[7] die englisch-chinesischen Gärten.

[6] *Terzi,* Filippo, 1520–1597, italienischer Baumeister, arbeitete in Portugal unter Philip II., baute im Stile strenger Monumentalität. – *Palladio,* Andrea, 1508–1580, italienischer Baumeister und Theoretiker, bedeutender Baumeister Europas im 16. Jahrhundert, hatte Tendenzen zur römischen, symmetrischen Gestaltungsweise und zur Harmonie der Proportionen. – *Vignola,* Giacomo Barozzi, 1507–1573, italienischer Baumeister in Rom, bedeutende Wirkung durch sein Traktat über die fünf Säulenordnungen.

[7] *Laborde,* Alexandre de, 1773–1842, französischer Politiker und Schriftsteller, schrieb Reiseberichte und Arbeiten über französische und spanische Kunst. – *Leroux,* Jean-Baptiste, 1677–1746, französischer Baumeister, bekannt als Architekt und Dekorateur von Landhäusern.

Kraft[8] liefert ihm alle nötigen Details zum Verständnis der Landhäuser und ihrer traditionellen Formen. Auf diese Weise von architekturalen Visionen erfüllt, die er in den verschiedenen Bänden aufgelesen hat, überträgt er seinen Sinn für bewohnbare Formen auf die sublimierten Formen der Kochkunst, auf die eßbaren und verdaulichen Stoffe. Hier liegt auch der Grund, weshalb Carême durch die Niederschrift seiner Rezepte eine Praktik begründet, die sinnbildlich für sein Jahrhundert werden wird. Unter den kochkünstlerischen und zuckerbäckerischen Bauwerken, die er vorschlägt, findet man, bunt durcheinander, Springbrunnen und türkische Pavillons, holländische Eremitagen, chinesische Mühlen, griechische Ruinen, eine ägyptische Weltkarte, venezianische Gondeln. Auf derselben dekorativen und monumentalen, anekdotischen und figuralen Linie sieht man korbartig zusammengestellte Speisen, architektonische Vasen und Motive, geknetete Brotkrumen, buntschillernde Blattgirlanden aus Marmorstaub, ornamentale Baumlandschaften, die man später in zerstoßenem Glas (!) realisieren wird, Statuetten aus Zuckerteig und gefärbtem Stärkemehl, militärische Trophäen, Helme, Symbole, Lyren und Harfen aus Zucker und andere Dinge, die die Seele derer erfreuen, die ihrem Spieltrieb gern freien Lauf lassen.

In den Anmerkungen zu seinen Zeichnungen, die bald eine Palmenrotunde, bald einen großen Parnaßbrunnen skizzieren, widmet Antonin Carême jenen Details besondere Aufmerksamkeit, die spezifisch architektonischer Natur sind. Bei den mehrstöckigen Torten zum Beispiel, idealen Gebilden, die seiner Leidenschaft für Gebäude und Volumina Ausdruck geben, detailliert er die Proportionen, die ihm besonders am Herzen liegen: er bevorzugt dorische, ionische, korinthische und gotische Formen. Das Rezept für die «Große Kaskade mit sechzehn Säulen (Nr. 3)» ist voller Begriffe, die aus der Grammatik der Architektur stammen: Sockel und Stufen, Säulen und Giebel, Arkaden und Gesimse. Hier geht es um Kuppeln und Nischen, Türme, griechisches Kreuz,

8 *Kraft*, Georg Wolfgang, 1701–1754, deutscher Mathematikprofessor und Verfasser mehrerer Schriften über Architektur.

Stirnseite, Pavillon; dort um Rampen, Bögen, Belvederes; man findet Dachvorsprünge und Kanten neben Kapitellen und Piedestalen. Außerdem macht er, wenn er seine Schüler in die Kochkunst und Feinbäckerei einweiht, einen Traktat mit den fünf Grundsätzen nach Vignole zur obligatorischen Vorbedingung für jede Wissenschaft des Gaumens, die dieses Namens würdig ist und von ihm, Carême, in seinem «Pittoresken Zuckerbäcker» dargestellt wurde – der im übrigen hundertfünfundzwanzig Stiche enthält, die die geschriebenen Passagen erläutern.

Carêmes Hang zur Architektur hat nicht nur metaphorische Bedeutung. Man könnte meinen, daß er dem architektonischen Objekt eine gehemmte, weitgehend reduzierte Liebe entgegenbringt, und dies aus Schwäche, da er nicht in der Lage ist, die Disziplin auf einem anderen Gebiet als der alimentären Sublimierung zu denken. Unfähig, Pläne auszuarbeiten, die eines Viollet-le-Duc[9] würdig wären, begnüge er sich (so die Vermutung) mit der minimalen Verrücktheit mehrstöckiger Torten und stutze seinen Größenwahn auf kleinformatige Ausbrüche zurecht. Aber nein, dem ist nicht so. Wenn er nicht gerade im graphischen Kabinett oder in der Küche war, arbeitete Carême in aller Bescheidenheit an Projekten zur Verschönerung von Paris oder Sankt Petersburg und widmete sie den Mächtigen dieser Welt – wie immer in solchen Fällen die einzigen ernsthaften Geldgeber, die es folglich zu umschmeicheln galt.

Ohne die «Sammlung und Gegenüberstellung klassischer und moderner Gebäude» von J. N. L. Durand (ein Buch, das Carême als seine Bibel bezeichnet) aus den Augen zu verlieren, veröffentlicht er Hefte mit Zeichnungen und beschreibenden Texten, die in etwa zehn Projekten zur Verschönerung von Städten entsprechen, denen – neben Paris – seine Gunst gehört. Die Zurschaustellung der Pracht und Größe der Monarchie inspiriert ihn zu zwei monumentalen Leuchttürmen für die Provinz, der eine für

9 *Viollet-le-Duc*, Eugène Emmanuel, 1814–1879, französischer Baumeister, Vertreter des Historismus, bedeutend durch Restaurierung romanischer und gotischer Bauten und Kunstdenkmäler.

Bordeaux, der andere für Calais. Ein anderes Mal legt er den Behörden das Projekt einer auf der Place du Carrousel zu errichtenden Triumphsäule vor. Paris findet ihn voll Arbeitseifer für die Beendigung der Concorde-Brücke und des Triumphbogens auf der Place de l'Etoile. Und er verfällt auch auf die Idee, eine neue Oper zu errichten, genau an der Stelle, wo später das Bauwerk Garniers triumphieren wird.

In allen diesen Fällen ist die Architektur, die er vorschlägt, monumental. In jedem seiner theoretischen Entwürfe nimmt das Individuum eine untergeordnete Stelle ein. Carême schreibt sich in eine Optik ein, die von Boullée zu Albert Speer führt und die vor allem die Absicht verfolgt, die Geschichte zu verherrlichen, an die man glaubt und für die man Opfer zu bringen bereit ist. Die einen verherrlichen die Französische Revolution, die anderen das Nazireich, während weiter im Osten Sowjetrußland beweihräuchert wird. Bei allen Unterschieden gibt es einen gemeinsamen Nenner, der diese Architekten dazu bringt, das Individuum auf eine mikroskopische Ebene herabzusetzen.

Zu seiner Zeit, mit seinen Mitteln und im gegebenen Kontext, strebte Carême nach dem Monumentalen, er unterwarf die Architektur dem beinahe hegelianischen Prinzip der Subsumtion des Besonderen unter das – in diesem Fall versteinerte, kristallisierte – Allgemeine. Auf dem Papier waren seine Monumente ungefähr fünfundsechzig Meter hoch. Sie alle strebten nach Wirkung auf den Körper des Betrachters, suchten zu beeindrucken und zu ergreifen. Der Bürger sollte augenblicklich auf die Überlegenheit und Größe der Zivilisation schließen, die diese massiven Bauwerke ermöglichte, so daß er gleichsam das Empire selbst auf sich lasten fühlte. Welchen Fetischen opfert der Koch bei seinem Streben nach riesenhaften Formen, die Ideen ausdrücken und feiern? Es sind – in aller Schlichtheit – die Monarchie, der Friede, der Handel, die Künste, die Wirtschaft, der Wohlstand, ein ganzer Themenkomplex also, der den Sieg der Bourgeoisie und des Kapitalismus ankündigt.

Grimod de la Reynière, Berchoux, Brillat-Savarin und Carême hätten alle, wenngleich in unterschiedlichem Maß, diesem liberalen Credo beipflichten können: Während sie das Verschwinden des königlichen Hofstaats, der Prachtentfaltung und der Triumphzüge der Monarchie in Europa bedauern, während sie die Revolution schlechtmachen und in noch schärferem Ton das Elend und die Hungersnöte geißeln, die durch die Unfähigkeit der revolutionären Regierung heraufbeschworen wurden, feiern sie einstimmig die Tugenden des Geldes, das den verwaisten Thron besteigt, die Vorzüge des Handels und des neuen Reichtums, denn die Neureichen werden nun zu den neuen Essern, wobei diese die Gläubiger jener abgeben. Die Französische Revolution, die die Herrschaft der ans Blut gebundenen Privilegien zu Fall gebracht hatte, war die Voraussetzung einer Herrschaft ganz neuer Privilegien, die sich nunmehr auf das Geld gründeten. Zwangsläufig war die Architektur, die dieser neuen, geschlossenen und arroganten Kaste entsprach, monumental, das genaue Gegenteil von Zurückhaltung und Bescheidenheit: man demonstrierte die Macht des Handels und des Wohlstands und damit einhergehend – zwar weniger deutlich, aber ebenso bestimmt – die Macht des freien Unternehmertums und der emsigen Arbeit, die Macht der Reichen und der Unternehmer, der Besitzenden und der wahren Entscheidungsträger.

Da ihm die Möglichkeit verwehrt war, eines seiner Architekturprojekte materiell zu verwirklichen, begnügte sich Antonin Carême damit, die bürgerliche Küche zu erfinden und dabei dieselben Werte auf andere Weise zu verherrlichen. Er hatte von dauerhaften, ewigen Formen geträumt, vom Stein und der Sicherheit, die er gewährt, doch er muß sich mit den vergänglichen Formen der Küche und der Konditorei begnügen, mit den Befriedigungen, die sie erlauben. Um eine dauerhaftere Spur zu hinterlassen, bleibt ihm nur die Tätigkeit des Vielschreibers, ein Trost, der es ihm ermöglicht, einen *modus vivendi* zwischen der Ewigkeit und der Leere zu finden. Daher die Unmenge von Texten, Schriften, Heften, Drucken, Stichen, Bildern, Abhandlungen, Handbüchern. Daher «Die Kunst der französischen Küche im 19. Jahrhundert», «Der königliche Pariser Feinbäcker», der «Maître d'hôtel français» und andere Titel, die seine Epigonen mehr als ein Jahrhundert lang zu ihren Variationen über das Thema der bürgerlichen Küche veranlaßten.

Der Küchenchef muß sich mit seinem guten Ruf begnügen. Und er ist nicht wenig stolz, wenn er hört, wie ihn seinesgleichen ebenso wie die großen Herren, die ihn bezahlen, als Architekt der Feinbäckerei[10] titulieren. Auch läßt er keine Gelegenheit aus, seine urbanistischen Projekte ins Spiel zu bringen, um festzustellen, daß er der «Palladio der französischen Pâtisserie» sei. Tatsächlich sieht man in seinen feinbäckerischen Schöpfungen zahlreiche Zitate und Anspielungen auf die Architektur seiner Zeit und vergangener Epochen, sie erinnern jedoch an den Stil, den manche Autodidakten erwerben, wenn sie anhäufen und kopieren, ohne je zu Synthesen und Innovationen zu gelangen.

Eine seiner Graphiken zum Beispiel, die eine «Kaskade in Halbkreisform» darstellt, erinnert eigenartig an das Projekt für ein Monument auf der Place de la Concorde, das der Architekt Detournelle und der Maler Caraffe beim Wettbewerb des Jahres IV (1793) einreichten. Und wenn man die Seite mit der Graphik betrachtet, die das Rezept für das «Große chinesische Kabinett» illustriert, sieht man sich unweigerlich zum Vergleich mit dem ebenfalls chinesischen Pavillon auf der Isle-Adam nahe Paris gezwungen – ein Bauwerk, das allerdings von Cassan stammt und für einen Freund Fragonards, den Financier Pierre Jacques Bergeret de Grancourt, errichtet wurde. Architekten und Köche wirken bereits für dieselben sozialen Gruppen: die *poularde poêlée à la financière* verdrängt zwar noch nicht den *homard Thermidor*, aber doch schon die Kalbsstelze in *sauce Régence* …

Wenn sie die Macht ergreifen, sind die Bürger manchmal fähig, die Dinge umzuwälzen und neue Seh- und Denkweisen hervorzubringen. Wenn Carême in der *Form* der Kochkunst das mo-

[10] Vgl. zu diesem Abschnitt: Antonin Carême, «L'art de la cuisine française au XIXe siècle», 5 Bde., Comptoir des imprimeurs réunis 1847. Siehe auch «Le pâtissier royal», 2 Bde., Laffitte reprints 1980. – Daniel Rabreau, «Carême ou le citoyen architecte», in: «L'art culinaire au XIXe siècle», a. a. O., S. 40–43. – J.-C. Bonnet, «Antonin Carême et les derniers feux de la cuisine décorative».

numentale Modell verherrlicht und den architektonischen Bezug festschreibt, betrifft seine Aussage auch den *Grund*, der es erlaubt, einen authentischen Neuerer am Werk zu sehen, der einen epistemologischen Bruch in der Kochkunst bewirkt. Das kulinarische Ancien Régime ist ganz auf die Verherrlichung der Düfte und des Geruchssinns fixiert. Die Speisen des Mittelalters verwöhnen die Nasenlöcher mit Aromen und duftgeschwängerten Dünsten, die die Gewürze und den Zucker wiedererkennen lassen. Die vermischten Säuren erdrücken den Geschmack, setzen aber starke, verführerische Gerüche frei. Zu dieser Zeit ist die Küche vollständig eine Sache der Nase, des Geruchssinns. Und insofern eignet ihrer Geschichte eine Verwandtschaft mit dem Prozeß der Vermenschlichung, der den *homo sapiens* von der Vierfüßigkeit, die das Riechen begünstigt, aber für das Sehen nachteilhaft ist, zur Zweifüßigkeit führt, die die oberen Gliedmaßen frei macht und die gleichzeitig Entwicklung des Gehirns, des Gedächtnisses, der Intelligenz und, damit verbunden, des Sehsinns ermöglicht. Der Mensch erfährt die konkrete Welt nun aus der Entfernung, er beschnuppert die Wirklichkeit nicht mehr wie ein Tier, sondern betrachtet sie wie eine Person. Geburt der Ideen, der Begriffe und anderer zerebraler Vermittlungen.

Gewiß, in diesem Carême, der die kulinarische Revolution[11] zuwegebringt, steckt der Architekt, der den Vorrang des Auges, des Sehens, des Gesichtssinns verkörpert; in ihm steckt der Mensch der Formen und der Volumina, der räumlich umgesetzten Strukturen, der dreidimensional entfalteten Materie. Vor Carême sind Form und Darbietung nicht wirklich ein Problem: man gibt Fleisch- und Fischstücke gern auf ein und denselben

[11] Vgl. zu diesem Abschnitt: Philip Hyman, «Culina mutata. Carême et l'ancienne cuisine», in: «L'art culinaire au XIXe siècle, a. a. O., S. 63 ff. – Laurence Bardurie, «Esquisse pour le portrait d'un gastronome vers 1840», ebd. – Curnonsky, «Cuisine et vins de France», Larousse 1953. – Jean François Revel, «Un festin en paroles. Histoire littéraire de la sensibilité gastronomique de l'antiquité à nos jours», Pauvert 1979 (Neuauflage: Livre de poche). – Jean-Louis Flandrin, «Chroniques de Platine», Odile Jacob. – Jean-Paul Aron, «Der Club der Bäuche. Ein gastronomischer Führer durch das Paris des 19. Jahrhunderts», Stuttgart 1993. – Maguelonne Toussaint-Samat, Mathias Lair, «Grande et petite histoire des cuisiniers de l'antiquité à nos jours», Robert Laffont 1989,

Haufen, was übrigens Boileau[12] zu seinen Spötteleien in «Die lächerliche Mahlzeit» veranlaßt hat. Ein ähnliches Durcheinander herrscht bei der Zubereitung der Speisen: im 17. Jahrhundert schmort La Varenne seinen Lammbraten mit grünen Kräutern, Zitronen- und Orangenschalen und garniert das Ganze mit Petersilie und Blumen, er preist die Mehlschwitze, gibt Gewürznelken zum Schinken und Zucker zur Fleischbrühe; im Jahrhundert der Aufklärung kocht La Chapelle mit Safran, Curry, Paprikaschoten und Gewürzen, die er aus Indien und Portugal mitgebracht hat. Das alles gereicht den Düften zum Vorteil, es ist ein Genuß für die Nase, aber wohl kaum für das Auge.

Carême will die Sinne auf andere Weise reizen: den Geruch vermindern, den Geschmack vereinfachen, das Auge erfreuen. Aus diesem Grund verbannt er die Gewürze, die dem Gaumen Gewalt antun, vom Ingwer über den Koriander bis zum Zimt. Auch Kräutern gegenüber ist er argwöhnisch, er mißtraut dem Thymian, dem Lorbeer, dem Muskat, der Gewürznelke und dem Pfeffer, wenn sie nicht äußerst sparsam verwendet werden. Was die Kombinationen betrifft, so verdammt er die Berührung von Fisch und Fleisch, die in den Meerestieren kulminiert, die mit gehacktem Fleisch gefüllt sind. Sein Credo lautet: einfache Beilagen zu einfachen Speisen. Zuletzt kritisiert er auch die alten, nicht gebundenen und daher zu flüssigen Saucen, denen er mehr Konsistenz verleiht, so daß sie die Speisen umhüllen können. Privilegiert wird das Visuelle hier durch Anklänge an Wandverkleidungen und Überdachungsmethoden der Architekten.

Liegt ihm daran, die Darbietungsweise, die Form der gereichten Speisen, ihre Natur und Konsistenz zu verändern, so möchte Carême seinen Stil auch den graphischen Entwürfen der Teller und sogar der Bedienungsordnung aufprägen, die er beide vereinfacht, um die etwas wirre Komplexität und Fülle durch die angemessene Zahl zu ersetzen, das heißt durch jene, die Pro-

12 *Boileau-Despréaux,* Nicolas, französischer Schriftsteller, 1636–1711, königlicher Historiograph, gilt als «Kunstpapst» seiner Zeit, als Dichter ist er Meister der klassischen Form, er schrieb scharfe Satiren.

portionen herstellt, die das Auge durch Gleichgewicht, Harmonie und Eleganz zu erfreuen vermögen. Ist da der Wille im Spiel, auf den Goldenen Schnitt zurückzukommen? Oder auf die geometrischen und mathematischen Theorien der Antike, die die Zahl in den Dienst des vollkommenen Volumens stellen? Oder auf die Symbole, die den Sinn, die Bedeutung durch Sprachen ausdrükken, deren Syntaxen Arithmetik, Kalkül und Festkörper umfassen? So manches läßt darauf schließen.

Auch hier wird man an die griechischen Architekten denken, die stets die Idee gegenwärtig hatten, daß *Kosmos* zugleich Schönheit und Ordnung bedeutet. Schluß mit den achteckigen, quadratischen oder festonierten Tellern, jetzt sind runde und ovale Formen an der Tagesordnung; keine großen Anhäufungen mehr auf dem Tisch, statt dessen eine Zahl, die zur Zahl der Gäste in Bezug steht. Das Ensemble der Tafel, wie sie Carême anordnet, hat etwa den gleichen Stellenwert wie ein Körper für Praxiteles, eine Stadt für Hippodamos von Milet, ein Bauwerk für Vitruvius[13]: sie macht Sinn, indem sie jenseits des Anekdotischen der Welt Ausdruck gibt, die man denkt, imaginiert oder sieht; sie zeigt, welche Idee sich dieser Demiurg seines Genres vom Universum macht, welche geistigen Formen er anstrebt, kurz, welchen Stil er pflegt. Mit einem Mahl, das an den Herden zubereitet wird, bevor es in seiner endgültigen Form bei Tisch serviert wird, ist es ähnlich wie mit einem Begriff, der zuerst entwickelt und dann veranschaulicht wird; wie mit einer Form, die im Raum ersteht, nachdem sie gedacht und auf Papier skizziert worden war; einer Musik, die dabei ist, die Sphären zu erobern, nachdem sie die unruhige Gefährtin eines durch sie ruinierten Komponisten gewesen war. Um diese Welt in Worte zu fassen, wird Carême die alte Sprachregelung durch eine verbale Revolution verdrängen.

Nun will Carême mit den lächerlichen Benennungen Schluß machen, mit Namen, die die Speisen diskreditieren, für die sie

[13] *Praxiteles,* 4. Jh. v. Chr., attischer Bildhauer. – *Hippodamos von Milet,* griechischer Baumeister und Städteplaner des 5. Jh. v. Chr. – *Vitruvius,* 1. Jh. v. Chr., römischer Baumeister, Militärtechniker im Heer Cäsars und Augustus, schrieb einziges uns erhaltenes Lehrwerk über Architektur und Technik.

gewählt wurden. So mißfällt ihm zum Beispiel die «Holzbeinsuppe», die nicht etwa deshalb so heißt, weil man eine Prothese in einer Bouillon kochen würde, sondern weil die entsprechende Zubereitung Rindermark erfordert und man beim Zerschneiden des Knochens an das künstliche Objekt der Beinamputierten erinnert wird. Gleichfalls möchte er, daß mit der «culotte de bœuf»[14] Schluß sei, weil er sich ein mit Hosen bekleidetes Tier schlecht vorstellen kann. Wenig erfreut über Anales, verurteilt er den «Kalbsbraten in Eselskot gewälzt», die «Artischockenhintern» und «kandierten Nonnenfürze» zum Tode. Und um zu verhindern, daß man gewisse Speisen mit Dingen verwechselt, die gewöhnlich die Schuster erzeugen, verbietet er die «Fasansohle à la Conti» und die «gerösteten Rinderfilets in glacierten Stiefelabsätzen».

Ein eifriger Linguist, sieht Carême die Theorien Ferdinand de Saussures vorher und weiß genau, welche Beziehungen Zeichen und Bezeichnetes unterhalten. Er weiß, daß ein Name einen Sinn einführt und umgekehrt, daß ein übel beleumundetes Substantiv die charakterisierte Sache beschmutzt und in Verruf bringt, daß eine elegante Poetik der Rezeptnamen ebensoviel wert ist wie der beste Aperitif. In der Vorstellung Carêmes ist der Titel lächerlich, wenn er ein Bild von der Zubereitung gibt, das diese auf inakzeptable Weise zeigt, und auch deshalb, weil der Koch *sieht,* was der Name *sagt:* Fürze, Kothaufen, Hintern, Unterhosen, Sohlen, Stiefelabsätze und Holzbeine, also nichts wirklich Eßbares, jedenfalls nicht für die meisten von uns. Da er sich aber nicht als Nominalist gebärdet, sondern das Reale vergegenwärtigt, das durch ein einziges Syntagma wachgerufen wird, stellt Carême auch in dieser Hinsicht den visuellen Aspekt in den Vordergrund, nämlich die Sache, die vom Auge des Architekten wahrgenommen wird und die a priori den Gaumen des Gastronomen verletzt oder degoutiert.

Wenn er auf diese Weise mit dem Gehalt und der Form der Kochkunst umgeht, mit der Arbeit an den Volumina, den Texturen, den Stoffen, wenn er seine Welt als Kosmos strukturiert, zeigt

[14] Wörtlich «Rindshose», in deutschsprachigen Kochbüchern seltsamerweise «Rindsrose» (A. d. Ü.)

Antonin Carême, auf welchen Gebieten alle kulinarischen Revolutionen stattfinden: auf dem Gebiet der *Kraft,* wenn es um den Gebrauch von Kräutern, Gewürzen und Aromen geht; der *Kombinationen,* die bestimmte Mischungen von Genres, von Geschmacksnoten und Aromen erlauben oder verbieten; der *Texturen,* auf die man einwirkt durch Kochzeit und Grad der Hitze, um ganz bestimmte Konsistenzen zu erzielen; auf dem Gebiet der *Formen,* die Gestalt und Zahl, Anordnung und Darbietung der Speisen bedingen; der *Sprachregelung,* mit deren Hilfe die Dinge auf elliptische, poetische, ethische oder pädagogische Weise gesagt werden. Auf allen diesen Ebenen hat Carême seinen Willen durchgesetzt und einen Stil zum Ausdruck gebracht: sparsamer Einsatz der Kräfte, kluge Kombinationen, massive Texturen, symbolische Formen, unpreziöse Sprachregelung, das Ganze in visueller Beziehung zur neoklassizistischen Architektur, die als Paradigma dient.

Diese Art der Kochkunst hielt sich so lange, wie sich das Bürgertum und seine Werte hielten. Mehr oder minder bis zum Mai 1968, als Escoffier[15] kaum noch Schüler hatte und sich die Revolution der Nouvelle Cuisine abzeichnete. Mit Carême war die Küche, die man später bürgerlich nannte, erfunden, sie feierte den Mißerfolg der Französischen Revolution, ihr Verebben in einer Welt, die man sich in der heißen Zeit des Thermidor kaum vorstellen konnte. Kaufmann, Financier, Bankier, Ladenbesitzer – «der Esser des 19. Jahrhunderts», um eine Formulierung Jean-Paul Arons[16] zu verwenden, ordnet die Gastronomie beim Geschäftsessen seinen Verhandlungen unter, er äfft den höfischen Esser nach und findet Vergnügen daran, dessen Praktiken bis zur Affektiertheit zu übernehmen. Es herrscht die Quantität, und mit ihr herrschen die Vielfresser, die Schlinger, die Freßsäcke und die verdorbenen Mägen: Dutzende von Austern werden ge-

[15] *Escoffier,* Auguste, 1846–1935, französischer Küchenmeister, bedeutend als Fachschriftsteller sowie als Erneuerer und Anreger der französischen und internationalen Kochkunst.
[16] *Aron,* Jean-Paul, 1925–1988, französischer Schriftsteller und Wissenschafter, lehrte an der Ecole des Hautes Etudes en sciences sociales.

schluckt vor dem Schlürfen von Suppen, dann nimmt man Unmengen von Fleisch, Fisch, Gemüse, Geflügel, Butter-, Fett-, Sahneorgien, Desserts zu sich, benetzt das Ganze mit Weinen, die aus allen möglichen und unmöglichen Gegenden stammen. Die Verdauungsstörung ist ein Ruhmestitel, der Schlaganfall die elegante Art, sich als Bourgeois aus der Welt zu verabschieden.

Die bürgerliche Küche, die auf Carême zurückgeht, ist bestens geeignet, das zu veranschaulichen, was Sartre, um den Ernährungsakt phänomenologisch zu charakterisieren, als «Metaphysik des zu stopfenden Lochs» bezeichnet hat: der Hunger ist ein Bedürfnis, eine Notwendigkeit, die Ernährung und die Küche antworten auf diesen Mangel. Der Appetit erzeugt eine Art von Loch, eine Leere, einen Ruf des leeren Bauchs, des vernachlässigten Magens, und es spielt kaum eine Rolle, was man zu sich nimmt, wenn nur die klaffende Lücke gefüllt wird. Sartre, der große bürgerliche Klassiker, hat die Bedürfnisse stets als Fluch gesehen. Sexualität und Hunger wurden von ihm stets auf die gleiche Weise behandelt wie vom Bürger: ohne Seele, ohne Vergnügen, ohne Freude, mit der tierischen Befriedigung dessen, der konsumiert und (sich) füllt. Die Seiten von «Das Sein und das Nichts», die dieses Denken entfalten, rechtfertigen die Ernährungspraktiken des Philosophen[17]. Eher zu Fleisch- und Wurstwaren neigend, zu schweren und fetten Speisen, zu Cassoulets und Tafelweinen, versinnbildlicht Sartre die bürgerliche Art zu essen und die Ernährungsfrage zu behandeln. Insofern ist er der ideale Tischgenosse für die Leute, die ich so oft bei Robuchon, Savoy, Senderens, Roellinger und einigen anderen gesehen habe. Ist ihnen klar, daß sie, wenn sie gedankenlos ihre Nahrung verschlingen, unwillkürlich zu Sartrianern werden? Möglicherweise nicht ...

Diese Küche für Liebhaber der zu stopfenden Löcher herrscht bei den Schülern Carêmes, bei Urbain Dubois, Adolphe Dugléré, Jules Gouffé und Joseph Favre ebenso offensichtlich wie bei Auguste Escoffier oder Edouard Nignon. Ihr Meister ist der Gastro-

[17] Vgl. in diesem Zusammenhang: Michel Onfray, «Der Bauch der Philosophen. Kritik der diätetischen Vernunft», das Kapitel «Sartre oder die Rache des Schaltiers», S. 143 ff., Frankfurt 1990.

nomiekritiker und Fürst der Gastronomen Maurice Saillant, Curnonsky genannt, dem wir ein herrliches, weil symptomatisches Werk mit dem Titel «Küche und Weine Frankreichs» verdanken, das in schriftlichen Rezepten ebenso wie durch Photographien der Monumente, die nach den Rezepten errichtet wurden, aufs trefflichste zeigt, was es mit der bürgerlichen Küche auf sich hat. Entgegen dem sprichwörtlich gewordenen Urteil des betreffenden Fürsten, «Kochkunst ist, wenn die Dinge nach dem schmecken, was sie sind», genügt es, sein Werk zu lesen, um festzustellen, daß dem keineswegs so ist, daß vielmehr die Bürger, diese Liebhaber von Masken und Heuchelei, die Verkleidung bevorzugen, das kompliziert-Monumentale, den täuschenden Schein, das liebenswürdige Gehabe, die Obsession des Blickwinkels, unter dem die Wirklichkeit so vorteilhaft wie nur möglich erscheint, sogar und vor allem, wenn das Innere zugunsten des Äußeren, der Gehalt zugunsten der Form, die Seele zum Vorteil des guten Rufs geopfert werden muß.

Um der Aufrichtigkeit und Ehrlichkeit Vorschub zu leisten, empfiehlt Curnonsky zum Beispiel «eine Marinade, die einem Stück Fleisch oder Wurst den Geschmack von Wildbret verleiht» – wie läßt sich besser zeigen, daß man sich in Ermangelung eines wilden Einzelgängers durchaus mit einem Schwein aus dem häuslichen Saustall begnügen kann, vorausgesetzt, man versteht sich aufs Maskieren? Die Verhüllungsarbeit ist dermaßen schwer, daß man zur Bereitung jener Speise einer Gewürzesammlung bedarf, die eines Prevertschen Inventars würdig wäre: Wein, Madeira, Salbei, Basilikum, Knoblauch, Wacholder, Gewürznelke, schwarzer Pfeffer, Salz und manchmal Cognac, Öl, Aromate, alle möglichen Arten von Kräutern. Dies die alchimistischen Ingredienzien, mit denen man den Hund La Fontaines in einen Wolf verwandelt, die Amseln in Drosseln, den Schein in Wahrheit.

An anderer Stelle – bei Curnonsky sind das keine Ausnahmen – setzt er uns «pochierte Eier belle Hélène» vor, die nichts anderes sind als «maskierte Eier (sic!) in sämiger Mornay-Sauce». Ein anderes Mal schmunzelt man, wenn man sich einerseits an die These Curnonskys über die Wahrheit des Geschmacks erinnert, während man andererseits über die Zubereitung des «Hechts mit Meerrettich» erfährt, daß der Fisch in eine Mixtur aus Cognac, Thymian, Lorbeer, Salbei eingelegt, in Wein gekocht, im Ofen pochiert, mit einer Sauce aus Rosenbutter übergossen und mit einem Panzer (sic!) aus Meerrettich präsentiert wird. Was bleibt wohl übrig vom Flußfischgeschmack in so einem Hechtragout? Dasselbe gilt für eine Seezunge, die mit Schnittlauch, Schalotte, Petersilie, Wein, Senf und Essig, Knoblauch und Tomatenmark angerichtet und schließlich noch gratiniert wird. In dieser Tonart geht es dahin: Aromen und Geschmacksrichtungen werden überdeckt, verhüllt, verdorben, zum Verschwinden gebracht, das Produkt wird maskiert, erstickt, abgetötet unter der Fülle, der Quantität von Operationen, Arbeiten, Zutaten, Behandlungen.

Die bürgerliche Küche hat es auf die Umschreibung des Inneren durch das Äußere abgesehen, auf die Zerstörung der Feinheiten der Seele eines Produkts durch die Allmacht verführerischer Allüren. Daher der Erfolg von *Flambieraktionen,* die mit Alkohol umhüllen, tränken, überfallen; von allerlei *Überzügen,* die das Objekt unter der Creme, der Sauce, der Butter und anderen Hüllen, unter Béchamel und Duxelles verschwinden lassen. Dann die *Polierungen,* das Einsperren und Fixieren in Gelees; die *Pochierungen,* wodurch Eier oder Hühner in Blasen versteckt werden; die *Füllungen,* die künstlich aufblähen und ein täuschendes Volumen erzeugen; die *Übergießungen,* die mit fetten, öligen, klebrigen Schichten, mit brauner Buttersauce oder Sauce hollandaise bedecken. Die Techniken der Verwandlung, die Konvertierungsoperationen, die Curnonsky vorschlägt, zielen auf eine besondere Materie, welche die Nahrungsmittel und die Gastronomie zum Vorwand nimmt, um auf den Plan zu treten: eine schwere, dicke, fette Materie, die ein Gefühl der Geborgenheit verleihen soll; Materie, die das Loch stopft, die Spalten verkleistert, Leerstellen und Höhlungen füllt; Materie, die sättigt und dem Bürger sein Völlegefühl, seine Feistigkeit, seine Selbstzufriedenheit sichert.

Will man ein Beispiel, nicht in bezug auf den Umgang mit den Produkten, nicht in bezug auf die Kochkunst, sondern auf die

Anordnung der Speisen, die Bedienung? Sollen wir das typische Menü zusammenstellen, damit man versteht, welche Metaphysik hier am Werk ist, welcher Kosmos, welche Weltsicht? Ist es überzeugend, von den bürgerlichen Mahlzeiten zu lesen, daß sie vemeiden wollen, «den Magen zu ermüden», wie Maurice des Ombiaux ganz im Ernst in seinem Vorwort schreibt, das er den ausgewählten Menüs des Fürsten der Gastronomen voranstellt? Um dem Autor des Buches einen Vorteil zu gewähren, wähle ich ein Menü aus dem Bereich der sommerlichen Diners, auch um die Mahlzeiten an Winterabenden zu umgehen, die von Kastanien und Wildbret, Burgunderwein und stärkenden Schnäpsen beherrscht werden. Ich lasse die Hochzeits- und Begräbnisessen beiseite, die einander aufs Haar gleichen, die englischen Christmas-Vorschläge, Neujahrs- und Geschäftsessen, die Ostermähler, Erstkommunionen, Gelegenheiten wie die Jagd, das Wochenende auf dem Land, öffentlicher Empfang, Nationalfeiertag. Ein Sommerdiner also, weiter nichts.

Die «Potage Dame Edmée», die den Kampf eröffnet, bringt bereits ihren Anteil an Huhn, Erbsen, Butter, Zucker, ja, an Eiern, Sahne und Kräutern. Darauf folgen «gekochte Eier auf gascognische Art», eine Zubereitung aus, ja, sechzehn Eiern, denen Butter, Öl, Tomaten, Auberginen hinzugefügt werden, man wälzt das Ganze in Mehl und bäckt es in schwimmendem Fett und richtet es mit in Butter geschwenktem Schinken an. Und dann? «Gefüllter Felchen.» Und damit der Fisch auch nach Fisch schmeckt, damit er nach dem schmeckt, *was er ist*, um es wie Cur zu sagen, fügt man Brotkrumen und Milch, Kräuter und Sahne, neuerlich Eier und selbstverständlich Butter hinzu, auch Weißwein, Fischbrühe – das Rezept für die Brühe lassen wir aus –, vierundzwanzig Krebse, bloß zur Dekoration, und vergessen Sie nicht den Blätterteig und die Umhüllung mit Sauce Bercy – übergehen wir auch die Rezepte der beiden letztgenannten Bestandteile, denn wahrscheinlich hätten wir nicht genug Eier im Haus. Also weiter: «Poularde à la Charles Monselet», das heißt zwei Hühner, Butter und Öl, Pilze, Zwiebeln, Tomaten, Sahne und Gurke. Da der Magen noch immer nicht schwer ist, setzt man mit «Gänseleber

Tell» fort, das bedeutet: zwei Stücke, die zwischen zwei- und sechshundert Gramm wiegen, dazu Bratkartoffeln in Butter, geröstete und geriebene Brotwürfel in, erraten, Butter geschwenkt, sowie Cognac und Madeira. Um sich dem Ende der Mahlzeit zu nähern, noch ein kleiner «Salat Gardian» mit Kartoffeln, Ricard, ja, Ricard, Reis, Nüssen, Mayonnaise, Kräutern und – immerhin – auch ein wenig Salat. Zuletzt, denn alles nimmt einmal ein Ende, ein «Vacherin» anstelle eines Desserts: die «Damenplatte», so wird uns erläutert. Italienische Meringues also, Kakao, beinahe ein Kilo Eis in drei verschiedenen Aromen, Schlagsahne, pochierte Pfirsiche mit Sirup, Himbeerschnaps. Wer will und kann, nimmt dann noch Kaffee und Alkohol. Auf der Einladung zu den Menüs wird darauf hingewiesen, daß man eine leichte Mahlzeit zu erwarten habe, daß man bei Aufhebung der Tafel einen frischen, ausgeruhten Körper wird haben wollen, daß man sich einen sprühenden Geist bewahren möchte, um nicht diesen «vollgefressenen, schläfrigen Raubtieren» zu gleichen, die «nur daran denken, so rasch wie möglich ihren Liegeplatz zu erreichen, um besser verdauen zu können», wie es im Vorwort heißt. Ich fürchte das Schlimmste für die, welche zu einer Tafel geladen werden, für die man mehrere Menüs zusammengemixt hat, eines für Jäger, eines, um sich von den Anstrengungen einer Landpartie zu erholen, ein drittes, das wohl erfunden wurde, um den 14. Juli zu feiern …

Man versteht: die bürgerliche Materie ist überreich. Innerhalb der von Pierre Bourdieu in seiner Kritik der gesellschaftlichen Urteilskraft aufgestellten Kategorien vertritt sie den Pol schwer/fett/gesalzen/nahrhaft/reich/kräftig, sie ist demnach die Küche der Bevölkerungsschichten mit negativem kulturellem Kapital, denen es um Ernährung geht, aber nicht um Gastronomie. Geschmacksfeinheiten, Freuden der Verkostung und des Vergleichs, des intellektuellen, gedanklichen Zugangs sind für sie ohne Bedeutung. Auch behauptet der bürgerliche Esser energisch, daß die Ernährungsfrage keine ästhetische Frage sei, daß sie nichts mit den schönen Künsten zu tun habe und daß sie auf keinen Fall das Universum der Künstler auch nur berühre.

Die Argumente sind unverändert geblieben bei denen, die heute die Küche stigmatisieren, wenn man zeigt, daß sie Probleme aufwirft, die aus dem Bereich der Kunst stammen. Die Hysterie erreicht einen Höhepunkt bei der Menge der Trissotins, die von der Komödie der Kultur und der Niederlage des Denkens zu schwatzen beginnen, sobald die kulturellen Ghettos aufzubrechen drohen, in denen sie brüten und die sie mit allen Mitteln gegen fremde Eindringlinge verteidigen. Keine Kochkünstler, keine Kochkunst im Bereich der schönen Künste, keine zehnte Muse, keine Gastrosophia zwischen Euterpe und Terpsychore, keine Gastronomiekritik (wie man beispielsweise von Kunstkritik spricht), keine begrifflichen, philosophischen Feldzüge für eine Tätigkeit, die nicht die entsprechende Würde besitzt.

Und dennoch war die Küche nie so sehr wie nach der letzten kulinarischen Revolution, die von Henri Gault und Christian Millau auf den Begriff gebracht worden ist, dazu bereit, in den Bereich der Ästhetik einzutreten, um einen Platz etwa zwischen den minimalistischen Darstellungen eines Sol LeWitt und den konzeptuellen Installationen eines Joseph Kosuth zu beanspruchen. Übrigens ist es nicht gerade erstaunlich, daß dieselben, die dem Koch die Rolle und Funktion eines Künstlers verweigern, auch die gesamte zeitgenössische Kunst seit Picasso mit einer einzigen Geste verdammen. Sie huldigen dem bürgerlichen Geschmack, den sie in den Werten, die ihnen Sicherheit geben, veranschaulichen und teilen: in den Werten der Quantität, der Fülle angeblich sicherer Bezüge, in denen das Prinzip der sozialen Unterschiede zum Ausdruck kommt und fortbesteht.

Im Geiste ist Carême erst im Oktober 1973 gestorben, unter den Schlägen, die ihm Gault und Millau auf den prägnanten und programmatischen Seiten ihres Manifests für die Nouvelle Cuisine[18]

[18] Vgl. zu diesem Abschnitt: Henri Gault und Christian Millau, «Vive la nouvelle cuisine française», in: «Gault & Millau», Oktober 1973, Nr. 54. Weiter: «La nouvelle cuisine et ses 95 victoires» ebd., März 1976, Nr. 83. Und schließlich: «Sommes-nous les fossoyeurs de la cuisine française?», ebd., Juni 1979, Nr. 122. Siehe auch: Georges de Giafferi, «Libres réflexions sur la nouvelle cuisine», ebd., Dezember 1981, Nr. 152.

zugefügt haben. Ende der «Pascaline d'agneau» mit ihren vier Köpfen von abgebrühten, ausgelösten, gewässerten Schäfchen, samt deren Hirnen und Zungen, in Speck gerösteten Lebern, Füllungen, zwölf Füßen, farcierten Köpfen, zwölf gespickten Briesen, Pilzsauce, Hahnenkamm als Dekoration – all das für eine einzige Speise, die man mit einer «Grande Sauce espagnole», der opernhaftesten aller Zutaten, anrichten konnte. Also auch Schluß mit der «Großen spanischen Sauce» und ihrem vierseitigen Rezept, das eine zweitägige Zubereitung und viertelstündliche Kontrolle erforderte, Schluß mit ihren Schinken, Kalbsnüssen, Naturteilen, Stücken von kräftigen Kalbskeulen, Hühnern, Fasanen, vielfachen Kräutern und Pilzen – für eine einfache Sauce, die man am Vorabend der Mahlzeit ansetzt, am Morgen bindet, zu Mittag entfettet, am Abend serviert. Ende der neoklassizistischen und Haussmannschen Architekturen, der Dekorationen à la Viollet-le-Duc, der Fettschlösser, der Schweineschmalzruinen, der Galantinen von Fasanen, die erst geschlachtet, dann von neuem gefiedert und auf Silbertabletts serviert wurden. Ende der monumentalen und schweren, dichten, versichernden Referenz. Ende einer Welt. Ankunft eines neuen Zeitalters.

Die Nouvelle Cuisine ist der Ausgang eines dialektischen Prozesses, der mit der *mittelalterlichen Nase* beginnt, um sich mit dem *bürgerlichen Auge* fortzusetzen und zu entwickeln und, wenigstens vorläufig, im *modernen Geschmack* seine Vollendung zu finden. Gegenwärtig kann sich keine Kochkunst, die diese Bezeichnung zu Recht trägt, erlauben, die Lektionen zu ignorieren, die damals die Protagonisten einer echten epistemologischen Umwälzung gegeben haben. Von diesem Zeitpunkt an werden sämtliche Sinne in das gastronomische Verfahren einbezogen, ohne daß ein einziger vernachlässigt oder gar verachtet würde: das Auge wird durch die Schönheit der Schöpfung, durch die vom Zeitgeist, der zum Minimalistischen neigt, inspirierte Darbietung befriedigt; für den Geruchssinn gibt es kostbare Düfte, die man mit neuen Essenzen, Aufgüssen und Ingredienzien erzeugt; was das Taktile betrifft, so sind die Texturen verschieden abgestuft, so daß man das Weiche, das Zarte, das Harte entdecken kann – ein Ergebnis verfeinerter Zubereitungsweisen; das Ohr erfreut sich an den melodischen Variationen des Knackens und Knusperns, die nun dank der leichteren Stoffe viel differenzierter sind; für den Gaumen schlußendlich gibt es neue, komplexe, zarte, sehr feine Geschmacksnoten, Leckerbissen für den Geist und die Intelligenz, eine konzeptuelle und zerebrale Nahrung, ein Vergnügen des ganzen Körpers, Versöhnung von Fleisch und Nerven.

Wenn Antonin Carême die Referenz auf das Monumentale und auf die Architektur veranschaulicht hat, so haben auch die Verfechter der Nouvelle Cuisine ihren Zeitgeist erfaßt, der auf den minimalen Ausdruck gerichtet war, auf die konzeptuelle und intellektuelle Bedeutung. Hierin liegt wahrscheinlich der Ursprung eines Teils der Polemik, die sich um die Erneuerung der Kochkunst spann, da man sie nicht in ihrer symptomatischen Natur, in ihrer ästhetischen, ja metaphysischen Dimension begreifen wollte, sondern sich nur mit den bereits reaktiven Auswüchsen beschäftigte. Während man darin nichts als kaufmännische Schachzüge von Werbe- und Medienleuten erblickte, übersah man, daß es da auch eine Insel an Sinn gab, die in Beziehung stand zu den Obsessionen einer Epoche oder zu den unterirdischen Strömen, die auf sie einwirkten.

Die sechziger Jahre sind durch eine quantitative Revolution markiert, die auf Entfettung und Abmagerung zielt: weniger autoritäre Macht, weniger Willkür und Zwänge, weniger alte Werte und antike Tugenden im Mai 1968; weniger Figuren, weniger Psychologie, weniger Intrigen und barocke Beschreibungen, weniger demiurgische und göttliche Eingriffe von seiten des Romanciers – fordern die Autoren des Nouveau Roman, deren Tätigkeit von Ricardou 1973 theoretisiert worden ist; weniger Arabesken, weniger Ornamente, weniger Noten und Chromatismen, weniger komplexe und nebulose Variationen, rufen die Vertreter der minimalistischen Musik, die in ihren Exzessen – John Cage – bis zum Schweigen gehen; weniger Unterwerfung unter die Warengesellschaft, unter die Traditionen der Malerei, die jahrhundertschweren Lasten, fordern die Künstler, die zu immer einfacheren Formen neigen, zur geometrischen Formabstraktion, zum reinen Konzept, zur phänomenologischen Beziehung zwischen Betrachter und Werk; Minimum an Formen und Gegenständen, an Stoff und Sinn – quantitative Verknappung, Aufschwung des Qualitativen: aus der Form wird Gehalt. Die Nouvelle Cuisine hat an diesem Willen zur Verringerung teil. Sie gehört auch jener großen Strömung an, die zur selben Zeit die autoritären Figuren in Frage stellt: de Gaulle, Mauriac, Strawinski, Picasso sind große alte Männer, gewiß, aber sie haben sich überlebt. Die Zeit ist gekommen für Cohn-Bendit, Pinget, La Monte Young, Richard Serra.

So steht es auch im Bereich der Küche, wo Kritik und Demonstrationen angesagt sind: Carême, Escoffier, Curnonsky mögen abtreten, Haeberlin, Bocuse, Gault & Millau sind bereits auf dem Sprung; Schluß mit den «Lamm-Pascalinen» und der «Großen spanischen Sauce», her mit der triumphalen, arroganten Darbietung von «Austernragout mit Gurken», von «warmer Gänseleber mit Radieschen», «Hummerragout» oder «Geflügelschnitzel mit Tee». Man tötet den Vater, und als Sündenbock dient Escoffier. Er, der geschrieben hatte: «Jede Neuerung erscheint zunächst als Perversion einer ursprünglichen Vollkommenheit», wird nun mit der Eitelkeit seiner Aussage konfrontiert. Denn es heißt, die dialektische Natur der Dinge mißachten, wenn man sich selbst zum Ende der Geschichte stilisiert und das Nichts hinter sich prophezeit; und außerdem ist es immer lächerlich, so zu tun, als wäre die Vollkommenheit von dieser Welt und dazu noch auf dem eigenen Mist gewachsen. Escoffier versinkt mit Haut und Haar in seiner Sauce und seinen Kalorien, in Fett und Unverdaulichkeit. Begräbnis erster Klasse – ohne Schmaus und Bankett.

Die Nouvelle Cuisine nimmt diese Vertreibung der traditionellen Autoritäten auf sich, sie will den Schatten der Befehlshaber auflösen, der Kreativität und Innovation verhindert. Auf allen kulinarischen und gastronomischen Ebenen fordert sie das Minimale: Minimum an *Kochzeit:* man rühmt das Rosa an der Gräte beim Fisch, der (ebenso wie die Gänseleber) auch roh gereicht werden kann; Minimum an *Konservierung:* es geht darum, möglichst selten auf Kühlung und andere Techniken zurückzugreifen, die die Texturen entstellen, zum Beispiel das Abhängen von Wildfleisch; Minimum des *Angebots:* die Auswahl auf der Karte ist beschränkt, um ein Maximum an Frische und Qualität der Produkte zu gewährleisten, die man entweder direkt beim Hersteller oder aber auf dem Markt auswählt, um über die Produktionsbedingungen Bescheid zu wissen; Minimum bei der *Präsentation:* nüchterne Anordnung, Konzeptualisierung, Abstimmung der Farben und Formen, Minimum an Kunstgriffen, um Geschmacksnuancen und Werte zu erhalten; Minimum schließlich bei der *Ernährung,* Priorität für geringen Kaloriengehalt, für Diätetik und Leichtigkeit: man kultiviert vor allem die Tugenden der Einfachheit und der Nüchternheit.

Nach dieser grundsätzlichen Entscheidung für das Karge, die zugleich eine ethische Entscheidung ist, bemüht sich die Nouvelle Cuisine außerdem um eine – manchmal exzessive – *Poetisierung* der Formeln; um eine *Technologisierung* der Küchen, wo man ohne Bedenken auf modernes Material zurückgreift, um sich das Leben zu erleichtern; eine *Orientalisierung* der Bezugnahmen, sowohl beim Gebrauch von Gewürzen als auch beim Kochen, wo der Trockendampf und das Wasser Praktiken des Beinahe-Nichts begünstigen; und schließlich bemühen sich die Köche dieser Schule um *Erfindung,* um kühne Varianten bei der Verbindung von Produkten: Kalbsbries und Seeigelcreme, Stopfleber und Austern, Jungenten und Birnen, Langusten und Orangen, Rebhühner und Feigen. Die Küche wird zur Gelegenheit für das, was die Japaner *Satori* nennen, ein Zen-Ereignis, welches das Denken taumeln läßt und das ganze Sein bis in die kleinsten Parzellen betrifft. Die aufgetragenen Speisen sind Werke von *minimal art* und Konzeptkunst: sie bezeichnen und manifestieren einen Stil, ein Temperament und auch eine Epoche.

Der Teller zeigt, wozu eine Zeit fähig ist, wie sich eine Kultur verändert und entwickelt, auf welche Weise sich die Zivilisationen kristallisieren – hier in einem Werk von Jean Tinguely, dort in einer Speise von Girardet, in einem Musikstück von Luc

Ferrari oder in einer Skulptur von Dubuffet. Die Formen sind eloquent, und auch die Stoffe sind es. Die Nouvelle Cuisine war eine essentielle Konstellation, die zu ihrer Zeit, vor mehr als zwanzig Jahren, eine neue Grammatik, eine neue Syntax sowie revolutionäre Paradigmen lieferte, mit denen man kühne Sprachen, bestimmte Arten von radikalen Formstrukturen erzeugen konnte, die eine Wende einleiteten, die Ankunft einer neuen Epoche, in der sich die heutige Kochkunst entfaltet, die nie und nimmer wäre, was sie ist, wäre ihr nicht jene fröhliche Apokalypse des Geschmacks vorhergegangen. Die Küche hat aufgehört, bloß eine Angelegenheit des sich ernährenden Bürgers zu sein. Sie wird zu einer Ästhetik im vollen Sinn, ein Anlaß, um den Geschmack in der Sinnesfreude zu erproben, eine hedonistische Gelegenheit. Diese Gelegenheiten sind nicht so häufig, als daß man sich erlauben dürfte, sie zu versäumen.

VII

Der Anteil der Engel

Epitaph für den heiligen Patrick

Für Lucien Jerphagnon

Weil die Menschen sterblich sind und sich mit diesem Gedanken nicht abfinden können, sind Nektar und Ambrosius Gespenster, die in allen Zivilisationen wiederkehren. Magische Pflanzen, göttliche Getränke, himmlische Nahrung, die Unsterblichkeit verleihen – all diese vielfältigen Erfindungen, denen die praktische Wirkung verwehrt bleibt, zeigen oder verraten das menschliche Erschrecken vor der unerbittlichen Notwendigkeit. Wenn uns aber der Tod erwartet, welche Energien müßte man sich aneignen, ja, in sein Blut aufnehmen, um zu verhindern, daß die Lymphe eines Tages erstarrt? Welche Flüssigkeiten bergen genügend Kraft und Vitalität, um das Blut der Sterblichen auf immer zirkulieren zu lassen? Das Wasser der Lethe wird zur gegebenen Zeit alles in Vergessen hüllen und unsere Versuche, den Entschluß des Thanatos ins Wanken zu bringen, obsolet machen.

Gefaltet, entfaltet, gebeugt und gesättigt von der Sonne, sind die Pflanzen ein unerschöpfliches Reservoir von Bildern und Symbolen. Von den Wurzeln, die sich von der Erde und den dunklen unterirdischen Kräften nähren, bis zu den Blüten, die zum Himmel und zum Licht streben, geben sie ihrer Teilhabe an der irdischen Welt und ihrem Drang zum himmlischen Universum Ausdruck, ihrer doppelten Zugehörigkeit zu den unterirdischen Gewalten und den ätherischen Virtualitäten. An der Schnittlinie dieser beiden Stoffe, der Erde und der Luft, vom Wasser fruchtbar gemacht, ist die Pflanze auch ein Vektor des Feuers. Zu diesem Zweck pressen die Menschen die Säfte der Pflanze aus, sie versuchen, ihr Geheimnis zu erfassen und in magische Flüssigkeiten zu bannen, um sie in metaphysische Getränke[1] zu verwandeln.

Der Pflanzensaft ist Träger vitaler Möglichkeiten. Die Samenflüssigkeit ist weißes oder durchsichtiges Blut, in dem die quintessenziellen Grundstoffe transportiert werden. Daher das Interesse der Alchimisten für die Pflanzen wie auch für die Minerale, die gleichfalls mit Energien geladen sind, die zum Stein der Weisen führen und das philosophische Problem lösen können: Wie erhält man das Elixier der Unsterblichkeit? Welche Methoden muß man anwenden, um in einem Wunderfläschchen die Reichtümer zu vereinen, die in den Substraten der Lebenskräfte enthalten sind?

Das Geheimnis der Pflanzen klärt sich nur im Rahmen einer pantheistischen – oder zumindest vitalistischen – Philosophie auf. Wenn das große Ganze als konsequente Architektur verstanden wird, erscheinen die Teile als Fragmente, die das Ensemble zusammenfassen. Muß man sich wundern, daß zahlreiche Philosophen beim Betrachten der Form eines Blattes, einer Blume oder eines Grashalms auf die Idee einer höheren architektonischen Macht verfielen? So daß man die Pflanze als Modulation der *natura naturata* sehen könnte, als Verkörperung und Darstellung des Lebenswillens, als chlorophyllische Variation über das Thema des Willens zur Macht, als Entfaltung der schöpferischen Energie, als Hervorbringung eines Strömens – alles Lesarten, die besagen, inwieweit sie als Existenzbeweis von erosähnlichen Kräften gelten kann.

Innerhalb dieser Gedankenordnung, auf dem magischen Terrain der symbolischen Assoziation und des naiven Denkens, er-

[1] Vgl. zu diesem Abschnitt: M. Toussaint-Samat, a. a. O., «Histoire des alcools de grain», S. 157 ff. – Alexis Lichine, «Histoire des alcools et de la distillation», in: «Encyclopédie des vins et des alcools», Robert Laffont, S. 20–23. – «Histoire des techniques», Pléiade, Gallimard. – Gaston Bachelard, «Psychoanalyse des Feuers», München und Wien 1985. – Mircea Eliade, «Schmiede und Alchemisten. Mythos und Magie der Machbarkeit», Freiburg i. Br. 1992.

richtete ein neapolitanischer Vielschreiber des 16. Jahrhunderts eine heute vergessene Wissenschaft: die Phytognomonie. Deren Prinzip besagt, daß die Pflanzen heilen, daß jedes Gift in der Natur sein Gegengift hat und daß der Instinkt den Tieren zu dieser heilsamen Kenntnis verhilft. Giambattista Della Porta suchte bei den antiken Schriftstellern nach Bestätigung seiner Hypothesen und berichtet in seinen Kompilationen, daß man Pflanzen kannte, die das Wasser vereisen, wieder andere, die die Löwen zum Hinlegen zwingen, und auch solche, die dem Feuer Einhalt gebieten. Einmal trocknen die Pflanzen Teiche aus, ein andermal bewirken sie beim Menschen heftige Lachausbrüche. Der Hirsch kennt das Gras, das den Pfeil des Jägers aus seiner Wunde fallen läßt. Die Schwalbe vermag die Augen ihrer Kleinen mit Schöllkraut zu heilen. Die Schildkröte behandelt Schlangenbisse mit Bohnenkraut. Diese und viele andere Beispiele zeigen die Vielfalt und den Umfang der pharmakologischen Kräfte der Pflanze.

Im übrigen stellt Della Porta die Hypothese auf, die Formen seien Träger von Sinn. Wenn eine Pflanze zum Beispiel an ihrem Stengel, ihren Blüten, ihren Blättern oder einer anderen Stelle ihrer Anatomie eine charakteristische Form aufweist – Zähne, Finger, Augen, ein Herz, Haare und so weiter –, ist sie besonders geeignet für die Behandlung des betreffenden Organs, wenn dieses krank ist. Die Phytognomonie bemüht sich nun, die Pflanzen hinsichtlich ihrer Formen zu klassifizieren, um sie der geeigneten Verwendung zuzuführen. Della Porta beachtet auch die Umwelt – das Biotop, würden heute die Spezialisten sagen: Wasser, Klima, Sonneneinstrahlung, Wind und andere Details beeinflussen den Wert der Pflanze und ihre Wirksamkeit. Die Önologie bestätigt heute die Stichhaltigkeit dieser Intuitionen im Bereich des Weinbaus.

Weder die Phytognomonie noch die Opotherapie Brown-Séquards, derzufolge man Pflanzensaft einnehmen müßte, um seine Kräfte zu erneuern, haben eine dauerhafte oder sichtbare Rolle in der wissenschaftlichen Landschaft Europas gespielt. Dennoch sind diese naiven Wissenschaften unter epistemologischen Gesichtspunkten bedeutsam, da sie die Persistenz von

Schemata, von geistigen Modellen und von Verhaltensweisen zeigen, die niemals völlig verschwinden. Gestützt auf den Grundsatz Paul Feyerabends, den ich voll und ganz teile, daß «es keine Idee gibt, so alt und absurd sie auch sein mag, die nicht imstande wäre, unsere Kenntnisse zu erweitern», kann man sagen, daß die Phytognomonie ebenso wie die Opotherapie ihre Bestätigung bei jenen Forschern findet, die, wenn auch in aller Stille und Diskretion, bei ihrer Suche nach Medikamenten im Kampf gegen heutige Pandemien (wie zum Beispiel Aids) das Wissen der primitiven indianischen Stämme heranziehen.

Als offene Lehrbücher der Seelen- und Körperheilkunde liefern die Pflanzen bis heute reichhaltigen Stoff für eine wuchernde Vorstellungswelt, die schöne Intuitionen und manchmal auch handfeste Errungenschaften hervorbringt. Darunter den Branntwein, *l'eau de vie,* das Lebenswasser, dessen Name bereits sagt, welche Phantasien und eingestandenen Absichten es mit seiner Mischung aus Wasser und Feuer verfolgt.

Das Feuer ist immer magisch gewesen. Seit dem Anbeginn der Zeiten wurden Schmiede und Alchimisten, wurden diese Waffen und Harnische herstellenden Demiurgen ob ihrer außergewöhnlichen Macht mit den Göttern verglichen. Die Flamme beherrschen, Gestein zum Schmelzen bringen, glühende Formen erzeugen, Metalle fabrizieren, Kombinationen erfinden, metallische Gegenstände beseelen durch die Zähmung des Feuers – diese Tätigkeiten haben stets jene Sterblichen ausgezeichnet, die bereits mehr oder minder die Welt der Menschen verlassen hatten, um sich zu den Halbgöttern zu erheben.

Feuer und Wasser gehen eine Verbindung ein, die den Alkohol zur Welt bringt, diese einzigartige Legierung im Bereich des Flüssigen. In der keltischen Mythologie beispielsweise ist Goibniu, der Vulcanus der Irländer, zugleich Waffenschmied und Brauer der Götter, für die Gärung zuständig und allein befugt, den Met zu servieren. Die Verwandtschaft zwischen Schnaps und Feuer geht zurück bis in die graue Vorzeit der Geistesgeschichte, als – gewiß ohne besondere Reflexion – die sakralen Ämter verteilt wurden. Energie und Macht sind in beidem zu finden, im Schwert und im Lebenswasser, in der scharfen Klinge des Degens und im brennenden Schluck, der die Eingeweide peitscht. In einem minimalen Volumen speichert der reine Alkohol ein Maximum an Potentialitäten, an verfügbaren Kräften. Und diese Magie wird durch die Destillation bewirkt: reduzieren, die Quintessenz hervortreiben, zu den Prinzipien selbst vorstoßen, im Herzen der Flüssigkeit dasjenige suchen, was ihren Samen, ihre Wirksamkeit, ihren Tonus ausmacht.

Dem Feuer unter dem Kessel des Destillierapparats entspringen die brennenden Tränen eines Destillats, um in die Krümmung des Schwanenhalses zu tropfen. In den Spiralen des schlangenartigen Rohrs, in diesem falschen Labyrinth, das den Zweck hat, die Flüssigkeit gleichsam zu bremsen, wird der Alkohol abgekühlt. Am Ende dieses feurigen Schöpfungsprozesses ist das Wasser mit der Glut vermählt, man erhält eine durch volatile Flammen veredelte Flüssigkeit. Der Heizkessel hat seine Form nicht verändert, seit er von den Arabern und den Alchimisten entwickelt wurde. Auch die Behälter, der Weinsieder zum Beispiel, sind die gleichen geblieben, sie dulden kein anderes Material als das Kupfer und keine andere Bearbeitung als das Behämmern. Andernfalls ist der Alkohol ungenießbar – kein Mensch weiß, warum.

Bevor der Apparat zur Alkoholgewinnung verwendet wurde, diente er zur Herstellung von Parfüms, die insofern auch für Branntweine und Schnäpse von Bedeutung sind, als diese ihren ganzen Reichtum meist nur dem Geruchssinn verraten. Die Nase wird durch die Duftstoffe angeregt, denen man rasch vergehende Befriedigungen verdankt, die jedoch um so dauerhafter werden, je öfter das Gedächtnis sie sich in Erinnerung ruft. Die Destillation zielt auf Reduktion, auf konzentrierte Qualität. In der rohen, noch unbearbeiteten Flüssigkeit sucht, verfolgt und findet der Branntweinalchimist das Prinzip. Die Essenz, wie Platon es nennt, die reine, ätherische Form wird aus dem Limbus, aus dem Herzen der Materie extrahiert, in der sie ruht. Den atomaren Tänzen und molekularen Vibrationen verwandt, sind die wohlriechenden aromatischen Extrakte mit vielleicht nicht gerade zauberischen, aber doch magischen Kräften versehen: sie verleihen die Macht, das Leben zu verlängern, den Tod zu bannen, die Energie zu erhöhen, die Lebenskräfte zu steigern. Lebenswasser, *eaux de vie*, wie man die Brände auch nennt, schließen in der flüssigen Bewegung die *Kräfte* ein, durch welche sich das Leben ausdrückt.

Das Prinzip der Verdampfung der Bestandteile, der Dekonstruktion der Ganzheiten, der Analyse gewissermaßen, ist seit Aristoteles bekannt, der die Einzelheiten erforscht, indem er die Bedingungen der Entsalzung des Meerwassers untersucht und der Natur der zusammengesetzten und organisierten Substanzen, der Homöomere, auf den Grund geht. Auf der einen Seite die Kristalle, auf der anderen Seite das Wasser. Hier der Stein, das sich aufbäumende Mineral, dort die Flüssigkeit und ihre Schwankungen. Nach der Destillation ist die Synthetisierungskraft zugunsten einer anderen Möglichkeit, zugunsten anderer Potentialitäten verschwunden. So wie im Reich der Dialektik ist das Meerwasser die Verwirklichung einer als Ganzheit a priori unauflösbaren Mischung, die a posteriori jedoch in ihre Bestandteile zerlegt werden kann. Nach dem Eingreifen von Kultur, nach der Anwendung einer Technik, einer geistigen Macht, erhält man die beiden Instanzen, die durch ihre Verbindung eine transzendente Form erzeugt hatten. Und jede der beiden intensiviert die Qualitäten, die nun freigesetzt werden: jodhaltiges Pulver einerseits, Süßwasser ohne Natrium andererseits. Durch dieses einzigartige Verfahren, diese Quintessenz des Artifiziellen, trennt der Mensch, was die Natur – andere würden sagen Gott – zusammengefügt hat.

Mit dem Alkohol war es wie mit dem Salz. Mit der Verdunstung wie mit der Destillation. Am Anfang sind es die Araber, die diese Alchimie der Trennungen beherrschen. Das erste Objekt, das sie der Dekonstruktion unterwerfen, ist das Antimon, dem man die Eigenschaft zuschreibt, den Härtegrad der Metalle, mit denen es verbunden wird, zu erhöhen – eine wesentliche Qualität für Leute, die nach dem Stein der Weisen suchen. In

Form eines schwarzen Pulvers, mit einer flüssigen Grundmasse vermischt, wurde es der Destillation unterworfen, um dadurch seine Prinzipien freizusetzen. Nach diesem Verfahren, das die Verdichtung und Verfestigung des Dampfes bewirkte, blieb ein dunkles Pulver zurück, der Khol, der als Restessenz den Frauen dazu diente, ihre Augen zu schminken. Al-khol nannte man bald die Substanz, die man durch das alchimistische Verfahren erhielt. Die Folgen der Erfindung und das weitere Schicksal des Wortes kann sich ein jeder leicht ausmalen.

Die ersten schriftlichen Spuren, die die Destillation betreffen, verdanken wir Arnaud de Villeneuve. Arzt, Alchimist, auf seine Art ein Prophet, mit vielerlei Talenten begabt, schrieb er Mitte des 13. Jahrhunderts ein «Liber de vinis», das zahlreiche Informationen über Weine und ihre Magie, über den Alkohol und seine Macht, über die verschiedensten Arten von Getränken und deren Geheimnisse enthält. Was er über den Destillationsapparat sagt, beweist, daß dieses Instrument schon von den Griechen verwendet wurde: Kürbisgefäß, Baldachin, Schwanenhals und Kühlschlange (eine einzigartige Struktur, die ihr Vokabular aus der Welt der Tiere und des Gemüses ableitet), der Rundbauch und die Kehren, die Wülste der Schlangenform, die Windung des unbefleckten Geflügels und das architektonische Ornament, worin die Dämpfe kondensieren. Villeneuve formulierte, Lulle präzisierte, aber Patrick, dem heiligen Patrick, verdanken wir die Einführung des Destillierapparats ins europäische Abendland. Zumindest kann man das in den erbaulichen Schriften lesen.

Im Jahr 432 kommt der Proselyt nach Irland, um dort Ollathair, Morrighan und die anderen zu entthronen und sie durch Jesus und seine Apostel zu ersetzen. Die Überlieferung will, daß er aus Ägypten, wo er bereits gepredigt und die gute Nachricht verbreitet hatte, einen vollständigen Destillierapparat in seinem Gepäck mitbrachte. Es war höchstwahrscheinlich dieses aus dem Morgenland eingeführte Instrument, mit dem er die Destillation eines Getreidesafts bewerkstelligte, den man *uisge betha* nannte, was auf schottisch Weihwasser heißt. Damit war der Beweis erbracht, daß man die Messe feiern und zugleich

Instrumente sammeln kann, die zur Herstellung wenig katholischer, ja sogar ein wenig heidnischer Getränke dienen.

Man kennt das Schicksal dieses Wassers, das so angenehm schmeckt, wenn ihm die Gärgeister Kraft eingehaucht haben. Als Heinrich II., König von England, 1170 Irland überfiel, ließ er seinen Soldaten freie Hand, um jene unglücklichen Gegenden zu befrieden, wie man heute sagt. Ein paar Rohlinge, die sich in einer Abtei einquartiert hatten, wo man nach dem Ritus des heiligen Patrick destillierte, kosteten das Getränk. Die Tradition der Namensforschung, vermischt mit ein wenig phantastischer Etymologie, besagt, daß die solcherart gestärkten Krieger Flügel an ihren Rücken wachsen fühlten – heidnische Engel, möchte man sagen –, und daß sie, neu gerüstet und gewappnet, nun wie Wurfspieße dahinzuschießen vermochten – *to whisk,* auf englisch. Der heilige Patrick hatte erfunden, was die Taufe dann mit dem Namen Whisky bestätigen sollte …

Glaubt man den Legenden, war der Getreideschnaps das erste Lebenswasser, auf das bald eine stattliche Zahl von Getränken aus destilliertem Alkohol folgen sollten: Cognac, Armagnac, Calvados, Rum, Gin, Wodka, Tequila, die sich der Weintraube und des Apfels, des Zuckerrohrs und der Kartoffel, der Agave und aller nur möglichen und erdenklichen Früchte und Wurzeln bedienen. So hat man Gelegenheit, des langen und breiten Gott Bacchus zu huldigen, ohne daß er je verärgert würde, da es den Menschen an Vorstellungsvermögen bei der Vielfalt der geleisteten Huldigungen keineswegs mangelt.

Pilger jeglicher Herkunft haben dem Lebenswasser zugesprochen, bisweilen in recht unvernünftigen Maßen. Der Weg nach Santiago de Compostela oder nach Mekka wird manch einem lang. Und das Weihwasser ist eine traurige Sache. Mangels Gewißheit in bezug auf das Jenseits und seine Glücksversprechen, die Paradiese alimentärer, geschlechtlicher und bukolischer, flüssiger und sinnlicher Natur, haben die Christen – oder die weniger christlichen unter ihnen – lieber den *sublimen Teil* oder die *brennende Seele des Weins,* die *Quintessenz,* das *Feuerwasser* (auch

Goldwasser oder *Dauerwasser*) gebraucht, ja mißbraucht. So daß die Menschen nicht selten, während sie auf das ewige Leben und die Glückseligkeit der Engel warteten, beim Branntwein jenen Enthusiasmus suchten, den ihnen die Theologie und die Heilsfahrpläne der Kirche nicht zu bieten vermochten. Man greift eben zu den Reinigungswassern, die in Reichweite sind …

Um die gewöhnlichen Sterblichen dazu zu bewegen, das, wofür die Priester zuständig sind, nämlich Trost und Hilfe für die schwache, erschöpfte Seele, nicht über Gebühr vom Rebensaft zu erhoffen, griffen die Liebhaber der Nüchternheit manchmal zu recht eigenartigen Prophylaxen. Die Apostel des asketischen Ideals, wie so oft in Verbindung mit den Wissenschaftlern der Zeit, verfielen auf die pikaresk-polizeiliche Propädeutik. Um schlechte, ideologisch repressive Absichten durchzusetzen, ist nichts hilfreicher als die Zustimmung offizieller Persönlichkeiten, seien sie Schreiberlinge oder Staatsbeamte, Wissenschaftler oder moralische Autoritäten. Die Bürgschaft eines Medikasters galt stets als Reisepaß für die Wahrheit. Heute sind es Diätetiker mit ihrem Kauderwelsch, Gesundheitspäpste mit statistisch abgesicherten Gesetzestafeln, und sie prophezeien immer noch im Ton der Auguren, daß es nicht gut sei, die künstlichen Paradiese zu frequentieren. Auf Baudelaires Anrufungen von Haschisch und Wein antwortet ihr ewiger Reim: Laß es sein.

Eigenartige Prinzipien, welche die Diätetiker und ihre Vorfahren zusammen mit Priestern und Ärzten vertreten, wenn sie ein langes Leben durch kurze Freuden, die man möglichst auf Null reduzieren sollte, in Aussicht stellen. Ihre Variationen basieren stets auf einem einzigen Thema: es geht in gewisser Weise darum, schon zeitlebens zu sterben, weil es danach zu spät sein könnte. Schon vor dem Tod eine Leiche werden, die Gefühllosigkeit von Kadavern anstreben. Folglich nicht trinken, nicht essen. Oder so wenig wie möglich, und dazu der Rat, alle Freuden der Gastronomie als Sünden zu betrachten, oder wenigstens als schuldhafte Vergehen, so daß einem die Lüste des Gaumens vergällt werden.

Eine Unzahl von Büchern, *artes moriendi* auf ihre Weise, blühten zur Zeit der Renaissance, die allesamt zur Beschränkung, zum Maßhalten, zur Frugalität aufforderten, zur Interpretation des Lebens als einer Krankheit, die nach Arzneimitteln und Nüchternheit verlangt. Nüchternheit ist das Schlüsselwort all dieser Breviere, und es dient auch dem 1558 erschienenen Buch Luigi Cornaros als Titel, das im Untertitel «Ratschläge zu einem langen Leben» verspricht. Nicht ohne Hohn zitiert Nietzsche diesen Venezianer, der sich nach vierzig Jahren ausschweifenden Lebens zur Nüchternheit bekehrte. Niemand ist vor solchen Pirouetten sicher!

Man kennt die Geschichte der Verhinderer des vollen Vergnügens[2]. Der gute Doktor Tissot, und nicht nur er, sollte später erklären, aus welchen Gründen das Onanieren, diese armselige Gastronomie, der Gesundheit schadet und, wenn man genau hinsieht, die Ohren in die Länge zieht, auf alle Fälle jedoch den Gesichtsausdruck beschwert, Ringe um die Augen legt, den Bauch aushöhlt und – selbstverständlich – den Unterleib schädigt. Alle Verhinderer wollen an Lebenskraft sparen, um das Leben zu verlängern: Schont euren Körper, so habt ihr ihn länger. Trinkt nicht und eßt nicht mehr, als die Vernunft vorschreibt: denn mit den Zähnen gräbt man sein Grab. Lebt so wenig wie möglich, und ihr werdet diese Langeweile eine Ewigkeit lang ertragen. Um seinen Reden Gewicht zu verleihen, stirbt Cornaro tatsächlich im Alter von hundert Jahren! So viel Eifer hatte man von ihm gar nicht verlangt.

Nietzsche spricht von *Cornarismus*, um die Verkehrung zu kennzeichnen, die darin besteht, zu glauben, daß man seine Diät wählen könne, während tatsächlich sie es ist, die einen wählt. Denn der Körper hat keine Möglichkeit, der Notwendigkeit zu entkommen, die ihn genießerisch oder frugal sein läßt. Verkehrung auch deshalb, weil uns diese diätetische Mythologie ver-

[2] Vgl. zu diesem Abschnitt: Luigi Cornaro, «Discorsi della vita sobria» (1558), dt.: «Ludwig Cornaro's erprobte Mittel gesund und lange zu leben. Ein heilsames Hausbuch für alle, besonders für junge Menschen», Graz 1798. – Pierre Aimé Lair, «Essai sur les combustions humaines produites par un long abus des liqueurs spiritueuses», Paris 1800.

gessen läßt, daß das Bestreben karger Eßgewohnheiten weniger einer erwiesenen pragmatischen Klugheit als ideologischen Gesetzen gehorcht, die in Hinblick auf die Pfaffentheorie erarbeitet wurde. Mit sämtlichen Tugenden gewappnet, verleiht die cornarische Nüchternheit ein buntes Durcheinander von Gesundheit und langem Leben, Freiheit und Entscheidungskraft, sinnlicher Vitalität, Erinnerungsvermögen und Verstandesschärfe. Sie besänftigt die Leidenschaften und macht – *summum bonum* und Allheilmittel – «die Spitzen der Begehrlichkeit stumpf, ja, löscht sogar deren Feuer». Das merke man sich! Kleiner Hinweis für Interessierte …

Der Haß auf das Fleisch, das Begehren, das Vergnügen, auf die Sinneslust und die Leidenschaften, auf Schlemmerei und Trunkenheit hat einen ganzen Haufen von Ärzten an allen Orten der Welt in Anspruch genommen. Einer von ihnen, Pierre Aimé Lair, hat einen köstlichen Text voll wissenschaftlichem Ernst und epistemologischer Pedanterie geschrieben, der gespickt ist mit Referenzen und Reverenzen an seine Kollegen von den königlichen medizinischen Akademien, seine über ganz Europa verstreuten Brüder in Äskulap. Der Titel: «Versuch über die Verbrennung von Menschen». Seine These: Trinkt nicht mehr, als vernünftig ist, sonst könntet ihr euch daran verbrennen. Denn die Alkoholiker fangen manchmal Feuer. Nicht Feuer und Flamme für ein letztes Glas, nein. Nicht im metaphorischen Sinn, sondern wirklich und wahrhaftig, indem sie sich entzünden und nach dem Brand nichts von sich zurücklassen als ein Häufchen Asche und ein paar Knochen, die von den Flammen verschont geblieben sind. Der Trinker soll nachher nicht sagen, er habe nicht gewußt, wie das enden kann …

Die Tatsachen werden erzählt und in allen Einzelheiten miteinander verglichen: hier ein Fall in Kopenhagen, dort in Aix-en-Provence, einmal in Verona, ein anderes Mal in Caen – der Geburtsstadt unseres Empirikers –, in Saint-Clément, im englischen Ipswich oder in Dinan bei den Kelten. Überall konstatiert Lair eine Vielzahl von Fällen und wundert sich überhaupt nicht darüber: Warum sollten bestimmte Menschen nicht plötzlich Feuer fangen, da ähnliche Phänomene auch im Reich der Mineralien beobachtet werden können, beim Grubengas zum Beispiel, oder im Pflanzenreich, beim Kuhmist oder beim feuchten Heu, das zuerst glost und dann lodert? Wie die Innereien der Erde, die die Abgase vom Bauch des Planeten enthalten, und wie die zersetzten, modernden Pflanzen sind auch die Alkoholiker faulende Erde und übelriechendes Gas.

Alle Opfer sind sitzfreudige Frauen, deren Weichteile – bekanntlich zahlreicher als bei den Männern – in hohem Maß alkoholgetränkte Gewebe aufweisen, die sich gegebenenfalls entzünden können. Von der Gräfin bis zur Fischverkäuferin, von der schüchternen Jungfrau bis zur alten, ausgedienten Säuferin war jede Verbrannte seit langem dem verhängnisvollen Laster des Trinkens verfallen, was, nebenbei gesagt, auch beweist, daß die zur Gewohnheit gewordene Sünde schlußendlich immer bestraft wird. In allen Fällen kommt es zu einer deutlichen Explosion. Sie wird einmal durch den weingeschwängerten Atem hervorgerufen, ein anderes Mal durch Erbrochenes, und immer ist eine Feuerquelle in der Nähe: eine Pfeife oder ein Fußwärmer, ein Kamin oder eine Kerze. Besonders gefährdet sind daher alte, alkoholsüchtige, tabakrauchende, fröstelnde, in einen Schal eingemummte Megären, wenn sie in der Nähe eines Kamins sitzen und ihre pantoffelbekleideten Füße auf einen Kohleneimer stützen. Erschwerende Begleitumstände: manche Leute mit schwächlicher Konstitution – Blaise Pascal beispielsweise, glaubt man dem Bericht seiner Schwester – treiben das Laster so weit, daß sie ihre Kleider und sogar ihre Pantoffeln mit Alkohol tränken, wovon sie sich eine aufpeitschende Wirkung erwarten. Und dann ist es eben die Peitsche des Feuers, von der sie getroffen werden.

Nach solchen *Feuersbrünsten,* denn so nennt man gewöhnlich die Menschenverbrennungen, machten die Gerichtsmediziner immer dieselben Feststellungen und registrierten dieselben Schlüsse: nur einige Kleinigkeiten oder die Extremitäten des verbrannten Körpers bleiben mitunter verschont. Lair erzählt von Fingergelenken in der Nähe eines verschonten Hirns, von zwei Beinen neben drei Fingergliedern, von einem leicht geschwärzten

Skelett, das ansonsten unversehrt in einem Sessel ruhte, von ein wenig Haut oder Eingeweiden oder Fleisch, je nachdem. Es handelt sich dabei offenbar um rebellische Stücke, mit denen die Flammen Schwierigkeiten haben, weil sie nicht so mit Alkohol vollgesogen sind.

Käme bei einer solchen Verbrennung zufällig ein reaktionsschneller Jemand vorbei und schleuderte mehrere Kübel Wasser auf die unglücklich Entflammte, würde er alsbald merken müssen, daß seine Löschanstrengungen die Flammen nur verstärken. Das liegt daran, daß die Liebhaber des Alkohols mit ihrer vernickelten Kehle Tag für Tag, und ohne sich dessen bewußt zu sein, Unmengen von Gewürzen zu sich nehmen, die ihre Körper in potentielle Knallkörper, in hypothetische Feuerwerke verwandeln. Sobald es – an einem besonders festfreudigen Abend, nehmen wir an – zu Vermischungen kommt, zum Beispiel von Schnaps und Wein, von Pfeffer und Paprika, Pfeife und Zigarre oder von all dem zusammen, ist die Pyrotechnik bereit, loszugehen.

Im Körper des Alkoholikers, der an die Gewürzsubstanzen gewöhnt ist, haben sich die *volatilen Teile der Aromate* festgesetzt und abgelagert. Da sie unverweslich sind, prägen sie sich dem Fleisch ein und machen es zu Explosivstoff. Wer Alkohol trinkt, verwandelt sich in Alkohol und läuft folglich Gefahr, zu explodieren, wenn die entsprechenden Bedingungen gegeben sind. Die summarische Interpretation der Wirklichkeit, die Theorie der flüssigen Körper und das Schema der hippokratischen Temperamente führen zu substantialistischen und animistischen Trugschlüssen, die von Hygienikern, Diätetikern, Ärzten und Wissenschaftlern, die in Verbindung mit den politischen Machthabern handeln, auf ideologischem Gebiet ausgenützt werden.

Der Körper ist ein Destillierapparat, eine Maschine, die die Alkoholmoleküle destilliert und in potentielle Explosivstoffe verwandelt. Das Fleisch ist ein Reservoir solcher Gefahren, das Feuer eine Verdammnis, die der Sünde auf den Fuß folgt, die man begeht, wenn man das Lebenswasser und seine unmittelbaren Wirkungen dem Weihwasser vorzieht, dessen Wirkungen oft ziemlich lange auf sich warten lassen. Im Unbehagen, das sich bei den Sklaven destillierter Alkohole ausdrückt, tritt ein Daseinsschmerz zutage, ein existentielles Leiden, gegen das allzu überirdische Tröstungen nichts mehr vermögen. Die medizinische Strafe ist auch eine theologische: das Feuer erwartet jene, die trinkend gesündigt haben, denn sie haben tierische Energien in ihrem Inneren freigesetzt, haben auf gefährliche Weise ihre Lebensgeister gereizt und dem Dionysischen freien Lauf gelassen.

Mit seinen raschen und sicheren Wirkungen ist das Lebenswasser ein Getränk der Vitalität, das große Versprechungen macht. Aus diesem Grund ist es auch suspekter als andere alkoholische Getränke: ein eilig dahinbrausendes Fahrzeug, das in Sphären geleitet, wo die Luft und die Seelen tanzen. Der Weingeist gleicht dem Äther. Verschüttet man ihn auf einem Tisch, verteilt man ihn auf einem Handrücken oder tränkt man das Gewebe eines Wäschestücks mit ihm, verzehrt sich der Alkohol ohne Flamme, ohne Hitzeentwicklung, er verschwindet einfach in der Transparenz, wird von der Luft absorbiert und vermischt sich mit ihr, steigt hoch zu den himmlischen Gegenden, wo sich die Destillationen der Destillate, die Geister des vergeistigten Geistes wiederfinden müssen. Durch seine Magie beweist das Verdunstete die Existenz eines Himmels, da dieser einen Raum voraussetzt, der sich von Alkoholdünsten nährt. Im Vorreich des Himmels aber stößt man auf das, was uns vom Anteil der Engel bleibt.

Dionysos und seine Furien verfügen mit dem Alkohol über ein viel zu mächtiges, dienst- und eilfertiges Hilfsmittel, als daß ihnen unsere Zivilisation günstig gesinnt sein dürfte. Eine kleine Phänomenologie des Anteils der Engel[3] kann uns zeigen, welche Sphärenmusik man dort zu hören bekommt, wo die Dünste des

[3] Vgl. zu diesem Abschnitt: Robert Delamain, «Histoire du cognac», Stock 1935. – Nicolas Faith, «Cognac», Flammarion 1987. – «L'amateur de bordeaux», Sondernummer «Cognac, le renouveau» (ein Ausschnitt aus meinem Kapitel ist in dieser Zeitschrift unter dem Titel «Le souffle des anges» erschienen). – Anne-Marie Royer, private Aufzeichnungen und Archive.

atmenden Alkohols zum Himmel steigen, um dort den Geist der Seraphim, Cherubim und anderer Bewohner des kristallklaren Himmels wachzurufen. Denn wer es versteht, die Ohren zu spitzen, um dort den Klang zu erlauschen und die Musik wie eine Frucht zu pflücken – jene Musik, die von den Planeten stammt, die im nachthellen Kosmos tanzen –, der vermag auch das Tönen eines Pilzes zu vernehmen, der das Manna der Engel ist. Sein Name ist *torula compniacensis*, seine Geographie sind die Landstriche der Charente bei Cognac, seine Wirkung ein langes, «dunkeles Schluchzen» auf dem weißen Stein der dortigen Steinbrüche. Diese merkwürdige Rache des Alkoholhauchs am menschlichen Willen benennen die Bewohner von Cognac mit dem Ausdruck Anteil der Engel. Nirgendwo sonst kann man aus der Nähe verfolgen, auf welche Weise der Äther klagt, wenn er sich einen Weg zu den Himmeln bahnt.

In den vom Charente-Fluß bewässerten Gegenden und überall, wo Cognac erzeugt wird, bezeichnet man als Anteil der Engel die Verdunstung, die mit dem Altern des Branntweins in den Fässern der ebenerdigen Weinkeller einhergeht, bevor er dann verschnitten wird. Dieser Anteil ist das Ergebnis einer Alchimie, die auf der Atmung von Alkohol in einer Atmosphäre beruht, die die Einzigartigkeit des Reifungsprozesses der Flüssigkeit ausmacht. Diese energetische Bewegung vollzieht sich zwischen dem Cognac im Inneren des Fasses und der Luft, die im Keller herrscht. Ich sehe hier eine Dialektik am Werk, ein ständiges Hin und Her zwischen dem Wasser, dem Feuer des Alkohols und der Luft, der Erde des Kellers. Die vier Elemente sind in besonderer Abhängigkeit voneinander, jede Veränderung, die ein Element betrifft, bringt sofort auch die anderen in Unruhe. So daß sich Temperament und Charakter des Branntweins auf der Grundlage dieser Spannungen zwischen Innen- und Außenraum strukturieren. Durch die Eichenfässer hindurch, zwischen den Dauben und im Holz selbst mischt sich der Alkohol in Dämpfe, die danach streben, das hölzerne Gefängnis zu verlassen. Im Keller, in dem die alten Quintessenzen ruhen, ist die Luft kühl, die Hygrometrie konstant, die Mauern sind aus dickem Bruchgestein, die Öffnungen klein, damit Luft, aber kein Sonnenlicht eindringen kann. Der Boden ist gestampfte Erde. Aber der Ort selbst hat etwas Magisches, und die Leute brauchen nichts anderes zu tun, als die Arbeit des Alkohols zu beobachten. Zwar kann man auf den Inhalt der Fässer einwirken, indem man Luftzug und Feuchtigkeitsgehalt verändert. Das Wesentliche jedoch bleibt mysteriös, denn nur die Elemente kommunizieren in ihrer Sprache miteinander, über die Menschen und ihre Pläne hinweg.

Wenn zum Beispiel die Erde feucht, also wasserhaltig ist, wenn Grundwasser unter dem chthonischen Mantel fließt, ist die Kellerluft, hygrometrisch gesehen, schwer und ihre Wirkung auf den Inhalt der Fässer eine besondere: der Alkohol wird in höherem Maß angesogen, der Raum des Kellers sättigt sich mit Alkoholdämpfen, während sich der Branntwein im Schoß des Eichenholzes rund und weich strukturiert. Ist die Erde hingegen trocken, wird die Feuchtigkeit des Cognacs betroffen, nicht aber der Alkoholgehalt, so daß die Flüssigkeit mit der Zeit besonders kräftig wird. Die Kunst liegt im Spiel des Gleichgewichts: nicht zu rund, nicht zu trocken, nicht zu verführerisch, zu berauschend, aber auch nicht zu spröde, zu roh, das Lebenswasser muß erst eine Vielfalt harmonischer Reichtümer gewinnen, die eine geübte Nase sodann zu einem Ensemble komponiert, dem der *rancio* eignet, jener liebliche, unverwechselbare Geschmack zwischen ranzig und holzig, zwischen altem Portwein und Nuß, zwischen Haselnuß und Hyazinthe, zwischen Narzisse und Birne oder sogar Kokosnuß. Diejenigen, die über den Verschnitt und die Bestimmung einer Komposition entscheiden, sind imstande, am Duft des Weinbrands den Keller zu erkennen, aus dem er stammt. Manche behaupten sogar, sie könnten den Standort im Keller und das Ursprungsfaß angeben.

Der Anteil der Engel ist die Vorbedingung des Cognacs, er ist ein Verlust, der einem Gewinn vorangeht, eine Ausgabe, die sich bezahlt macht: das, was verdunstet, verleiht dem, was bleibt, eine unvergleichliche Qualität. In den Kellern parfümiert er die Luft und verwandelt den Dunst des Alltäglichen in schwere, fruchtige, blumige Dämpfe. Die Aromen tanzen in der Atmosphäre, sie betäuben, schmeicheln den Nasen, befreien den Geist und berühren die Seele. Vermischt mit den Gerüchen der vom Wasser der Charente getränkten Erde, mit den Düften der nebeneinander gereihten Eichenfässer – hier der schwere, langsame Fluß, dort der Wald des Limousin oder des Tronçais –, überwältigen die diskreten Farben des Anteils der Engel die Sinne und die Erinnerungen.

Überall wo er vorbeikommt, wo er sich ablagert und inkrustiert, an jedem Ort, den er beleckt, hinterläßt dieser zarte und liebliche Anteil der Engel eine Spur, die sichtbar ist wie Schweiß auf der Haut, wie ein Tränenrinnsal auf einer Wange – oder auch wie das stete Tropfen vom Blut einer Wunde. Unter dem Einfluß des Windes gehen seine Flüge manchmal so weit, daß er in den umliegenden Straßen, an den Hauswänden, unter den irdenen Dachziegeln eine von der Luft geschaffene Form hinterläßt, die Zeichnung einer rätselhaften Geographie, eine Landkarte oder Windstrahlenkarte, die den Reisenden in den Himmel führt. Die *torula compniacensis*, der man diese asch- oder holzkohlefarbenen Fährten verdankt, ist ein Pilz, der sich ausschließlich von Alkoholdünsten nährt. Er wächst nur an Orten der Destillation, nur dort, wo alte Branntweine in großen Fässern gelagert sind. Er gleitet in die Spalten der Gebäude, läuft die Kanten der Hausmauern entlang, breitet sich in der komplizierten Architektur der Dachstühle aus, schwärzt dabei alles, was er mit seinem Atem berührt, und materialisiert so den Aufstieg der Spirituosen, ihre Prozession zum Himmelsgewölbe. Aber wohin genau geht die Reise?

Da er den Engeln gehört, kann der trunkene Dunst nur zu den geflügelten Wesen aufsteigen. Ist das die Nahrung, die die Menschen zubereiten, um die Götter zu verführen? Ein Manna, das die Homunculi erfanden, um die Gottheiten zu bezaubern? Handelt es sich um die Kräfte, die die Äonen Valentins, des Gnostikers, beherrschen? Nährt dieser Dunst den Paraklet, der den Seelen Gnade schenkt? Muß man sich, da der Engel Rilkes der «Pollen der blühenden Gottheit» ist, den an die Cherubim übergegangenen Teil als dasjenige vorstellen, was von der Quintessenz zur Pflanze zurückkehrt? Geht im Bereich der neun Chöre, die seit Dionysios Areopagita[4] die Geographie der himmlischen Welt definieren, der Anteil der alkoholhaltigen Dämpfe an die Engel, die Erzengel oder die Fürstentümer? An die Mächte, die Kräfte oder die Herrschaften? An die Throne, die Cherubim oder die Seraphim? An alle zusammen oder nur an einige von ihnen? Keiner hat je berichtet, daß er an den für ihn bestimmten Dünsten Gefallen gefunden hätte, die sich aus den Fässern in den Kellern des Cognacs erheben. In diesem Punkt schweigt sich die Engelskunde aus …

Gewiß, der Anteil der Engel ist mit «lieblichen Düften» geladen, die in der «Goldenen Legende» des Jakob von Voragine immer dann ihren Geruch verströmen, wenn von einem vollkommenen Tod im Geruch der Heiligkeit erzählt wird. Die christlichen Hagiographien weisen stets auf die berauschenden Düfte des Körpers des Verstorbenen hin, der eine ganz und gar der Nachahmung Christi gewidmete Existenz hinter sich gebracht hat. Rose und Reseda, Lilie, Weihrauch, Orange, Veilchen, Jasmin, Iris und Zimt umfluteten Johannes, Gervasius, Nazarius, Ambrosius, Theresia und viele andere, die den *guten Geruch* bewunderten, mit dem der zweite Korintherbrief den Mann aus Nazareth bedenkt.

In der Blume des Cognacs findet man einige dieser Wohlgerüche und dazu auch den der Feige, der Quitte, der Pflaume oder der Aprikose, der Linde, der Weinblüte, der Vanille oder auch von Armenienpapier. Im Weinkeller vermischte Gerüche, wie bei den aufgebahrten Heiligen, reiche, berauschende Düfte, die die Regenbogenfarben eines im Licht dekomponierten Äthers formulieren – die Ausdruckskraft des Anteils der Engel erzeugt eine chromatische Leiter des Geruchs, die den Aufstieg von den Weinkellern der Erde zum Himmel der Engelschöre ermöglicht.

[4] *Dionysios Areopagita,* Verfasser von christlich-neuplatonischen Schriften (Ende des 4. oder Anfang des 5. Jh.), die Einfluß auf die Ost- und Westkirche des Mittelalters hatten, insbesondere grundlegend für die abendländische Mystik.

Denn der Verkehr mit den Göttern vollzieht sich seit Anbeginn der Zeiten mittels Rauch- und Dunstzeichen: bei den Brandopfern richteten die Menschen den wohlriechenden, nach Spezereien duftenden Rauch an die im Himmel wohnenden Götter. Sie behielten die eßbaren Teile für sich, nachdem sie Knochen und Fett verbrannt hatten. Schon hier wird der Verlust in einen Vorteil verwandelt, um dann zur Voraussetzung für die Möglichkeit menschlicher Freuden zu werden: Götter und Engel begnügen sich mit den Wohlgerüchen, während die Menschen der Gaumenlust frönen.

Der Anteil der Engel nährt also jene «Vögel der Seele», um es mit Rilke zu sagen, deren Konstitution ihrer Nahrung gleicht: im Äther wohnend, sind sie selbst reine Geister. Zweifellos sind die Alkoholdünste dazu angetan, ihre organlosen Körper zu begeistern, so daß sie in ihrer reinen Form existieren können. Hier findet sich die Verwandtschaft zwischen Spirituosen und Spirituellem bestätigt, die Nähe von Alkohol und Geist, von dionysischem Blut und apollinischen Konstruktionen.

Wie wirken diese Ausdünstungen auf den, wenn man so sagen kann, Körper der Engel? Kennen sie die Berauschung, die Trunkenheit? Taumeln sie oben im Himmel umher? Hat man je gesehen, wie einer von ihnen, dem Noah gleich, sein Geschlechtsteil entblößte und auf diese Weise den ersten geflügelten Phallus zeigte? Ich formuliere nun folgende Hypothese für die Theologen und die Liebhaber engelskundlicher Kasuistik: Mir scheint, daß der Anteil der Engel der Grund für den Niedergang der geflügelten Wesen sein könnte, dessen Geschichte im Henochbuch[5] erzählt wird. Wäre dem nicht so, weshalb hätten gewisse Engel dann eines Tages beschlossen, den Zustand der Glückseligkeit aufzugeben, um die Willensfreiheit kennenzulernen und die Früchte dieser singulären Entscheidung zu kosten? Aus welchen Gründen, wenn nicht deshalb, weil die von der Charente auf-

[5] *Henochbücher:* Apokalypsen in verschiedenen Sprachen, die unter der Verfasserschaft des Henoch in Umlauf gesetzt wurden und in denen die Gestalt Henochs eine wesentliche Rolle spielt. Henoch, alttestamentarischer Name eines Patriarchen Israels.

gestiegenen Düfte zuerst ihre Seele und dann ihre Sinne benebelten?

Die Tatsache also, daß die geflügelten Geschöpfe ihren Anteil inhalierten und dadurch in Trunkenheit fielen, war der Grund für Verfallserscheinungen, nicht zuletzt für die Lust, die die seraphischen Wesen ergriff, sich mit den Sterblichen zu paaren. Immer wieder wird man darauf verwiesen: der Alkohol ist der Königsweg zu den Genitalien, er befreit Dionysos dort, wo Apoll die ganze Macht zu haben scheint, er regt das Begehren an und ruft jene zur Sinneslust, die sonst nur die hypothetische Glückseligkeit der fleischlosen Naturen kennen. Er gibt den Seelen einen Körper und dem Geist Stoff. Woher, wenn nicht vom Alkohol, käme das Freiheitsbegehren der Engel? In welchen Mysterien hätte ihr Rebellionsbedürfnis sonst seinen Ursprung? Die Berührung einer Sterblichen ersehnen, ihren Körper, ihr Fleisch begehren, ihren Willen erobern, sich gewissermaßen verlieben – das alles kann in der Seele eines Engels nur stattfinden, weil die berauschenden Dämpfe eine mentale Ordnung verwirrt haben, die sich bei hedonistischen Kühnheiten vollends auflösen wird. Man muß sich den Flügelschlag vorstellen, die zitternden Federn einer Kreatur, die auf einmal im Besitz eines Geschlechts ist und sich nun am Lager einer leibhaftigen Schönen wiederfindet, wo sie die Qualen der Lust und der bebenden Sinne kennenlernt. Schauernde Federn, geblähte Segel, vergehende Seraphim – nur das Begehren vermag die ewige Streitfrage nach dem Geschlecht der Engel zu lösen.

Aus diesen monströsen Kopulationen sind die Riesen hervorgegangen, die die Erde peinigen und ihre Kreaturen verschlingen. Die Engel wollten wissen. Im Henochbuch wie in der Genesis ist die verbotene Frucht zuerst jene, die man vom Baum der Erkenntnis pflückt. Wir wissen von diesem Baum, daß er eine Kreuzung aus Pinie (wegen der Höhe), Johannisbrotbaum (wegen der Form der Blätter) und Weinstock (wegen seiner Früchte) ist. Von seinen Früchten zu kosten ist Sünde. Sieht man von gartenbaulichen Erwägungen ab, besteht die Sünde im Wissenwollen, im Begehren des Begehrens, im Ausloten der eigenen

Freiheit durch ihren Gebrauch. Da die Engel nun aber das Wissen dem Gehorsam vorzogen und die Sünde wählten, pflanzten sie die Trunkenheit in das Herz ihrer Entscheidung. Die Trunkenheit wurde zu einer Vorstufe des Handelns. Kein Zweifel, daß sie der Macht und dem Einfluß des Anteils der Engel zu verdanken ist. Der Gebrauch der Spirituosen verleiht Geist, und der Geist ist nur dann wirklich er selbst, wenn er zum Ungehorsam anregt und dazu, sich in Freiheit und Autonomie selbst zu bestimmen.

Satan ist ein Alkoholiker. Zumindest ein Nutznießer des Anteils der Engel. Als Befehlshaber der Legion der Erzengel, als Anführer der Anführer gewissermaßen, beschloß er eines Tages, nicht mehr zu gehorchen – und damit zu sündigen. Wie das epikureische Atom, das den Notwendigkeiten einer architektonischen Rebellion gehorcht, weicht er ab und ermöglicht durch seine Abweichung eine Welt. Das *Klinamen* ist die Ordnung der Wirklichkeit, und es ist immer ein Wille zur Abkürzung, der es legitimiert. Ohne das Böse hätte die Welt keinen Geschmack, es fehlte ihr die Hälfte ihrer Vernünftigkeit (so lautet zumindest das Argument der Optimisten). Und das Böse ist hier wie auch sonst die aufklärerische Forderung nach Vernunft, nach Freiheit und Selbstbestimmung gegen die Finsternis des Glaubens, des Gehorsams und der Unvernunft. Etymologisch ist Luzifer der Träger des Lichts. Satan ist ein Verwandter des Dionysos. Wir verdanken ihm die Flamme, die Befreiung vom Joch des Gehorsams: selbst wenn die Freiheit zur Apokalypse führen muß, zieht er sie der lauen Sicherheit eines eintönigen Paradieses vor. Erkenntnis führt über Abgründe.

Der Anteil der Engel ist also das Stimulans, das die Kühnheit ermöglicht – vorausgesetzt, sie wird im Limbus formuliert, in der ursprünglichen Form der Welt, auf metaphysischer Ebene. Sie verkörpert die Genealogie des freien Wollens im Ideenhimmel, im Elysium der mythischen Götter. Aus welchen schlechten Gründen ist der Wettstreit der Gedanken über den Status der Engel von der philosophischen Bühne verschwunden? Dabei ist es doch eine entzückende Idee, daß die Sehnsucht der Körperlosen (die angeblich in der Wonne ihres desinkarnierten Daseins schweben) nach dem Fleisch der sterblichen Schönen seinen genetischen Grund im Zuspruch hat, den einige Engel dem Anteil widmeten, der ihnen von der Erde her bestimmt war.

Als Form, die das geflügelte Wesen nährt und strukturiert, als ausschlaggebende Ursache des Sturzes von Satan, Luzifer und ihren Komplizen ist der Anteil der Engel auch die symbolische Einflüsterung des Lustprinzips ins Ohr des Schutzengels, dessen Funktion ausschließlich darin besteht, das Realitätsprinzip zu manifestieren, das er stets durchzusetzen versucht. Dieser vorsorgliche Doppelgänger schaut, führt und drängt unermüdlich in die richtige Richtung, er leitet zu Gehorsam und Unterwerfung an, zur Aufgabe des Begehrens im eigenen Inneren – das ist zumindest der Grund, weshalb ihn das Abendland zuerst erfunden und dann verehrt hat. Er will, daß wir dem Begehren, dem Vergnügen, der Sinnesfreude entsagen, und macht sich zur Stimme Gottes, zum Gehilfen der Durchsetzung der göttlichen Gebote. Aus seinem Munde vernehmen wir stets nur Einladungen zur Weisheit im Sinne des asketischen Ideals: Tugenden, die uns klein machen, Fügsamkeit gegenüber den religiösen Parolen. Wird er nun aber vom Anteil der Engel geprägt, wird er von diesem genährt, wandelt er sich in ein geschlechtliches, begehrendes, freies Wesen, das den Göttern gleicht. Das olfaktorische Vergehen und die damit verbundenen önologischen Kenntnisse revolutionieren die Engelskunde. Den zum zweiten Mal gefallenen Engel muß man sich als Hedonisten vorstellen, umflutet von Alkoholdünsten, verwirrt durch die Düfte von Wein und Lebenswasser, leicht betrunken, zumindest aber glücklicher Berauschtheit frönend. So ist es denn besser, wir überlassen diesem Erzengel in uns die Allmacht und lassen unsere Seele auf seinen Flügeln dorthin entschweben, von wo die Sphärenmusik kommt.

VIII

Ästhetik des Vergänglichen

Epitaph für Fillìa

Für Robert Fleck

Alles könnte mit einem banalen Pissoirbecken aus weißer, sauberer Fayence beginnen, das ein ganz gewöhnlicher Gebrauchsgegenstand war, bevor es zum Muster der ästhetischen Moderne wurde. Hat man in diesem Ding eine neue Suppenschüssel zu sehen, ein originelles Geschirr, einen ungewöhnlichen Tafelaufsatz, ein Element des Bühnenbilds für die gastronomischen Spiele und das kulinarische Raffinement der Feinschmecker? Ist in dem luftigen Behälter vielleicht Eintopf aus der Auvergne oder Cassoulet de Castelnaudary, Couscous oder Kohlsuppe mit Speck? Nein, das Ding hat nichts mit der Küche zu tun, mit Herd und Salamander, mit den Gegenständen und Geräten, die man gewöhnlich in der Nähe von Öfen findet, denn es handelt sich um das *Ready-made* von Marcel Duchamp, diesen Gegenstand handwerklicher oder industrieller Machart, der in seinen Vervielfachungen triumphiert, zum Kunstwerk erhoben nur vom Diskurs, der über ihn geführt wird, von der Inszenierung, die ihm zuteil wird, durch die Verleihung von Sinn durch den Künstler, wenn er ihn tauft und benennt. Um genauer zu sein und den Beginn der Modernität in der Kunst besser zu datieren, müßte man eher von Duchamps «Flaschentrockner», der aus dem Jahr 1914 stammt, dem Jahr also, in dem die erste Apokalypse losbricht, die in einen Nihilismus münden wird, von dem wir uns bis heute nicht wirklich erholt haben.

Die von Marcel Duchamp unternommene Subversion zeitigt eine Vielzahl von Möglichkeiten, was die Mittel und den Stellenwert des Kunstobjekts betrifft. Sie eröffnete einen Raum der Entsakralisierung, in den die Künstler dieses Jahrhunderts drängen sollten, die alle nur möglichen und denkbaren Figuren feierten. Die Unterscheidung zwischen einer geheiligten Kunstwelt und einer profanen Lebenswelt war plötzlich verschwunden, wie in Staub aufgelöst. Allgemeine Verwirrung: einerseits gehörte das Leben zur Kunst, andererseits war die Kunst Teil des Lebens. Und die Existenz war entweder völlig profan oder völlig sakral.

Die Gesten, die Gegenstände, die Wörter, die Verhaltensweisen, die Formen des Schweigens, die Zeichen, alles konnte zum Kunstwerk werden, zum Stoff einer ästhetischen Manifestation. Wie in einem riesigen Labor hat man diese unerschöpflichen Materialien durchprobiert: von den gemeinsten Substanzen bis zu den edelsten, von den neutralsten bis zu den bedeutungsschwersten, von den natürlichsten bis zu den künstlichsten. Mineralische, pflanzliche, tierische oder menschliche Stoffe, symbolische Materialien, Energie, Zeit, Geschwindigkeit, Ton, Laut, Konzept, Sprache, Bild, Schweigen, alles wurde gestaltet, bearbeitet, gezeigt, inszeniert, theatralisiert: der Körper in der Body-Art, die Landschaft in der Land-Art, die einfachen Naturstoffe in der Arte Povera, die Zeit und der Raum in Happening oder Performance oder Installation, die kinetische Energie in der Bewegung der Op'art, die Information in der Ästhetik der Kommunikation, das virtuelle Bild in der Videokunst, die Provokation im Fluxus. Und viele andere neue Orte für neue ästhetische Geographien.

Warum nicht auch die Küche? Welche Gründe verbieten es, alimentäres Material in einem ästhetischen oder ethischen Prozeß zu verwenden? Im übrigen gibt es zu diesem Thema bereits eine lange Tradition, als deren Gründervater man natürlich Grimod de La Reynière mit seinen falschen Totenmahlen, seinen seminutritiven Mahlzeiten und philosophischen Verkostungsjurys ansehen könnte und deren jüngster Vertreter Peter Kubelka ist, der derzeit an der Frankfurter Städelschule Kochkunst unterrichtet. Dazwischen liegen die gastrosophischen Extrapolationen eines Charles Fourier, die extravaganten futuristischen Bankette Marinettis, Daniel Spoerri und die sogenannte Eat-Art, denn eine solche Strömung, deren Ziel es war, der Kochkunst innerhalb der bildenden Kunst Geltung zu verschaffen, existierte eine Zeitlang unter diesem Begriff.

Die Köche waren zweifellos Künstler, doch wie soll man die Künstler, die sich der Küche widmen, bezeichnen, jene Vertreter der Kunst, die sich am Herd zu schaffen machen? Halb sind sie noch Theoretiker, zur anderen Hälfte aber schon Praktiker. Denn sie veranschaulichen die These, die besagt, daß die Auswahl der Zutaten, die Herstellung einer Speise, die Präsenz auf einer gastronomischen Bühne, das Zelebrieren des kulinarischen Raffinements, die Verwirklichung eines Stilwillens in der Küche – daß all dies bedeutet, ein Weltbild zu vertreten und sich auf plastische *und* nutritive Weise, auf ästhetische *und* alimentäre Weise zu äußern. Sie alle zielen mit ihren Praktiken auf die Herstellung eines einzigartigen, anderen, differenten Körpers, eines künstlerischen, ästhetisierten Fleisches, einer von Energien bewohnten Begehrensmaschine, die von Strömen durchlaufen und von Stoffen ernährt wird, die ihrerseits Kunstwerke sein können, so daß am Ende – assimilationistisches Phantasma – die Esser von Kunstwerken selbst zu Kunstwerken werden könnten.

Hedonistischer Körper, mit seinen fünf Sinnen versöhnt, Körper, der riecht, schmeckt und berührt, kaut, zerkleinert und zerteilt, verdaut und defäkiert, trinkt, ißt, verschlingt, lebender Körper, der thermodynamische Effekte auslöst – dieser von den Künstler-Köchen (in dem Sinn, wie man von Künstler-Philosophen spricht) wahrgenommene Körper gehört einem neuen Genre an: nachchristlich, heidnisch, in Verbindung mit Kräften, Instinkten und Trieben, einer Welt von Energien und Vitalitäten, die vom gefeierten Dionysos zeugen. Der Esser befindet sich im Gegensatz zum Menschen, der betet und den Gottheiten des asketischen Ideals huldigt. So auch der Trinker. Beide sehen in den konsumierbaren festen und flüssigen Stoffen Gelegenheiten, erschöpfte Kräfte zu regenerieren und eine

Maschine zu warten, die einem einzigartigen Materialismus angehört; aber zugleich sehen sie darin ein Stimulans zu einem ästhetisierten Verhältnis zur Welt. Mit der Ganzheit des Körpers zu genießen, heißt im vollen und totalen Sinn zu leben. Im gastronomischen Augenblick die Kultur und die Intelligenz ins Spiel zu bringen, heißt auf fragmentarische Weise aus seinem Leben ein Kunstwerk zu machen, Ethik und Ästhetik, Kunst und Existenz zu vermischen. Im emotionalen, sinnlichen und perzeptiven Spiel zu frohlocken, heißt einen Körper entfalten, der allzulang im Winterschlaf verharrte und dessen Geruchs- und Geschmacksfähigkeit durch Entbehrung und Vernachlässigung, durch Vergessen und endlos vertröstete Bedürfnisse beeinträchtigt worden war.

Sich am Geschmack eines Taschenkrebses, am Bouquet eines Montrachet, am Aroma einer frischen Trüffel, eines Steinpilzes, am Ambraduft einer heißen Schokolade zu erfreuen, heißt einen Körper, der im schlechten Gewissen, im Schmerz und in den negativen Trieben, wenn nicht gar im Ressentiment verkommt, seiner Entfremdung zu entreißen. Wo die mörderischen Furien Thanatos' fast uneingeschränkt herrschen, errichtet die Gastronomie ein Reich, das Eros vorbehalten ist. Lebenstrieb, einfallsreich und schöpferisch, gründend und regenerierend: die vitale Kraft ist jener Wagemut, der durch das in uns brennende Feuer, das dem Tod widersteht, kristallisiert wird. Essen heißt, sich in der Mitte jenes Prozesses einzurichten, der das Ich bildet, generiert und bewahrt. In gewisser Weise heißt es auch, an der Vorbereitung von Sonnenaufgängen teilzunehmen, wenn sich Abenddämmerungen ankündigen.

In seinem Werk zeigt sich der Künstler-Koch zungenfertig. Er erzählt, zeigt und theoretisiert, er schreibt, zeichnet und erklärt, malt und liefert die Gebrauchsanweisung, erzeugt ein Ereignis und expliziert es. Der Kochkünstler hingegen verharrt die meiste Zeit auf dem Boden der reinen Praxis und widmet den Großteil seiner Zeit dem Machen, dem Fabrizieren. *Homo sapiens* gegen *homo faber,* das entfaltete Wort gegen das bewahrte Schweigen.

Diejenigen, die aus der Welt der schönen Künste kommen, siedeln die kulinarische Tätigkeit von vornherein im ästhetischen Bereich an; jene, die in den Küchen werken, sind bescheidener, weniger geschwätzig und verlangen nur, daß man sie am Herd machen läßt. Was nichts daran ändert, daß sie Männer der Kunst im vollen Sinn des Wortes sind.

Aber welcher Kunst? Denn oft herrscht Verwirrung infolge der unzureichenden Definition des Gebiets, innerhalb dessen sich ein jeder bewegt, aufgrund der Ungenauigkeit der Geographie der in Frage stehenden Künstler. Wenig sinnvoll ist die Idee, zeitgenössische Schöpfer, egal welchen Bereichs, alten Meistern wie Claude Lorrain, Peter Paul Rubens oder Gustave Courbet gegenüberzustellen, auf welche Zeit und Geschichte eingewirkt haben. Ebensowenig sinnvoll ist es heutzutage, innerhalb eines Bereichs – den bildenden Künsten zum Beispiel – Rembrandt und Mario Merz zu vergleichen. Die Küche ist eine zeitgenössische Kunst, die erst seit der ästhetischen Revolution, die von Marcel Duchamp, dem Mann mit der Schokolademühle, ausgelöst wurde, in der Lage ist, sich in die Galaxie der schönen Künste einzuschreiben. Nicht daß Taillevent, Pierre de Lune, Antonin Carême keine Künstler gewesen wären, aber ihre Kunst drückte sich zu einer Zeit aus, die es ihnen nicht gestattete, im gleichen Maß und auf ähnliche Weise in eine ästhetische Logik einzutreten.

Was Duchamp erst möglich macht, ist das vergängliche Kunstwerk, das eine andere Art von Beziehung zur Zeit unterhält als die der Ewigkeit, die gewöhnlich den sogenannten Meisterwerken vorbehalten bleibt. Das Parthenon, Praxiteles, Cheops oder Gizeh und sogar Lascaux, diese Namen sprechen zu einem europäischen Bewußtsein, das an dominante und konsensuelle Werte gewöhnt ist. Sie verkörpern das Dauerhafte, das die Zeit herausfordert und sich in die Langzeitgeschichte einschreibt, sie sind die altehrwürdigen Gewißheiten, die nichts und niemand erschüttern kann. Was eine Spur hinterläßt, ist akzeptabel, was verschwindet, kann kein Kunstwerk sein: so liest sich die seit langem gängige Vulgata.

Wenn wir hinzufügen, daß die Küche stets diejenigen der fünf Sinne bevorzugt hat, die das Abendland mit all seinen Kräften verachtet, wird man verstehen, weshalb es den Tempelwächtern so wichtig ist, den Tafelkünsten den Zugang zur Tempelkammer zu verwehren. Zu vulgär, zu ungreifbar, zu kurzlebig … Zuviel Körper, nicht genug Seele. Zu viele flüchtige Eindrücke, nicht genug greifbare Beweise. Zuviel Vergänglichkeit, nicht genug Dauer. Wie viele haben im Namen dieser herrschenden Prinzipien den afrikanischen, ozeanischen, rohen, naiven Künsten die Möglichkeit einer auch nur minimalen Wertschätzung versagt? Oft sind jene, die gestern von entarteter Kunst sprachen, dieselben, die heute vor Werken zeitgenössischer Kunst von Dekadenz, Komödie, Bluff und Possenspiel sprechen. Ihr Leute guten Gewissens und Lektionenerteiler, ihr vielwissenden und dozierenden Weisen, die ihr auf eure Diplome stolz seid und eure engen Ghettos verteidigt, wisset dies: Die Dinge stehen nicht mehr so, wie sie im letzten Jahrhundert standen. Seither haben Kriege und Revolutionen stattgefunden, einige mit Feuer und Blut, andere mit Papier und Worten, aber auf alle Fälle hat sich alles verändert. Die Zeit ist gekommen, Gegebenheiten einzusehen, die bald ein Jahrhundert alt sein werden. Dazu gehören Marcel Duchamp und seine Erbschaft – bzw. seine Erben.

Nur die gegenwärtige Epoche hat als Raum funktioniert, in dem das Vergängliche in Anspruch genommen und nicht nur erlitten werden konnte. Spuren im Sand, in den afrikanischen Wüsten, ekstatische Bewegungen bei den tanzenden Derwischen, verklingende Echos, die sich in Dschungeln verlieren, wo aus dem Wind und der Luft, die in die Baumkronen fährt, eine Musik entsteht, den Göttern geweihte Raucharomen bei den Opferriten, die die Zeitgenossen Homers praktizierten – zahllos sind die Spuren ohne Spuren, die armen Gedächtnisse, die Erinnerungen, die bei ihrem Erscheinen fast schon wieder verschwunden sind. Was solche Künste wie die Küche herstellen, ist immateriell, eine Substanz, die keine ist und folglich die Kategorien übersteigt, in die das Wirkliche üblicherweise eingeschlossen ist. Und die Natur dieser angehäuften Immaterialität ist die

Vergänglichkeit, das Prekäre, das nur einen Tag und manchmal sogar noch weniger dauert.

Denn die Küche ist eine Kunst der Zeit. Der Zeit und der Veredelung, die man dem Nahrungsmittel, den eßbaren, zum Verzehr bestimmten Stoffen zukommen läßt. Als Kunst der Zeit und der Farben, der Volumina und der Materialien gleicht sie jenen schönen Künsten, die eben diese Aspekte behandeln: Musik und Malerei, Architektur und Skulptur. Dauer in der Zeit: der Kochvorgang; Aspekt im Lichtspektrum: Farben; im dreidimensionalen Raum entwickelte Formen, Eroberung der spatial entfalteten Volumina, Präsentation auf dem Teller; Faltung oder Entfaltung von glatten, gerillten, faserigen, langen oder kurzen Texturen: Architektur und Skulptur. Die Materie ist der Gegenstand dieses Ephemeren, das es wie ein Bildhauer zu formen gilt, bevor es dem Verschwinden, der Vernichtung preisgegeben wird.

Alle Maßnahmen in der Küche bedeuten und zelebrieren Veränderungen, die der Materie beigebracht werden: kapaunen, schmoren, braten, abbrühen, grillen, blanchieren, dünsten, flambieren, köcheln sind *zeit*spezifische Tätigkeiten; tranchieren, zerlegen, walken, ziselieren, bridieren, in Scheiben schneiden, in Butterpapier legen heißt, im selben Sinn auf dem Gebiet der *Form* arbeiten; verdünnen, stäuben, aufweichen, quellen, durcharbeiten, kneten, mahlen, legieren, marinieren heißt, auf die *Texturen* Einfluß nehmen; anbraten, überbrühen, abkühlen, würzen, paprizieren heißt, auf die *Farbe,* auf das Licht einwirken. Kein Zweifel, daß die auf Zeit, Form, Texturen und Farben bezogene Tätigkeit zum Bereich der ästhetischen Praxis gehört. Die kulinarischen Prozeduren wirken auf den Zustand der Materie ein: das Rot einer Paprikaschote, das Aroma eines Pilzes, das Zarte, das Knusprige, das Weiche eines Teigs, einer Kruste, die Formbarkeit einer Masse, die Saftigkeit eines Stücks Fleisch, die Glätte einer Sauce. Die fünf Sinne sind deshalb in ihrer Totalität aufgerufen, sie sind weder teilweise betroffen noch zur Hälfte angeregt, sondern von einem Duft, einer Konsistenz, einem Geschmack, einem optischen Eindruck gefordert. Das Gehirn wird mit allen seinen Möglichkeiten auf die variierte, vermannigfaltigte Materie projiziert. Die Materiologie ist ein der Gastronomie verwandtes Fach.

Doch die Konfigurationen der Materie halten nicht ewig. Gewiß, ihre Essenz dauert, doch die Zusammensetzung, in der sie erscheint oder sich zeigt, ist prekär. Wenn die Materialisten seit Demokrit zu Recht behaupten, daß nur eine einzige, verschiedenartig gestaltete Substanz existiert, so betonen sie stets, daß in der Veränderung die Naturform des Wirklichen liegt und daß Ewigkeit nur in den Teilen ist, nicht im Zusammengesetzten. Selbstverständlich gehorcht die kulinarische Zubereitung diesen elementaren Gesetzen. Ewigkeit der Elemente, Prekarität des Nahrungsmittels; Unsterblichkeit des Einfachen, Flüchtigkeit des Komplexen. Die Küche ist eine Form, die in gegebenen Raum- und Zeitkoordinaten von der Energie und dem Willen eines Künstlers, also seinem Stil, geprägt wird. Der Koch ist ein Bildhauer der Zeit, der die Materie als Vorwand nimmt. Eben deshalb ist er zur Vergänglichkeit verdammt.

Die Künstler-Köche sind also Konzeptkünstler, und die Kochkünstler ebenso. Denn sie verlangen von der Form, daß sie den Sinn ausschließlich durch den – phänomenologischen und codierten – Bezug auf das alimentäre Objekt ausdrückt, ohne Zuhilfenahme sonstiger Medien. Die zubereitete Nahrung ist eine Botschaft, ein Symbol, ein zum Lebensmittel gewordener Diskurs. Und wenn diese Kunst des guten Essens ein genaues Geburtsdatum nötig hätte, dürfte man sich weniger auf Grimod oder Fourier – diese instinktiven Vorläufer, die zwar keine außergewöhnlichen, sinnstiftenden Speisen herzustellen imstande sind, sondern nur das Gegebene theatralisieren, dabei aber immerhin die Gastronomie in die globalere Ansicht ihres Weltbilds einordnen –, nicht auf Grimod und Fourier hätte man sich zu beziehen, sondern auf den Futurismus Marinettis und, mehr noch, Fillìas, des Küchentheoretikers der Bewegung. Jene französischen Ahnherren sind wunderliche, provokante Figuren, doch sie weisen der Küche keine eigentlich symbolische Funktion zu.

Weder die getrüffelten Terrinen Grimods noch die Drehpunktpastetchen, *mirlitons*[1] und andere Blätterteigpasteten Fouriers[2] produzieren wirklich Sinn. Ein gebratener Truthahn oder eine Heidelbeertorte hätten denselben Zweck erfüllt. Marinetti hingegen will, daß der Inhalt des Tellers Sinn erzeugt und daß der Verzehr eine Materie betrifft, die alles andere als neutral ist. So befaßt sich die italienische Avantgarde 1931 mit der Küche, um ihr eine ästhetische Behandlung widerfahren zu lassen, die an die seit 1909, ausgehend vom futuristischen Manifest, ihrem Gründungstext, entwickelte Metaphysik anknüpft.

Das gastronomische Projekt wurde vielleicht nie auf so vollständige und überzeugende Weise bis zu diesem glühenden Punkt vorangetrieben wie in der Epopöe der italienischen Futuristen. Die alimentäre Frage ist für Marinetti ein Mittel, einen neuen Menschen, eine neue Zivilisation, neue Zielstellungen zu realisieren, denn sie öffnet Perspektiven auf eine Kultur der Energie, der Vitalität, der Gesundheit, der Kraft. Und er denkt, daß die Küche der Vektor dieser heidnischen Revolution sein wird. Obwohl er sich dagegen verwehrt, von Nietzsche beeinflußt zu sein, vertritt der Vater Mafarkas, dieser sonderbare Bruder Zarathustras, in bezug auf die Ernährung Thesen, die der deutsche Philosoph in «Ecce homo»[3] entwickelt hatte: der Körper als großer Grund, die Nahrung als eminent philosophische Frage, die Verbindung des Schicksals einer Nation mit dem, was sie bei Tisch zu sich nimmt, die Parallelisierung dessen, was der Mensch denkt und was er ißt, die Ernährung und die Diätetik als ethische und ästhetische Fragen.

Um einen aggressiven, starken, robusten, erfindungsreichen, kreativen Menschen und eine dementsprechende Nation hervorzubringen, verleihen Marinetti und Fillìa der Küche architektonische Wirkungsmacht und verlangen von den Köchen, daß sie

[1] Mit Creme gefülltes, gerolltes Gebäck (A. d. Ü.)
[2] Vgl. Michel Onfray, «Der Bauch der Philosophen. Kritik der diätetischen Vernunft», Frankfurt 1990, das Kapitel «Fourier oder das Drehpunktpastetchen», S. 83 ff., und «Marinetti oder das exaltierte Schwein», S. 121 ff.
[3] Vgl. ebd., das Kapitel «Nietzsche oder die Würste des Antichrist», S. 105 ff.

Speisen zubereiten, die «einem jeden den Eindruck vermitteln, Kunstwerke zu essen». Die Luftmaler, Luftpoeten, Luftkeramiker und Wortbefreier – alles Künstler, die der Sache Marinettis besonders ergeben waren –, aber auch Kunstkritiker und Ingenieure sind aufgefordert, sich Formeln für Rezepte auszudenken, die die futuristische Philosophie, die futuristische Metaphysik und Mystik verherrlichen. Gehuldigt wird, die verwendete Terminologie sagt es bereits, allem, was die Eroberung des Luftraums vorantreibt, den technologischen Triumphen des Ikarus, aber auch der Gesamtheit des modernistischen Fortschritts, den man der Maschine, dem Motor, dem Stahl, dem Aluminium, den entschieden zeitgenössischen Kräften verdankt. So wie im Mittelalter die Fenster der Kathedralen, hat der futuristische Teller[4] die Aufgabe, die Gläubigen zu erbauen. Durch seine Formen und Farben, durch Empfindungen und Gefühle lehrt der Inhalt des Tellers Dinge, die man im übrigen auch aus den Manifesten und theoretischen oder programmatischen Texten erfahren kann.

Jahre vor der kulinarischen Revolution, die die Vertreter der Nouvelle Cuisine durchführten, hatten es die Futuristen bereits gewagt, die kühne Vermischung der Genres zu propagieren: Fleisch/Fisch, süß/sauer, Hauptspeise/Nachtisch, Eßbares/Nicht-Eßbares. Auch hatten sie kleine Portionen eingeführt, die ein konzentriertes Empfinden, Abwechslung und Vervielfältigung der Genüsse ermöglichen. Qualität der Wirkung statt Quantität; Metaphysik des zu elektrisierenden Körpers anstelle der Metaphysik des zu stopfenden Lochs: die minimale Quantität der Nahrung erzielt durch ihre symbolische Konzentration eine maximale Qualität der Wirkungen auf den Körper. Und schließlich stellten sie eine Äquivalenzbeziehung zwischen Küche und Sinn, zwischen zubereiteter Materie und Symbol her: man ißt nicht mehr bloß Nahrungsmittel, sondern auch Kunstwerke, konzeptuelle und bedeutungsträchtige Schöpfungen. Es ist daher nur

[4] Vgl. zu diesem Abschnitt: Marinetti, «Le futurisme», Vorwort von Giovanni Lista, 1980. Marinetti und Fillìa, «Die futuristische Küche», Stuttgart 1983. – Giovanni Lista, «Les futuristes», Henri Veyrier 1988.

logisch, daß sie auch die Sprache der Rezepte poetisierten und von ihren Titeln erwarteten, daß sie eine poetische Welt, ein plastisches und synästhetisches Wortuniversum entdecken und verkünden.

Beispiele für den kulturellen Bruch, für die Symbolisierung und Poetisierung der Formeln: Gilt es, einen Krieger, seine Männlichkeit, seine Kraft, seine Macht zu feiern? Man trage ein «Ultraviril» auf, das ist eine gekochte Kalbszunge, die in Streifen geschnitten und abwechselnd mit gebratenen Krebsen, Languste in grünem Weinschaum, Scheiben von harten Eiern, dekorativen Hahnenkämmen, zylinderförmig geschichteten Zitronenscheiben, Weintrauben, Trüffeln und Langusteneiern in geometrischer Form angerichtet wird. Wobei man ein einzigartiges Spiel der Assoziationen entdecken kann: Erde und Meer (Kalb und Languste), aggressive und klare Farben (grün, gelb und weiß, rot und schwarz), saure und süße Geschmacksrichtungen (Zitrone und Sauce), das Volkstümliche und das Aristokratische (Weintraube und Trüffel). Das Ganze soll Kraft und Stärke verleihen und dem Geist in einem von Saucen, Nudeln und Mehlbindungen unbeschwerten Körper seine Freiheit lassen.

Die Rezepte sind extravagant, ungewöhnlich, erstaunlich, denn es geht auch darum, zu provozieren und mit einer überlebten Vergangenheit zu brechen, die es gänzlich zu zerstören gilt. Alles, was an die alten Zeiten erinnert, wird verworfen: Der Futurismus vertritt in der Kochkunst wie überall sonst eine echte Kulturrevolution, eine wahrhaftige Umwertung der Werte. Die Kühnheit am Herd spielt eine vorbereitende Rolle in Hinblick auf eine erfinderische, für die Nation heilsame Politik. Wesentlicher Bestandteil des futuristischen Aktivismus sind die zahlreichen Bankette, die man in ganz Italien und später in vielen Städten Europas organisierte.

Die am 8. März 1931 in Mailand in der Taverne Santopalato aufgetragene Mahlzeit ist repräsentativ für diese Art von Veranstaltungen, die an heutige Happenings erinnern, die die Verwirklichung von Gesamtkunstwerken zum Ziel haben – ich denke zum Beispiel an die Zeremonien des Wiener Aktionisten Hermann Nitsch. Jener Tag sollte den Übergang von der futuristischen Theorie zur Praxis, den synthetischen Augenblick der Versöhnung von Wort und Tat, von Körper und Geist, von Denken und Sinnlichkeit markieren.

Der Schauplatz der Wiedervereinigung der Instanzen, die das Abendland seit eh und je voneinander trennt, wird entworfen und realisiert von Diulgheroff, einem Architekten, der sich einen extravaganten Saal ausgedacht hat, eine große, würfelförmige Schachtel, in die auf einer Seite eine andere, kleinere hineingezwängt worden ist: geschmückt mit halbeingefärbten, leuchtenden Säulen und großen metallischen Augen, die ebenfalls leuchten und zur Hälfte in die Wand eingefügt sind. Das Ganze ist aus Aluminium, einem Material, das Leichtigkeit, Modernität, Hygiene versinnbildlicht – reines, hartes, sauberes Metall, alles Qualitäten, die die Futuristen für den Menschen von morgen beanspruchen. Im übrigen hat Marinetti in seinen kühnsten Momenten einen aus Fleisch, Blut und Metall zusammengesetzten Menschen, eine Begehrensmaschine, einen organlosen Körper erahnt und herbeigesehnt.

Die futuristische Zeremonie zielt auf einen globalen und verallgemeinerten Hedonismus, in dem der ganze Körper gefeiert wird. Alle sinnlichen, affektiven, emotionalen Dimensionen werden mit voluntaristischer Kraft entfaltet. Als einleitendes Vorspiel zu jedem gastronomischen Akt richtet sich eine Stimme, die die poetischen Titel der Speisen mit plastischer Überzeugungskraft vorträgt, an die Versammelten, deren Gehör gleichzeitig – und besser – stimuliert wird durch eine Musik, die entweder eine kompositorische Mischung aus Bach und Motorengeräuschen oder eine Serie von Auszügen aus allegorischen Opern des Wagnerschen Heldenzyklus sein kann. Der Lärm und der Klang, die Musik und das Dezibel des täglichen Lebens werden in ein und derselben Würde verbunden. Beide haben denselben Stellenwert, so daß nichts mehr den Konzertsaal von der Straße, den offiziellen Ort der Klangkultur von der banalen und trivialen Wirklichkeit der Baustellen, Bahnhöfe oder Fabriken unterscheidet. Kunst und Leben werden, hier und anderswo, symbolisch versöhnt.

Ein Jüngling ist beauftragt, zwischen den einzelnen Gängen Essenzen und Parfüms zu versprühen, die zu einer bestimmten Speise, einer umgesetzten Formel passen. Jeder Gang wird auf diese Weise von einer Duftwolke von Rosen oder Jasmin, von Veilchen oder anderen Wohlgerüchen begleitet. Ein Ventilator wälzt die Luft um und verweht sie, wenn der Geruch nicht mehr erwünscht ist, bevor ein anderer folgt, der zur nächsten Speise paßt. Der Tastsinn wird durch einen eigens zu diesem Anlaß verfertigten Apparat beschäftigt: ein Rechteck, das sich aus Glaspapier und schwarzem Samt zusammensetzt, zwei gegensätzlichen Stoffen, die mit der linken Hand berührt werden, während die Tafelgenossen mit ihrer rechten in den Teller fassen, denn der Gebrauch von Besteck ist untersagt. Das Auge tut sich am Bühnenbild gütlich, am Prunk, am Theater, in dessen Rahmen sich das Spiel des Banketts entfaltet: von den Formen des Architekten und den von ihm gewählten Materialien über das Ballett der Parfümeure bis zur Drehbewegung der Ventilatoren kann alles zum Gegenstand der Augenfreude werden – vor allem natürlich die kulinarische Zubereitung selbst, die sich auf dem Teller in Gestalt von Farben, Formen, Volumina, texturalen Bezügen zeigt.

Bei dieser besonders spektakulären Inszenierung wird der Geschmackssinn gleichsam in den theatralischen Guckkasten eingepaßt. Die kulinarischen Zubereitungen sind als gastronomische Manifeste lesbar, als fleischgewordene Quintessenzen der Spiritualität der Bewegung. So kann etwa das «Fiathuhn» auf dem Teller erscheinen. Dieses wird zuerst gekocht, dann gebraten, bevor der Koch in den Rücken des Geflügels eine geräumige Höhlung gräbt, in die er eine Faustvoll Kugellagerkugeln legt. Dann näht er auf das Hinterteil des nun gleichsam von innen her verchromten Geflügels einen rohen Hahnenkamm in drei Scheiben. Schließlich von neuem die Feuerprobe. Nach zehn Minuten Kochzeit wird das Ganze mit Schlagsahne als Beilage aufgetischt.

Das Tier wird zum Mutanten, der das anthropologisch-futuristische Sinnbild Mafarka ankündigt: als Mixtur aus Fleisch und Stahl, aus naturgegebenen fleischlichen Volumina und künstlich chirurgisch hinzugefügten Organen, als Analogon der von Marinetti – Echo auf Fourier – angerufenen Gestalt, deren Erkennungszeichen das Flügelpaar ist, das auf Prometheus, auf Energie, Kraft, Vitalität, Überwindung verweist, wird das «Fiathuhn» zum Ausdruck des Menschen. Die Kochkunst kündigt eine Mystik an, der Teller lehrt Metaphysik. Der futuristische Entwurf ist der *vervielfachte Mensch,* der Freund des persönlichen Experiments und Schüler der Maschine, der auf hartnäckige Weise seinen Willen kultiviert – hellsichtig im Blitz seiner Inspiration, mit dem Spürsinn eines Raubtiers bewaffnet. Ein neuer, beinahe industrialisierter, durch Willensanstrengung ausgefeilter Körper entsteht. Die Kochkunst stellt die operative Methode bereit, sie ist das große architektonische Vehikel dieser Revolution: Wer ein modernes Kunstwerk ißt, erringt für sich selbst den vollen Status eines Kunstwerks.

Die futuristische Hypothese zeigt, wie sehr die Liebhaber der Küche und besonders der Diätetik den substantialistischen Vorurteilen huldigen, die besagen, daß man die Eigenschaften eines Produkts vollständig in sich aufnimmt, wenn man es verzehrt, so daß man gegebenenfalls großen Nutzen daraus ziehen kann. So gesehen sind die Stahlkugeln des «Fiathuhns» weniger dazu geeignet, den Verdauungstransit zu fördern, als dazu, der körperlichen Materie des Essers die Tugenden zu liefern und zu übertragen, die man dem Metall zuschreibt: Härte, Unzersetzbarkeit, Solidität, Unveränderlichkeit. Das Ritual der primitiven Volksstämme, die die Menschenfresserei praktizieren, stützt sich auf denselben Glauben an die Möglichkeit, den symbolischen Wert der toten, gekochten Materie durch Nahrungsaufnahme zu übertragen. Dieselbe magische Poesie leitet auch die Anhänger der makrobiotischen, vegetarischen und diätetischen Ernährung. Von den Guyakis, die nach der rituellen Zubereitung und Verkochung die Hoden eines getöteten Feindes an die Frau geben, die sie von ihrer Unfruchtbarkeit heilen wollen, bis zu den urbanen Zen-Adepten, die ihre Pflanzenpastete kauen, weil sie hoffen, auf diese Weise in ihrem Vorstadtappartment ohne große Mühe das *Satori* zu erreichen, dauert in der menschlichen Seele dieser

Glaube an einen primitiven, kurzschlüssigen Materialismus an, und wie es aussieht, sind seine Tage noch lange nicht gezählt.

Für all jene, die an der futuristischen Kochkunst teilhaben, ist die eingenommene Nahrung weniger ein diätetischer als ein symbolischer Inhalt, weniger ein nutritiver Wert als eine plastische Grammatik mit ästhetischem Gehalt. Der Kunst geht es um die Information einer Materie auf der Grundlage der Leichtigkeit, des Dynamismus, der Energie, der Lebensfreude und der Gesundheit. Sie will auf den Körper und das Reale, auf die Sinne und die Welt einwirken und die Beziehungen zwischen – kartesianisch gesprochen – ausgedehnter und denkender Substanz transfigurieren. Der Geschmack richtet sich eher an die Intelligenz als an das Fleisch: als Codierung für ein Wissen ruft er nach Entschlüsselung. Und er steht metaphysischer Ungebundenheit näher als organischer Nützlichkeit.

Der Futurismus will keine nützliche Nahrungsaufnahme, die den Naturnotwendigkeiten unterworfen ist, keine Küche, die die Löcher stopft, um ein physiologisches, tierisches Bedürfnis zu befriedigen. Er strebt vielmehr nach einer philosophischen Ernährung, die von der kulturellen Kunstfertigkeit, vom geistigen Wollen abhängt und der Expansion einer Seele unterworfen ist, die die mentale, intellektuelle Fülle ersehnt. Die Intimität zwischen den beiden Substanzen ist so groß, daß die denkende, von der metaphysischen Kochkunst informierte Substanz die ausgedehnte Substanz auf signifikante Weise strukturieren und schließlich formen wird, um ihr die erhoffte Kraft vollständig mitzuteilen.

Der materialistische Futurismus läuft über eine subjektive Lektüre des Werks und des Denkens von Henri Bergson[5]. Insbesondere findet man bei den Futuristen eine Abwandlung seiner Thesen über die geistige und schöpferische Energie, über den vitalen Elan, die Beziehungen zwischen Materie und Gedächtnis, den Mechanismus und den Vitalismus, die Bedeutung der Evo-

[5] *Bergson,* Henri, 1859–1941, französischer Philosophe, Professor am Collège de France, Mitglied der Académie Française, erhielt 1927 den Nobelpreis für Literatur.

lution, die Variationen über das Thema der Bewußtseinszustände. Die Analysen, denen Gilles Deleuze den Begriff des Bergsonismus unterzogen hat, führen uns zu der Schlußfolgerung, daß man den philosophischen Korpus des französischen Philosophen wie eine Kriegsmaschine einrichten kann, um den vitalen Elan als Virtualität kurz vor ihrer Aktualisierung zu feiern, als Einsprengsel von Dauer in die Materie, als Vorschreiten derselben in Serien, die das Reale wesentlich zu einer Einheit von wesentlich vielfältigen Modalitäten machen. Marinetti assoziiert den Bergsonschen vitalen Elan mit dem Verlangen nach Schöpfung auf mystischem Gebiet, das sich die vitale Energie (als mit der Welt konsubstantielle Urkraft) zunutze macht.

Der Künstler ist der Bildhauer dieser Energie, und wenn er Koch ist, nimmt diese Energie die Form einer Materie an, die vom Menschen assimilierbar ist: die Nahrung. Die jeweilige Besonderheit dieser Skulptur wird in einem stets persönlich unterzeichneten Rezept formuliert, mithin von einem Individuum beansprucht, das im übrigen, wenn nicht berufsmäßiger Koch, dann Dichter, Architekt, Maler oder Keramiker ist und folglich in einem anderen Bereich als dem der eigentlichen Küche agiert. Angeregt von der futuristischen Philosophie und ihrem Ideal, nützen die Erfinder neuer gastronomischer Formeln die Priorität, die auf dem Symbolischen liegt, um sich genauere Angaben in Hinblick auf Quantität und sogar Qualität der Speisen zu ersparen.

Wie in den Rezepten, die vor der bürgerlichen Ära schriftlich festgehalten wurden, läßt man sich nicht über die Details in Grammen, in meßbaren Zahlen aus. Die Dosierung und die Tyrannei der Gebrauchsanweisungen werden zugunsten einer rein instinktiven Kreativität überwunden: es geht darum, eine energetische Materie, eine Form, die zugleich Kraft ist, angemessen zur Wirkung zu bringen. Nach dieser Unterwerfung der Ästhetik unter die Ethik (und umgekehrt) liegt das ganze Augenmerk auf dem Aufblitzen des erhofften Effekts. Die Speise soll eine heftige Gefühlswallung erzeugen, sie soll die ungezügelte Kraft eines Geschmacks übertragen und das schwere Fleisch in luftige Sinnlichkeit verwandeln. Deshalb der hartnäckige, oft deklarierte und immer wieder genährte Haß gegen die Teigwaren und der Krieg, den Marinetti gegen sie führt im Namen des Prinzips der Grazie und der Leichtigkeit, dem die Schwere der Stoffe gegenübersteht, die aus der Nationalspeise ein Symbol der Unbeweglichkeit und der Apathie der Italiener macht – Eigenschaften, die von den Futuristen, diesen zukunftsbesessenen Kriegern wider die Vergangenheit, lautstark ausgebuht werden.

Fillìa trifft sich mit Marinetti in seiner modernistischen und enthusiastischen Sehnsucht nach einem neuen Menschen mit einem transfigurierten Körper. Wie viele Köche, die in der Technik ein Mittel sehen, die symbolische, ästhetische und gastronomische Leistung ihrer Schöpfungen zu verbessern, ergehen sich die Praktiker, die für Marinettis Ideal schwärmen, in Huldigungen an die Technologie: Ozonisatoren, die neue Düfte erzeugen, Ultraviolettlampen, die die zu verspeisenden Substanzen aktivieren, Elektrolyseure, die die Säfte zersetzen und die Gewinnung von Extrakten ermöglichen, kolloidale Mühlen, die die Pulverisierung erleichtern, Druckdestillateure und andere Zentrifugalautoklave, Dialysatoren, chemische Indikatoren, mit denen man den Säuregehalt mißt oder Saucen abschmeckt. Technologie, Chemie und Wissenschaft sollen in den Dienst der Ästhetisierung des kulinarischen Prozesses gestellt werden. Alles, was dazu beiträgt, die symbolische Quintessenz einer Küche besser auszudrücken, wird erwogen, entwickelt und propagiert. In Hinblick auf die Kochkunst hat das futuristische Projekt – wie alle anderen Projekte auf diesem Gebiet, die die Ästhetik einer Ethik, einer Botschaft, einem Diskurs unterwerfen – eindeutig eschatologischen Charakter. Ein anderer Mensch, ein anderer Körper werden für ein anderes Schicksal, eine andere Geschichte gewollt, in der Kunst und Leben versöhnt wären.

Die kulinarischen Experimente Fillìas, Marinettis und ihrer futuristischen Komplizen versiegen, kurz bevor Marinetti sich freiwillig und voll Begeisterung für den Äthiopien-Krieg meldet, im

Juni 1940, noch vor dem Eintritt seines Landes in den Krieg. Zahlreiche Bankette waren zwischen 1930 und 1932 aufeinander gefolgt, und wenig später die Manifeste, Exzentrizitäten und Vorträge in verschiedenen Ländern Europas, in der Türkei, in Nordafrika. Für sein radikales Vorhaben wollte Marinetti die Gesamtheit der ästhetischen Domänen mobilisieren und einbeziehen. Die Kompromittierung seiner theoretischen und philosophischen Kühnheiten im Mussolini-Faschismus wird die Totenglocke für ein Denken läuten, das etwas Besseres verdient hätte als den Zusammenbruch in den barbarischen Ideologien des Jahrhunderts. Die russischen Futuristen haben die Subversion nicht so weit getrieben. Im übrigen versank die Bewegung auch dort in der totalitären Gewalttätigkeit. Die Futuristen hatten von einem *vervielfachten Menschen* geträumt, doch es gab nur einen *verstümmelten Menschen;* sie hatten eine sublimierte Küche gewollt, aber es gab nur Hungersnöte und Schlachtfelder; sie hatten mit all ihrem Sinnen und Trachten nach Leichtigkeit, Grazie und Kraft verlangt, doch was sie bekamen, war Schwere, Grobschlächtigkeit und Gewalt. Ihre Bankette gingen in die Binsen, das Jahrhundert begann denkbar schlecht. Und die Fortsetzung war keineswegs besser.

Nach den braunen und roten Totalitarismen gab es den des eindimensionalen Menschen, den Marcuse so treffend analysiert hat. Triumph der Nazi-Lager hier, der Kolyma dort, während anderswo die Konsumgesellschaft ihre Fallen zu errichten begann, die sich über dem Menschen und seiner Ausnahmestellung, seiner Einzigartigkeit und Individualität schlossen. Triumph des Konsums, der Entfremdung, des eilfertigen Drängens in konsumistische Logiken, die immer verheerendere Wirkungen zeitigten. Triumph, schließlich und endlich, alles dessen, was mit der Mittelmäßigkeit des Kapitalismus einhergeht, der sein Gesetz diktiert: Geschmacklosigkeit, vulgäre Werte, grobschlächtige Tugenden, Utilitarismus, Warengesellschaft, Habgier und Hortung von Gütern.

So sieht die Landschaft aus, als sich, müde und erschöpft nach dem Krieg, jene erhoben, die über Jahre hinweg das Gewicht der

Apokalypse ertragen hatten. Das Geld hat den Platz der Ideologie eingenommen, die Reichtümer gelten als einzige Tugenden, und bestimmte Künstler stellen ihr Talent in den Dienst dieser Welt, indem sie ihre emblematischen Suppen und Filmstars feiern und ihr Schaffen ganz der Logik des Markts unterwerfen. Einige wenige rebellische Geister bleiben hartnäckig bei der Überzeugung, daß die Ästhetik eine Kraft des Widerstands, eine rebellische Potenz sei. Zu ihnen gehört Daniel Spoerri, ein Vertreter des Nouveau Réalisme, der die Küche in den Rang der schönen Künste hebt.

In dem Moment, wo sich das Objekt durchsetzt, stellt Spoerri das Subjekt und sein normatives Unterfangen in den Vordergrund. Der Künstler ist eine voluntaristische Macht, die das Reale in die Lichtung eines Sinns eintreten läßt. Seit 1960 bezieht sich das ästhetische Unternehmen Spoerris auf die Tafel, die Ernährung, auf die Instrumente der feinschmeckerischen Geselligkeit und die gastronomische Szene in ihrer Gesamtheit. Seine ersten Arbeiten stammen aus der Epoche der sogenannten *Fallenbilder,* die das konzeptuell-alimentäre Material in eine einzigartige epistemologische Logik einschreiben: nach einer Mahlzeit werden sämtliche Überreste an dem Ort, an dem sie sich befinden, und in dem Zustand, in dem sie sich befinden, eingesperrt und auf eine Geographie, eine Zeitlichkeit festgelegt. Sie erlangen damit einen raumzeitlich transfigurierten Status.

Die Abfälle und ihre Anordnung, die Verhältnisse und Beziehungen zwischen den Objekten ermöglichen eine «anekdotisierte Topographie des Zufalls», in der sich eine Art von Archäologie der beendeten Mahlzeit enthüllt, die über den Verlauf des betreffenden Abendessens Auskunft gibt. Die Archäologie weist den Zugang zu einer Geschichte; die Spuren ermöglichen eine Rekonstruktion. Das *Fallenbild* erzählt. Sein durch und durch narrativer Status reiht es unter die Zeichen, unter die Werke, die Sinn erzeugen und sich dabei auf die Objekte der Tafel stützen. Die schmutzigen Teller, die Spuren von Flüssigkeiten, von Kaffee und Wein, das fettige Papier, die Untertassen mit ausgedrückten Zigarettenstummeln, die zerknüllten Verpackungen, die Brotreste, das Besteck, die Blechdosen erscheinen als Überreste, die es zu waschen, zu säubern, zu ordnen, wegzuwerfen oder anderswo aufzustellen gilt. Konsumieren heißt auch Abfall produzieren; essen heißt Reste hinterlassen. Das System der Objekte bringt einen sperrigen Anteil hervor, der zu wuchern beginnt und in seinem Wuchern Sinn erzeugt auf soziologischer, historischer, anthropologischer, ja sogar metaphysischer Ebene. Die Archäologie erzählt, daß die Mülleimer, die Überreste, der Abfall manchmal mehr und besser über eine Lebens- und Seinsweise, über Arten des Herstellens, Denkens und Handelns Auskunft geben als die Dinge in ihrem unverbrauchten Zustand. Die Epoche gehört den Objekten, und sie gehört auch dem Müll.

Um diesen abstoßenden und trivialen Zustand in einen verführerischen und ästhetischen Zustand zu verwandeln, fixiert, klebt, bindet, immobilisiert Spoerri die Objekte. Er ist wie ein Photograph oder ein Bildhauer, der einen Prozeß der Zersetzung aufhält, indem er eine neue Dauer, eine sublimierte Zeit herbeiführt. Und parallel zu dieser voluntaristischen Modulation der Zeit bearbeitet er auch den Raum, indem er das Bild mit den in die Falle gelockten Utensilien an die ebene Fläche einer Wand hängt. Die Objekte werden in einer immobilen Zeit fixiert und in einer vertikalen Geographie kristallisiert, sie verlassen den profanen und banalen Raum der wirklichen Welt, um sich im sakralen und originalen Raum des ästhetischen Universums einzurichten. So vollzieht sich die Umwandlung von gewöhnlichem Metall in Edelmetall, so stellt man aus dem Blei der Horizontalität eines Festmahls das Gold der Vertikalität eines Tafelbilds her.

Für den, der sich mit der genießerischen Vernunft beschäftigt, ist die Lektion des *Fallenbilds* ein Echo auf Marcel Duchamp, insofern sie aufs neue besagt, daß der Betrachter das Bild erzeugt und der Konsument der Handelnde ist, der ästhetische Auslöser, der will und entscheidet. In diesem Fall also der Tischgenosse, sofern er imstande ist, das Geschehen zu erfassen. Zeit und Raum, die beiden ständigen Obsessionen, aus denen immer wieder Kunstwerke hervorgehen, betreffen auch die Küche als Kochkunst, als Kunst dieser beiden Instanzen, die Kant zufolge apriorische Formen des Empfindens sind. Für den, der die Welt seinem Wollen unterwirft, ist das Objekt transfigurierbar. Die radikale Kritik der Dinge führt über eine Umwertung der Werte: nicht das Objekt macht das Subjekt, wie die Verfechter des Kapitalismus es gern hätten, sondern umgekehrt, das Subjekt erzeugt das Objekt, wie es von jeher die echten Künstler und Philosophen wollen.

Seither behauptet Daniel Spoerri seine Position als kritischer und widerständiger Künstler: er spinnt die Metapher, er vollzieht einen linguistischen Sinnstiftungsakt und zugleich einen ästhetischen Akt, durch den er Dinge der Massenproduktion und des alltäglichen Konsums, sofern sie alimentärer Natur sind, in den Rang von Kunstgegenständen hebt. Man könnte daher sagen, daß er das Unternehmen des *Ready-made* weiterführt, indem er das alimentäre *Ready-made*[6] erfindet. Konkret: Im September 1961 richtet er sein Augenmerk auf Dinge aus dem Lebensmittelhandel und versieht sie mit Etiketten, die erklären: *Achtung Kunstwerk*. Die Referenz auf Duchamp ist eine Reverenz, ja ein Zitat. Der performative Akt schafft den Gegenstand durch die

[6] Vgl. zu diesem Abschnitt: Irmeline Lebeer, «Daniel Spoerri: descente initiatique aux cuisines», in: «Chemin de l'art vivant», Nr. 21, Juni 1976. – Alain Jouffroy, «Les objecteurs», in: «Quadrum», Nr. 19. – Daniel Spoerri, Dossier «Opus international», September/Oktober 1988. – «Les nourritures de l'art», Ausstellungskatalog «Art contemporain», Evry, Aure Libre 1989. – Otto Hahn, «Daniel Spoerri», Flammarion 1990 (Bibliographie S. 189 ff.). – Philippe Piguet, «De l'art du braconnage», in: «Galerie magazine», Nr. 36, April/Mai 1990. – Gilbert Lascault, «Objets sentimentaux et autres de Daniel Spoerri», Artstudio, «L'art et l'objet», Nr. 19, Winter 1990. – Y. M. Bernard, «Les nourritures de l'art», in «Opus international», Nr. 118, März/April 1990. – Maïten Bouisset, «Spoerri, Pièges pour l'œil», in: «Beaux-arts» Nr. 77, März 1990. – Otto Hahn, «Daniel Spoerri, hommage aux situations trouvées», in: «Art-Press», Nr. 145, März 1990. – Zu nennen sind weiter Spoerris Texte zur Frage von Gastronomie und Kunst: «Topographie anecdotée du hasard», éd. galerie Lawrence 1962. – «Variations d'un petit déjeuner», Nr. 35, Galerie Bischofberger, Zürich 1966. –«Les échanges gastronomiques du petit colosse: notes cloches sur l'histoire de Symi: recette de la soupe de clous cénevole», Le Petit Colosse de Symi, in: «The nothing else review», Nr. 1, 1967. – «Dissertation sur le ou la Keftédès ou réflexions sur le prémâché ou comment parler boulettes et non art avec une excursion imprévue sur le sang», ebd., Nr. 3, 1967. – «J'aime le Keftédès», Robert Morel 1970. – «Gastronoptikum», Weltwoche, Zürich 1970. – «La faim du C.N.A.C., 2 juin 1976, Notes pour le menu culturel homophone par Daniel Spoerri», 1976. – «Palettes d'artistes et tableaux pièges», in: «Cimaises», Nr. 205, April/Mai 1990.

Benennung, er bringt ihn durch die Bezeichnung Kunst erst hervor, an Ort und Stelle, hier und jetzt, auch und gerade im Bereich der konsumierbaren Objekte. Spoerri verleiht damit dem wesentlich schöpferischen und demiurgischen Teil des Künstlers Ausdruck. Indem er spricht, handelt er. Indem er handelt, spricht er: das ist mehr als ein Paradox.

Spoerri verlangt vom Vergänglichen, daß es dauert, er wirkt auf die Dauer ein, in der das Objekt existiert, um sie zu verändern: ausgehend von der Flüchtigkeit des Massenkonsumprodukts, das dazu bestimmt ist, nach dem Gebrauch zu verschwinden, und das nach Ersetzung ruft, damit die Aktivität des Konsumierens fortgesetzt werden kann, vollzieht Spoerri einen Taufakt, der eine neue Dauer hervortreten läßt, in der das so unvorhersehbar benannte Objekt einen anderen Status gewinnt, nämlich den Status einer zum Bereich des Ästhetischen gehörenden Schöpfung. Mit dieser Arbeit wird der volle Sinn der griechischen *Poiesis* illustriert: Schöpfung, Formgebung, Informierung im beinahe scholastischen Sinn, also Skulptur des Realen. Vom *Fallenbild* bis zu den vom Signifikanten gestörten Signifikaten verwendet Spoerri die alimentären Objekte als Partner in einem metaphysischen, philosophischen und poetischen Unternehmen: im September 1962, im Stedelijkmuseum, wird er auf diesem Gebiet mit einer Reihe von Experimenten weitermachen, die die Störung von Wahrnehmungen zum Ziel haben.

Das Spiel, das im Museum zu Amsterdam gespielt wurde, läßt an jenes andere denken, das die Futuristen bei ihren Banketten praktizierten, wo sie auf spielerische Weise die Gesamtheit der Sinne ansprachen, damit der Verstand kraft Intentionalität (im phänomenologischen Sinne) eine Arbeit der Bewußtmachung der zunächst getrennten, dann synästhetischen sensitiven Funktionen leisten könne. Das Experiment nimmt die Form einer Performance an, bei der die Zuschauer aufgefordert sind, sich durch zwei Säle zu bewegen, von denen der eine in ein finsteres Labyrinth verwandelt worden ist, wo alle Sinne des Körpers außer dem Gesichtssinn beansprucht werden. Denn die Besucher haben schwarze Brillen mit einer Anordnung von Stacheln aufgesetzt, die ihnen ein aggressives Aussehen verleiht: es geht darum, auf plastische Weise den beurlaubten Gesichtssinn zu veranschaulichen, die Tatsache, daß das Sehvermögen unterbrochen wurde, um die Reizung der anderen Sinne zu verstärken und die Einrichtungen besser in Szene zu setzen, die die Wahrnehmung des Warmen, des Kalten, des Feuchten, der Granulierung und der Textur bestimmter Stoffe, der verschiedenen Geräusche und vielfältigen Gerüche ermöglichen.

Indem er symbolisch den emblematischen Sinn des Abendlands auslöscht, den Sinn der Vermenschlichung, des *homo sapiens sapiens,* wiederholt Spoerri das Experiment, das Condillac mit seiner Statue durchgeführt hatte: Wenn die Wahrnehmung der Welt nur entsprechend den Modalitäten eines einzigen Sinnes möglich ist, wird sie zur Gänze entsprechend den Kategorien dieses Sinnes vollzogen werden; wenn einer der Sinne ausfällt, wird er durch die anderen Modalitäten der verbleibenden Sinne kompensiert. Wer weniger oder gar nicht sieht, riecht besser, schmeckt besser, tastet besser. Ein ausgesprochen sensualistisches Experiment. Die vom Künstler strukturierte Umwelt bringt nun eine Wahrnehmung nach ausschließlich kompensatorischem Modus hervor und ermöglicht auf diese Weise ein vorrangiges Funktionieren der für die gastronomische Tätigkeit spezifischen Sinne.

Im angrenzenden Saal werden die gewohnten Kategorien räumlicher Repräsentation durch Werke gestört, die nach dem subversiven Modus des *Fallenbilds* angebracht worden sind: der Boden hat sich in eine Wand mit aufgehängten Bildern verwandelt, und die Skulpturen befinden sich an einer Wand, die solcherart zum Boden wird. Während mit dem *Fallenbild* eine andere Zeit eingeführt wird, wird hier nun ein anderer Raum formuliert. Der verunsicherte Körper muß seinen Orientierungssinn adaptieren, um zu gewährleisten, daß der Organismus, das Ensemble der Apparate, die die Maschine regulieren, in seinem Gleichgewicht weiterlaufen und die ausschließlich visuellen Informationen decodieren kann.

Nach einer demiurgischen (1960), nominalistischen (1961) und sensualistischen (1962) Arbeit, mit denen er sich auf spezifisch konzeptuellem Gebiet bewegte, beschäftigt sich Spoerri mit dem alimentären Objekt nicht mehr in metaphysischer, linguistischer oder phänomenologischer Hinsicht, sondern in seiner spezifisch gastronomischen Dimension (1968), als er in Düsseldorf unter seinem Namen ein Restaurant eröffnet und die Küche dem Bruder seiner Ex-Frau anvertraut. Er selbst trägt die intellektuelle, künstlerische und kulturelle Verantwortung für das, was bald zu einer Vorschule der Eat-Art werden sollte. An Spoerris Tafel ißt man Bären, Schlangen und Elefantenrüssel – und man kann den Tisch kaufen, an dem man sich stärkt, denn Spoerri übernimmt es, die Essensreste zu fixieren und den ästhetischen Übergang vom Trivialen zum Sakralen zu sichern. Die Kochkunst erhebt den Anspruch, transgressiv zu sein: man ißt hier ungewöhnliche, für die europäische Kultur jedenfalls ungewöhnliche Speisen, man serviert verkleidete, transvestierte Produkte wie Kartoffeleis oder Nougat aus Hackfleisch, aber auch erotische oder blasphemische Menüs. Das Ziel besteht darin, alles zu kosten, alles zu probieren und sich nach Möglichkeit von den alimentären Verboten nicht hindern oder zurückhalten zu lassen.

Das Experiment zeigt trefflich, wie sehr die Nahrung ein Zeichensystem ist, in dessen Innerem bestens integrierte Codes funktionieren: es wird zwischen konsumierbaren und nicht konsumierbaren Stoffen unterschieden, zwischen erlaubten und unerwünschten Verbindungen, zwischen profanen Nahrungsmitteln und solchen mit sakraler Bedeutung. Jede gastronomische Praxis bleibt diesen Tabus und Gebräuchen, diesen Werten und Prinzipien verpflichtet. Kochen und kosten heißt, die Werte einer Zivilisation ins Spiel bringen, entweder indem man sie ehrt und feiert, oder indem man sie kritisiert oder leugnet. Keine Substanz, die der Körper aufnimmt, ist neutral, sie ist vielmehr – positiv oder negativ – geladen, im Bereich der individuellen ebenso wie der kollektiven Geschichte. Wenn Spoerri den moralischen Koeffizienten der Nahrungsmittel spielen ließ, zeigte er unter anderem auch, daß der kulinarische Akt, die Praxis des Kostens, über eine politische Dimension verfügt.

Damals schrieb Spoerri auf eines seiner Werke: «Inmitten der Dekadenz aller Künste bleibt nur die edle Kochkunst bestehen.» Und an anderer Stelle: «Sexualität und Ernährung sind die beiden Grundbedürfnisse des Menschen. Andere haben es sich zur Aufgabe gemacht, von der Sexualität zu sprechen; ich hingegen werde von der Ernährung sprechen.» Aber kann man diese beiden Welten, die in mehr als einer Hinsicht als zwei Seiten einer Medaille erscheinen, einander so einfach entgegensetzen? Ist es so einfach, sie voneinander zu trennen und die eine zu behandeln, während man von der anderen absieht? Tatsächlich widmet Spoerri seine Kräfte seit 1969 in besonderem Maß der alimentären Frage, seit dem Moment, als er Niki de Saint Phalle in der Düsseldorfer Kunsthalle ihre «1000 Nanas» aus Zucker herstellen sieht, was ihn auf die Idee einer Kunst bringt, die ihre Materialien ausschließlich aus dem Bereich des Alimentären, der Küche, der Gastronomie bezieht.

Der Geburtsakt der Eat-Art vollzieht sich am 29. Oktober 1970 in Mailand bei einem Trauermahl, wo die *ultima cena* des Neuen Realismus gefeiert wird. Zweck der Mahlzeit: die Kunst des 20. Jahrhunderts verdauen. Deshalb der Verzehr von kulinarischen und alimentären Figuren, die allegorische, symbolische und spielerische Bedeutung haben. Jeder Teilnehmer wird mit seiner symbolischen, gastronomischen und ästhetischen Figuration assoziiert: eine Biskuitpalisade für Raymond Hains, ein Kuchen in Form eines Grabmals für Klein, eine Kompression von Likörpraline für César, ein Aspikhaufen für Arman. Man verwendet Honigbrot, Fleisch und Bonbons als Material zur Herstellung von Kunstwerken, die dann tatsächlich gegessen werden. Zugleich findet sich das Schicksal jedes einzelnen Künstlers bezeichnet: ist das Analogon verschlungen, bleiben die Exkremente, die Reste, die durch die Einwirkung der Zucker recht karg geworden sind. Die verspeiste Kunst läßt wenig Ausgeschiedenes zurück. Nichts von dem, was die jeweilige Thematik der Vertreter des Nouveau Réalisme bildete, sollte von Dauer sein: alles verschwindet, eine Mauer der Kunstgeschichte stürzt ein, und dieser Einsturz wird durch jene alimentäre Vermittlung bezeichnet, die auf dialektischer Basis die Ankunft einer neuen Periode, eines neuen Bezugssystems ermöglicht. Es handelt sich dabei um die Strömung der Eat-Art, die aus dem verklärten und inszenierten Tod der Neuen Realisten aufersteht wie ein Phönix aus der Asche, um die Arbeit der Kunst und das Leben fortzusetzen.

Daniel Spoerri wird auf den Lehrstuhl für bildende Kunst der Kölner Fachhochschule für Kunst und Design berufen. Um seine Inthronisierung würdig zu feiern, veranstaltet er ein Festmahl der Homonyme, zu dem er Personen einlädt, deren Gemeinsamkeit darin besteht, daß sie einerseits zwar anonym sind, andererseits aber den Namen eines berühmten Klassikers tragen. Am Tisch der Philosophen kann man einen aus Bonn angereisten Kant und mehrere Hegel treffen; am Tisch der Schriftsteller Heine und Kleist; Dürer, Grünewald, Cranach sind an dem der Maler versammelt. Man ißt geräucherte Bach-Forellen, einen Leibniz-Kuchen, Descartes-Käse und andere Nettigkeiten dieser Art. Das Fleisch kommt aus der Fleischhauerei Wagner, das Schweinerne aus den Häusern Metternich und Schiller. Die Bedienung wird von den Studenten gewährleistet. Am Ende des Mahls geben die Teilnehmer bereitwillig Autogramme.

Die Aktivitäten der Eat-Art waren zahlreich: vom Festival in Chalon-sur-Saône mit seinen neunzehn Banketten, die über fünfundzwanzig Tage hinweg serviert wurden, über die Mahlzeiten, deren Gänge der traditionellen Ikonographie des Horoskops folgten, bis zu einer Reihe anderer Veranstaltungen, die unter dem Zeichen des Spiels, der Subversion, des Happenings, des Spotts, der Ironie und der Performance standen, gab es zahlreiche Gelegenheiten. Bis zur letzten, die man als Totenfest à la Grimod verstand, «Das Frühstück im Grünen» nannte und im Untertitel als «Begräbnis des Fallenbilds» auswies. Das Fest fand im Februar 1983 in der Fondation Cartier in Jouy-en-Josas statt, um das Ende der Eat-Art, ihren Tod und die notwendige Beisetzung zu bezeichnen. Die Feier vollzog sich in Form einer Synthese alles dessen, was Spoerri auf dem Gebiet der Ernährung und der Kochkunst gemacht hatte, wobei die Demiurgie des *Fallenbilds,* der Nominalismus der Lebensmittel-Objekte, der

Sensualismus des körperlichen Experiments und die frohlockende Gastronomie wiederholt wurden.

Hundertzwanzig Personen waren zu dieser ländlichen Mahlzeit geladen. Man hatte sie gebeten, ihr eigenes Gedeck mitzubringen: jeder sollte sein Temperament bezeichnen, indem er billige oder kostbare, gebrauchte oder neue, auffällige oder bescheidene Objekte auswählte. Das Menü war sadomasochistisch, man servierte Kuheuter, eine schweizerisch-deutsche Spezialität, Würste, Kaldaunen, Schweinsfüße und -ohren. Die Tischplatte ruhte auf Böcken, die Tischtücher waren rosarot, die Zeremonie vollzog sich in der Nähe einer großen Grube, die man gegraben hatte, um die gesamte Installation wie bei einem *Fallenbild* zu fixieren. Nach dem Essen wurde alles darin verscharrt. Seither arbeiten Tod und Verwesung und produzieren, vor neugierigen Blicken geschützt, Reste aus Resten. Es heißt, daß man im Winter, wenn der Schnee schmilzt, auf dem Boden die Spuren der Zersetzung sehen kann, da die Schmelze wegen der Temperaturunterschiede unregelmäßig vor sich geht und dem Schnee plastische Formen verleiht. Noch in seiner Abwesenheit sagt uns Spoerri, daß der Tod die Fortsetzung des Lebens mit anderen Mitteln ist und der Zyklus Essen/Gegessenwerden in seinem Bezug zur Verwesung ausgesprochen metaphysischen Charakter hat – ewige Wiederkehr des Gleichen, der all jene Ausdruck verleihen, die sich nicht damit abfinden können, daß sie ihr unterworfen sind.

Der Tod geht um unter den bei Banketten und Mahlzeiten Frohlockenden, er ist am Werk, sobald man etwas zu sich nimmt, sobald man verdaut, sobald man Hunger oder Durst empfindet, denn die Maschine zeigt mit unerbittlicher Macht, was ihre Forderungen, ihre Notwendigkeiten sind. Das Bedürfnis lenkt die Aufmerksamkeit auf die Schwächen des Körpers, die sich ankündigen, wenn die Nahrung auf sich warten läßt oder ganz ausbleibt. Die Trauerpossen Grimods sind fast emblematisch für ein Wissen, das Spoerri lehrt: der Ernährungsvorgang enthüllt die Entropie, die Vergänglichkeit, die ihr Werk tut, sowohl im Bedürfnis, das nicht warten kann, als auch in der Befriedigung, die nicht dauert. Das unaufhörliche Hin und Her zwischen einem Streben, das den Körper erfaßt, und der Befriedigung, die darauf folgt, bezeichnet die Ewigkeit der vitalen Bewegung.

Als Daniel Spoerri die Kochtöpfe an den Nagel hängt, hinterläßt er seinen Namen in einer Kunstrichtung, die seither dennoch lebendig geblieben ist, weniger in der Masse oder in Schulen als im einsamen, aber entschlossenen Handeln Peter Kubelkas. Man kennt diesen Künstler eher im Bereich des Kinos, wo er die Erinnerung an einen Avantgarde-Regisseur hinterlassen hat. Manche wissen auch, was für ein Musiker er ist, und daß er sich als Interpret von Barockmusik in den Konzertsälen der ganzen Welt hervortut. Man kennt ihn weniger als Koch, als Theoretiker und Praktiker der Kochkunst, die er in Beziehung zu den schönen Künsten und besonders zur Musik setzt.

In seinen Augen sind die Kochrezepte buchstäblich Partituren, welche die Traditionen, denen wir entstammen, und das entsprechende *savoir-faire* aufbewahren. In seinem Kampf gegen die industrielle Produktionsweise und deren Wirkungen auf ästhetische Gehalte verbindet Kubelka das Kino, die Musik und die Küche, um sie als Tätigkeiten auszuüben, die sich nicht mehr in einen Prozeß von Notwendigkeit und Zwang einschreiben, sondern in eine Logik des freien Willens und des Vergnügens. Der Künstler soll kein Vermittler sein für eine Welt, in der die Produkte genormt sind und zur Verbreitung einer genormten Lebensform beitragen; er soll sich dieser Welt widersetzen, soll *unabhängig* von ihr agieren. Indem er den Auftrag, die Einbindung in den Markt ablehnt, handelt Kubelka nach seiner Laune als freies, einzigartiges Subjekt, das vor jeder Verdoppelung gefeit ist. Künstler ist, wer die außergewöhnliche Natur des vergänglichen Augenblicks dadurch verherrlichen will, daß er intensiv lebt, mit der geballten Kraft, die der existentielle Entwurf erfordert.

Kino, Musik und Kochkunst sind drei Künste der Zeit, mit denen man nicht schwindeln kann. Sie erfordern eine Beherrschung der Dauer, des zeitlichen Flusses in einem Raum, in der dreidimensionalen Welt. Insofern könnte man den Künstler, der

Filme macht, eine Sonate komponiert oder eine Speise herstellt, als Bildhauer der Zeit[7] bezeichnen. Das kulinarische Material ist also Teil der klassischen Materiologie (Nahrungsmittel, Produkte) ebenso wie des immateriellen Bereichs, der insbesondere durch die Zeit bezeichnet wird. Hinter der Kamera, vor der Partitur oder an den Herden ist ein und derselbe Mensch am Werk, der mit Chronos kämpft wie der Engel mit dem Dämon.

Und alle stellen sich aus, der eine im dunklen Saal, in den die Zuschauer strömen, der andere im Konzerthaus, das die Zuhörer besuchen, der dritte an der Tafel, wo die Gastronomen ihren Dienst versehen. Und in einer Zeit, die niemand aufhalten kann, weil sie unweigerlich ihre Tyrannei, ihre Ordnung, ihre Kategorien aufzwingt, rollt der Film, das Konzert, die Mahlzeit ab wie der Faden der Nornen. Was bleibt, *in fine*, ist vergänglich, ein Gefühl, eine flüchtige Empfindung, eine Spur im Gedächtnis, nicht mehr als ein geistiger Wohlgeruch, den der Künstler geformt und dort eingelagert hat.

In seinen ästhetischen Experimenten möchte Peter Kubelka den Körper verklären und in seiner Einmaligkeit feiern, weitab von den modernen Phantasmen der Reproduzierbarkeit, die durch die Industrialisierung überall siegreich sind. Gegen den eindimensionalen Menschen, wie ihn die Technik im Dienst der liberalen Ideologie will und fabriziert, will Kubelka ein unverwechselbares Subjekt, das Akteur seiner eigenen Existenz, Baumeister seiner eigenen Form, Künstler seines eigenen Lebens ist. Er will die Entfremdung überwinden, die aus dem Individuum ein Rädchen macht, und den Menschen in seiner vollständigen Sinnlichkeit befreien. In diesem Ideenzusammenhang ist die Küche ein Mittel, sich sein eigenes Selbst wiederanzueignen, genauer gesagt, sich selbst durch eine Arbeit sinnlicher Bild-

[7] Vgl. zu diesem Abschnitt: Christian Lebrat, «Peter Kubelka», in: «Classiques de l'avant-garde», Nr. 1, Expérimental Editions (Bibliographie S. 177).

Auswahl von Texten Kubelkas zu diesem Thema: «Bats le blanc en neige selon ta pensée», in: «Das Riegsburger Kochbuch», Wien 1988. – «Pasta-architecture pour la bouche», Pastario, Crusinallo, Alessi 1985. – «La cucina come forma d'arte» in: «Cibi e Riti», Akten des Seminars Genua 1981, Crusinallo, Alessi 1988. – Zu den Arbeiten Kubelkas vgl. die Bibliographie in: Christian Lebrat, a. a. O.

hauerei, deren Subjekt und Objekt jeder einzelne ist, neu zu erobern: es geht darum, in sich die Totalität seiner fünf Sinne durch deren Betätigung zu entdecken und nicht mehr ausschließlich auf zerebraler und intellektueller Ebene zu leben.

Die Kochkunst hat gegenüber dem Kino und der Musik den Vorteil, daß sie die primitiveren Sinne zelebriert – primitiv zumindest in Hinsicht auf den Ruf, den sie genießen. Geruchs- und Tastsinn, Nase und Mund, Fühlen und Schmecken waren einst die vorrangigen Weltwahrnehmungsweisen, denn wir haben wahrscheinlich die Dinge, die uns unterkamen, zunächst beschnüffelt, gekostet und angefaßt, bevor wir uns damit begnügten, sie zu betrachten und es ganz dem Auge zu überlassen, die Informationen zu besorgen, die wir über sie haben wollten. Da die Menschen keinen direkten, sinnlichen Kontakt zur Welt mehr hatten, privilegierten sie das Auge, den Gesichtssinn und die visuelle Betrachtung, die dennoch nur das Vermögen der Überprüfung der anderen Sinneseindrücke ist: wir kennen den Geschmack alles dessen, was wir sehen, folglich kosten wir nur noch wenige Materien, die sich auf die alimentäre Notwendigkeit beschränken, die ihrerseits wieder auf die utilitäre Dimension reduziert ist.

Wir schauen nur, um nicht mehr schmecken zu müssen, und eben dagegen lehnt sich Peter Kubelka auf, wenn er – durch die Kochkunst – lehrt, daß ein Körper, der ein beliebiges Ding erkennen will, zuerst ein mit fünf gleichwertigen Sinnen begabtes Fleisch ist. Die Erziehung muß sich auf die Kultur der Sinne richten, die durch die kulinarischen und gastronomischen Praktiken betätigt werden, denn eine authentische Beziehung zur Welt ist nicht nur intellektueller, sondern vor allem sinnlicher Natur. Das sensuelle Leben erstirbt, wenn es nicht in Gang gehalten wird; es kann wieder auferstehen, wenn ein Körper dazu gebracht wird, mit all seinen emotiven, perzeptiven und sensuellen Modalitäten zu genießen.

Die Zubereitung eines Mahls ist eine ideale Tätigkeit, um die abendländischen Werte auf diesem Gebiet umzukehren. Gleichzeitig ist es eine ästhetische Praxis als Vorschule zu einer Metaphysik, einem authentischen Weltbild. Peter Kubelka sagt ohne Umschweife, daß «*Kochen* gleichbedeutend mit der Bildung von eßbaren Modellen des *Kosmos*» sei und daß, wer eine Speise zubereitet, eine Welt zubereite. Die Qualität einer Existenz steht in Beziehung zu jener der Sinne, die vornehmlich angeregt werden: sage mir, ob du das Auge oder die Nase vorziehst, und ich sage dir, wer du bist, nach welcher Wirklichkeit du strebst. In diesem Sinn betreibt Peter Kubelka, wenn er an der Frankfurter Städelschule Kochkunst lehrt und diese Tätigkeit seit 1978 als vollgültige künstlerische Praxis beansprucht, eine fröhliche Wissenschaft, die aktueller denn je ist. Als Koch, Künstler, Meister der Wahrheit, Metaphysiker und Poet, folglich als Philosoph, stellt er die diätetische Frage ins Epizentrum der existentiellen Problematik, an den Ort, der ihr rechtmäßig zukommt.

Aus nietzscheanischer Perspektive könnte die Kochkunst in ihrem speziellen Bereich dazu beitragen, mit den Metamorphosen Schluß zu machen, denen die Sterblichen unterworfen sind, um schließlich zu einem anderen Menschen zu gelangen, einem Menschen, der nunmehr, gestärkt durch das Wissen, das ihm die Künstler-Köche über die Kunst und das Leben vermitteln, mit seinem ganzen Körper versöhnt wäre, mit seiner Sinnlichkeit und seinen Organen, seinem Begehren und seiner Lust. Vor der Offensichtlichkeit des tragischen Charakters der Existenz erscheint der hedonistische Engel als die einzig haltbare Figur, die einzige Zuflucht inmitten der Prüfungen der Entropie und des letztlich doch unanfechtbaren Sieges des Nichts.

Das Unternehmen der Künstler-Köche gehört zu einer Dialektik, die das Leben, den Körper und die Zwischeninstanz der Nahrung als ästhetische Vermittlung feiert, als Brücke zwischen dem Abgrund des Begehrens, dem klaffenden Mangel auf der einen Seite, der Wollust der Sättigung, der Freude der Erfüllung auf der anderen. Die Ernährungsfrage hat ethischen, ästhetischen, metaphysischen, ja ontologischen Charakter: jedes Wesen ist eine fragile Erscheinung, eine Ausnahme, dazu bestimmt, in all seinem Glanz zu erstrahlen, während es doch nur den Tod erwartet – einen Tod, der die Körper schon bedrängt, wenn sie sich gerade erst konstituiert haben, einen Tod, der seine tägliche Ration an Leichen der sublimierten Art fordert. Der Koch ist der Handwerker, wenn nicht der Künstler dieser Transfiguration der Notwendigkeit, die Entropie zu beschwören, und er ruft inmitten dieser ganzen, ständig erneuerten Tragödie die Sinnesfreuden herbei, die die Macht der Naturansprüche kulturell maskieren, denn der Hedonismus ist stets eine ausführliche Antwort auf die tragische Philosophie.

Das Bedürfnis, ausgehend vom Tod Leben zu erzeugen und die Vitalität von wandelnden Leichen zu nähren, stellt den Koch ins tragische Epizentrum des Verfließens. Seine Kunst ist heraklitisch, denn sie gehört einer Logik der Bewegung, des Strömens, des ewigen Wiederbeginns an. Wo diejenigen, die einen soliden Ruf im Milieu der schönen Künste genießen, auf parmenidischen Grundlagen arbeiten, also Immobilität, Starre und Ewigkeit anstreben, zieht er es vor, seine Kräfte dem Vergänglichen zu opfern. Seine Bestimmung ist das Spiel mit der Zeit, also mit dem Tod, der Verwesung, der Auflösung. Während er den ewigen Triumph des Nichts erwartet, drückt er die Quintessenz der Menschheit aus: die Rebellion und den Willen, ein paar elegante, hedonistische, frohlockende Formen zu erzeugen, bevor Thanatos kommt, um seinen Tribut einzufordern. Die Ehre der Menschen und ihre Größe liegt in diesem Verhalten: im Willen, dem Tod zu trotzen und das Flüchtige zu verherrlichen, indem man wunderbare, magische Augenblicke schafft. Gewiß, der Tod wird siegen, doch zumindest hat die Existenz nicht seine Farbe getragen und sich nicht seiner Macht gebeugt.

Nachwort

Für eine Philosophie,
die den Körper mit einbezieht

Und dieser hedonistische Engel? Wird man am Ende seine Schwungfedern zu sehen bekommen, den Saum seiner Flügel oder gar seinen Hintern? Oder muß man sich mit negativer Theologie begnügen, mit geistigen Annäherungen, konzeptuellen Spielen? Welche Geographien bewohnt er? Wo kann man ihn überraschen? In den Küchen natürlich ebensogut wie anderswo, denn er kennt das Wort Heraklits, wonach sich das Göttliche auch in der Nähe der Öfen aufhält. Ist er ein Genosse von Dom Pérignon und Grimod, von Noah und Brillat, Chen Nung und Carême, Dharma und Curnonsky? Ja, selbstverständlich. Ein Bruder des Imams von Chehodet, von Quetzalcoatl, der gefiederten Schlange, und des heiligen Patrick mit dem Destillierapparat? Ja, ebenso. Ein Vertrauter Fillìas und Spoerris und all jener, die kochen und Weine pflegen, Spirituosen erzeugen und die Körper in ihrer Totalität bezaubern? Ja, wiederum ja.

Was lehrt er uns, bei den verlöschenden Feuern dieser *genießerischen Vernunft?* Zwei oder drei materialistische und sensualistische, vitalistische und ästhetische Ideen: daß keine Energie akzeptabel ist, wenn sie nicht zunächst gestaltet, geformt, von einem Willen umfaßt wurde, der sie rechtfertigt; daß Hedonismus nicht ohne tragischen Urgrund denkbar ist, ohne eine Philosophie, die die Tatsache in Rechnung stellt und auf sich nimmt, daß man sterben und folglich altern muß, daß man den Schrecken und den langfristigen Wirkungen der Zeit, der Gefährtin des Todes, nicht entgehen kann; daß die Lebensart der

Feinschmecker, bei Tisch und andernorts, Variation über das Thema der Intersubjektivität und folglich der Politik (im absoluten Sinn des Wortes) ist; daß man unter dem Gesichtspunkt der Sinnenfreude neue Existenzmöglichkeiten anstreben sollte, deren Modell die molekular-elektive Gesellschaft sein könnte, in der man versucht, das Projekt einer hedonistischen, mobilen und kontraktuellen Gemeinschaft zu inszenieren; daß ein Körper, der die Trunkenheit oder Berauschtheit kennt, mehr weiß als die vernünftige und vernünftelnde Vernunft, die sich um ihre Grenzen und Möglichkeiten sorgt; daß es superlative Emotionen gibt, die man Dionysos verdankt, und daß letzterer ein wirkungsvoller und entschlossener Feind von Hypnos und dessen Bruder Thanatos ist; daß die Gastronomie der Ort dieser Aussichten und Vorschläge, der Ort der möglichen Verschmelzung von Ethik und Ästhetik und die Gelegenheit zu einer Philosophie sein kann, die den Bereich ihrer Aktivitäten und Vorlieben so weit ausdehnt, daß sie auch den Körper erfaßt. Die Hauptlektion des hedonistischen Engels besagt demnach: daß es möglich ist, den Menschen mit sich selbst, mit seinen Sinnen und seinem Körper, seiner Sinnlichkeit und seinem Fühlen zu versöhnen. Daß dies möglich ist, ja, aber auch, daß die Zeit dazu reif ist.

Innerhalb der Ideengeschichte hat der hedonistische Engel offensichtlich Verwandte: an anderer Stelle[1] habe ich die Verbindungslinien von Anthistenes[2] zu Marcuse, von den freisinnigen Gnostikern zu den gelehrten Libertins, von den Brüdern und Schwestern des freien Geistes zu La Mettrie, Fourier und noch einigen anderen gezogen. Es ist jedoch Nietzsche, der mir seit meinem ersten Buch Stoff zum Denken liefert. Nicht, daß er Hedonist gewesen wäre: sein gesamtes Werk zeugt sogar vom Gegenteil. Im Hedonismus sah er nur Erschöpfung, ein Zeichen der Dekadenz, morbide Schwäche. Doch er ist der Autor der «Fröhlichen Wissenschaft», eines Hauptwerks der Geschichte des

[1] Vgl. Michel Onfray, «Der sinnliche Philosoph. Über die Kunst des Genießens», Frankfurt 1992.

[2] *Antisthenes,* um 455–360 v. Chr., griechischer Philosoph, Schüler des Sokrates, Gegner der Ideenlehre Platons.

Denkens, da es in aller Klarheit besagt, daß die Philosophie zuerst eine Frage der «körperlichen Konstitution», also von Fleisch und Blut und Lymphe ist. Keine Philosophie ohne den, der philosophiert, und kein Philosoph ohne Körper: zart oder kräftig, gebückt oder zur Sonne strebend, das Leben feiernd oder todesfixiert. Von Blitzen erhelltes, von Strömen durchzucktes, vulkanisches, von Vitalität überbordendes Fleisch, das brennt und sich verzehrt, leidenschaftlich, begeistert; oder Fleisch, das bereits vom Tod, vom Ressentiment angesengt ist, von Schlacke und Schlamm bedeckt, im Morast versinkend, leidend in der Kasteiung. Diese beiden Typen bringen entsprechende Philosophien hervor: der hedonistische Engel geht auf die erste zurück, der asketische Körper auf die zweite.

Der Körper ist die Matrix, auf der Weltbilder und -perspektiven entstehen, er ist mithin der Ort der Welt, die Welt selbst. Als Prisma produziert er so viele Welten, wie es Subjekte gibt. Und die Subjektivitäten tanzen: es gibt in der Existenz nur Planeten, die im Umlauf sind, sich aber niemals begegnen. Sie streifen einander gerade eben, berühren einander, verlassen einander. Nur die Quadrille und die Choreographie drücken das Wesen des Seienden aus. Jeder Planet gehorcht einer eigenen Bewegung, doch die Gesamtheit der Wege führt immer nur auf zwei Pole zu: Hedonismus oder Askese. Und auch die Philosophien sind nur Illustrationen dieser Alternative.

Wenn der Körper jener spezifische Ort ist, wo sich die Weltbilder kartographieren, versteht es sich von selbst, daß man nicht philosophieren kann, ohne sich über die Natur des denkenden Stoffs zu befragen. Welcher Körper? Welches *Ich* ist es, das denkt? Nietzsche zeigt nachdrücklich und unzeitgemäß, wie nötig es zu diesem Behuf ist, in der ersten Person zu sprechen, Bekenntnis und Reflexion, Autobiographie und Theorie zu mischen. Kein Denken ohne die Odyssee eines Subjekts. Ein Denksystem ist Sublimierung, es ist die Form, die ein Schmerz oder eine Lust annimmt, die sublimierte Form einer Unfähigkeit, besser zu leben, eines Ausweichmanövers vor dem Abgrund, einer Sammlung von Begierden. Die Wächter des philosophischen Tempels haben es nicht gern, daß man diese elementare Wahrheit in Erinnerung ruft. Sie sind es gewöhnt, zu maskieren, zu leugnen, zu radieren, zu verbergen, sie lassen die Leichen verschwinden und bieten nichts als Ersatz. «Das Ich ist hassenswert», sagen sie, während sie ihr eigenes Ego nach Kräften umhegen.

Daher die Kategorien, die sie erfunden haben und die von den meisten weitergetragen werden: der Schatten einer Subjektivität, die sich als solche zu erkennen gibt, verweist sofort auf die Literatur. Und da die platonischen, kantianischen und sonstigen philosophischen Wachhunde auch dort ihre Pendants haben, schicken einen die Totengräber der Literatur, kaum daß ein Begriff seine Schnauze zeigt, gleich wieder dorthin zurück, wo man herkommt. Ein ewiges Geschubse zwingt die in der ersten Person geschriebenen Werke zu einem Nomadismus, der die Bedingung ihrer Wirksamkeit ist: sie haben nicht die Muße, unter den ungeschickten, unglücklichen Gesten der Exegeten zu sterben, die ihren Dienst im Hörsaal versehen, diesem Ort zwischen Leichenschauhaus und Massengrab. So ein Ich, das immerzu Bücher auslegt, ist freilich hassenswert. Denn ein Werk wäre doch dazu da, um gelebt, nicht nur, um gelesen zu werden. Und der hedonistische Engel gibt uns einen Wink, anders und anderswo zu existieren. Keinesfalls aber liefert er einen weiteren Begriff zu den vielen, die nur dazu dienen, die Ektoplasmen zu ernähren.

Seinen Körper zu zeigen ist in diesem Fall nicht Zeichen von Schamlosigkeit, sondern von Aufrichtigkeit. Zu sagen, welche fleischlichen Wurzeln das Werk hat, das man der Lektüre unterbreitet, ist eine Frage der Ehrlichkeit. Der zurückgelegte Weg gilt ebensoviel wie das Erreichte; das eine kommentiert und veranschaulicht das andere. Ein Leben für ein Buch, ein Buch für ein Leben – ich identifiziere mich immer noch mit dem Projekt Mallarmés. Welcher Körper für eine hedonistische Philosophie? Welches Fleisch für ein sinnenfreudiges Denken? Welcher Stoff für eine Subjektivität, die den sinnlichen Genuß will und beansprucht? Die Antwort liegt auf der Hand: es bedarf einer extravaganten Anatomie, einer hochempfindlichen Physiologie, die imstande ist, die geringsten Variationen, die leisesten Bewegungen zu registrieren. Die Konstitution des singulären Subjekts, das sich am Flammenmeer entlangbewegt, in dem sich die Existenzen verzehren, ist äußerst fragil, und eben darin liegt seine Stärke.

Fragil, denn die Kindheit hat diesen Körper nicht verlassen, so er weiterhin nach den Gründen fragt, nach dem Warum. Fragil auch deshalb, weil die Schrecken und die Begeisterungen jener Zeit anhalten, mit denselben Exzessen, derselben Intensität. Fragil, denn die Verletzungen und die Wunden, die Kerben und das Leid, das der Seele zugefügt wurde, als sie noch zart war, sind nicht verheilt. Der hedonistische Körper ist also von einer Hypersensibilität, die anderen als krankhaft gilt, weil ihr dickes, gebräuntes Fell sie verkennen läßt, was zerbrechen kann, sei es auch nur im infinitesimalen Bereich. Keine feinen Genüsse, keine delikaten Vergnügungen, keine raffinierten Lüste, kein subtiler, philosophischer Hedonismus ohne gesteigerte sensorielle und emotive Fähigkeiten.

Der Körper, den der hedonistische Engel suggeriert, ist ein Kunstprodukt, ein Ergebnis der Kultur, des Milieus und des mysteriösen Austauschs mit einer Natur. Einerseits kann man auf dieses sinnliche Vermögen nicht einwirken, denn es ist das Resultat einer viel zu komplizierten Alchimie, die auch die scharfäugigsten Blicke nicht zu erfassen vermögen. Andererseits kann man immer noch wollen. Man kann seine Aufmerksamkeit bewußt steigern, sein Empfindungsvermögen verfeinern, einen feurigen Narzißmus pflegen, der es dem Bewußtsein erlaubt, auf ein Material einzuwirken, das es bei dieser Rückkehr zum Selbst erfaßt und begriffen hat: eine Wahrnehmung, eine Empfindung, ein Gefühl. Auf seine Sinne zu hören, ist eine wesentliche und notwendige Vorbedingung, um aus diesem Material Gelegenheiten zu möglichen Genußfreuden zu machen.

Kräfte also anstelle von Zerbrechlichem; Möglichkeiten des Sehens, des Hörens, des Schmeckens, des Riechens, des Berührens jenseits von dem, was die Gewohnheit erlaubt. Kräfte, die die in der Kindheit angehäuften Erinnerungen anregen, Geschmäcke, Düfte und Gerüche, Bilder und Klänge, Gewebe und Texturen. Kräfte, um Wahrnehmungen einzufangen und sie in Gefühle zu verwandeln, um das sensitive Chaos in emotive Harmonien umzugestalten. Der hedonistische Körper, der die kindliche Fähigkeit, sich erschüttern zu lassen, bewahrt oder restauriert hat, ermöglicht eine transfigurierte, mit sich versöhnte Subjektivität. Die primitive Welt der ersten Lebensjahre, das existentielle Universum des Anfangs wird bewahrt/überwunden und damit in eine Natur integriert, die ein Temperament, eine Form, einen Stil hervorbringt. Der Wille zum Genießen setzt im Verein mit den sinnlichen Fähigkeiten gewaltige Kräfte frei, die allesamt wesentlich sind für die Praxis eines immer wieder erneuerten Hedonismus.

Bei den Praktiken, die die Sinnesfreude zum Ziel haben, macht die Kultur den Unterschied zwischen vulgärem Hedonismus und philosophischem Hedonismus aus. Nicht jeder Genuß ist gut, nur weil er Genuß ist. Sonst nämlich müßte man sagen, daß die Tiere über die vollkommenste Weisheit verfügen. Tatsächlich aber verkörpern sie keine Besonnenheit, sondern den vulgären Hedonismus, der allen eigen ist, die auf rohe Weise genießen, ohne ethische und ästhetische Sorge. Ich glaube wirklich, um es so auszudrücken, daß sinnlicher Genuß ohne Bewußtheit die Seele zerstört. Die Brunst und das abgeweidete Gras, die wilde Kopulation und die zerrissene Beute verschaffen dem Tier zweifellos Befriedigung, doch diese hat nichts mit einer ethischen, ästhetischen oder hedonistischen Situation zu tun. Man könnte in Hinblick darauf sagen, daß sich der Erotismus zur Sexualität wie die Gastronomie zur Ernährung verhält: er ist ein Supplement der Seele. Und daß es nur dann eine hedonistische Dimension bei einem Sinnesvergnügen geben kann, wenn dieses Seelensupplement ins Spiel kommt, dieser Zusatz beim Auskosten eines Gefühls, der die Welt, die anderen, die Wirklichkeit nicht vergißt, die Situation, in der man sich befindet, die Intersubjektivität, in der alles Geschehen sich entfaltet. Der vulgäre Hedonismus, wenn er als solcher praktiziert und gerechtfertigt wird, ist solipsistisch. Er ist um so vulgärer, je mehr er die anderen vergißt und vernachlässigt oder sie sogar opfert, mißbraucht und ausbeutet. Als philosophischer jedoch sorgt der Hedonismus sich um die anderen und strebt weniger nach Selbstverwirklichung als nach einer harmonischen, gelungenen Beziehung. Jener hat sich selbst zum Zweck, dieser will sich in die Ökonomie einer Ethik einschreiben, deren Natur ich an anderer Stelle beschrieben habe[3].

Und wo bleibt bei alldem der hedonistische Engel? Ich hoffe, daß man seine Gestalt nun besser sieht, diese Mischung aus Kyniker und Condottiere, die nach einer Veränderung des Diskurses der klassischen Angelologie verlangt, denn er ist halb Dichter, halb Bote, halb Philosoph und halb Künstler. Fleischlich, sinnlich und sexuell, raffiniert, zart und elegant, praktiziert er die Aufmerksamkeit und die Sorge um den anderen. Als hyperästhetisches Modell will er dasjenige steigern, was die Sinne vermögen, was die Wahrnehmung liefert, was die Gefühle strukturiert. Durch seine Stärke genießt er die Kraft ebenso, wie er die Gewalt verabscheut, denn er weiß, welches das einzige Instrument ist, mit dem er seine Existenz, sein Geschick, seinen Körper formen kann wie ein Kunstwerk. Allwissend weiß er um die Wirksamkeit der Erdbeeren im Garten eines Vaters ebenso wie um die eines ersten Fläschchens Yquem. Überall, wo eine Mutter kocht, singt, in den Schlaf wiegt, überall, wo ein Vater die Haut seines Kindes berührt und dessen Körper liebkost, ist er anwesend. Wo sich Hände oder Münder berühren, wo Zeichen, Gesten der Zuneigung, der Fürsorge, der Zärtlichkeit, der Rührung gezeigt und ausgetauscht werden, ist auch er. Er wacht bei Tisch, an den Herden, in den Küchen, in der Vorratskammer.

Vom Weihwasser weiß er nichts, er zieht den Wein vor. Er fürchtet den Weihrauch und kostet besonders gern den Duft eines geliebten Körpers. Der Himmel gefällt ihm nur, weil er es ihm ermöglicht, sich rasch zwischen zwei Punkten auf der Erde zu bewegen, auf der Erde, wo sich das Leben entfaltet und also das Wesentliche ist. Wir verdanken ihm den Augenblick der

[3] Vgl. Michel Onfray, «La sculpture de soi. La morale esthétique», Paris 1993.

superlativen Gefühle, die wohlige Berauschtheit, die prächtigen und vergänglichen Speisen, die formgewordenen Energien, die Feier des Raffinements, die gesteigerte Vitalität, die ersehnte Sinneslust. Als einer, der Äpfel in Paradiesen kostet, die nicht von Dauer sind, hält er sich an die Devise: *Carpe diem.* Ich glaube, wir sollten ihm unser Leben widmen, damit Thanatos, wenn er schließlich den Sieg davontragen wird, nur einen bis zum letzten Feuer verbrannten Körper in seinem Quersack zu verstauen braucht.